구름은 바람에 날리고

프랑스를 먹고 나의 성장은 25세에 머물다

조병옥 지음

신아사

구름은 바람에 날리고

아버님과 어머님

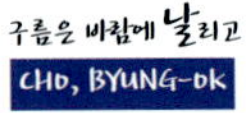

봄, 어느날, 나는 세상에 태어났다

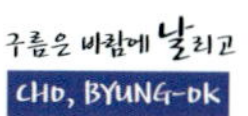

구름은 창문을 열고

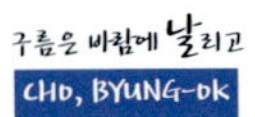

구름은 변화를 찾아 떠나고 있다

구름은 찬란한 변화의 모습을 보이고

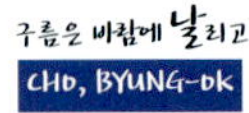

구름은 자유 그리고 갈망을 찾아서

구름은 바람에 날리고

CHO, BYUNG-OK

구름은 파리를 방황하다

브장송에서 구름의 연정

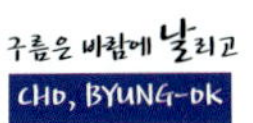

구름은 눈의 향연을 벌리고 흘러가다

구름은 눈처럼 쌓인 고독을 딛고서 흘러가다

구름은 음악에 취해 춤추고 있다

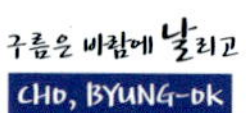

구름은 하운방에서 말레비치를 만나다

구름은 여전히 25세로 하운방에 머물러 있다

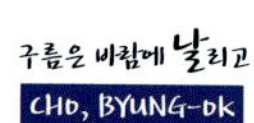

글을 시작하며

지나간 나의 과거를 반추한다는 것은 기억의 영상들을 다시 보는 것이다. 이 영상들은 내가 살아온 세월 속에 편편이 떠오르는 삶의 부분이다. 나의 삶이란 평범하다. 멋진 파고도 없다. 내놓을만한 멋진 모습도 없다. 타인의 호기심이나 공감을 불러일으켜 마음을 흔들어 주는 파고도 없다. 내 머릿속에서 기억되는 영싱들은 시간과 공간을 초월해 둥둥 떠돌아다니는, 때로는 변하는 구름조각과 같은 영상들이다.

기억의 영상들은 시간적으로 정돈되어 생성되는 것이 아니다. 내 기억은 현재, 과거를 넘나들며 일어나고 있다. 이 영상들은 그와 관련된 또 다른 나의 삶의 이미지들을 전개하고 있다. 나는 그 현실을 바라보며 기록해 나가고 있다. 그 현실은 나의 감성에서 기인된 것들이며 이 감성들을 나는 그림으로 그리고 글로 표현하며 살아왔다. 이것들이 나 자신이다. 여기 펼치는 나의 감성의 일부는 바로 나의 삶이었던 나의 글과 나에게 글을 쓰는데 영향을 주셨던 어머님의 글도 일부 있다. 그것을 다시 반추하는 작업을 통해 나를 드러내는 여정이다.

나는 솔직하게 기억되는 영상들을 글로 옮기려고 한다. 볼품없고 명예에 반한 것까지도 나를 돌아보는 여정에서 지워버리지 않으려고 한다. 그것은 감출 수는 있지만 지울 수는 없는 나의 삶이기 때문이다. 나와 나의 가족들도 동시대에서 다른 사람들이 겪었던 것과 같이 모두 다 전쟁 그리고 가난에서 오는 극한 상황을 다 겪었다. 그리고 개인적인 여러 시련도 피할 수 없이 다 넘어 왔다. 그러나 적나라하게 표현하지 않으려고 한다. 뭉크의 표현처럼 처절하게 표현할 필요는 없다. 나는 내 그림에서도 아픈 감정도 캔버스를 보는 사람들의 감성을 위해, 또 구성을 위해, 미적 감각으로 변화시키고 있다. 아픔이나 시련은 그대로 끝까지 가슴에 품고 있을지 모른다. 표현된 아픔이 있을지라도 그것은 캔버스에서 재구성된 요소로 표현된 것처럼 될 것이다. 그러나 사실을 변절시키는 것은 아니다. 습관이 된 독자는 삶에서 만나는 깊은 터널을 거쳐 햇빛을 맞게 되는 그런 과정에 흥미를 갖는다고 생각한다. 되돌아보는 나의 이야기는 그런 것이 아니다. 내 삶속에 영원이 각인되어 떠도는 영상의 조각들의 연유를 찾아가는 과정이다.

나는 인내도 지혜도 이해심도 없는 불안하고 나약한 사람이다. 인륜의 속박, 타인과 맺은 굴레에서 이해하고 도리와 의무를 다할 성격이 못 된다는 것을 철이 들면서 자인하고 있었다. 속박에서 벗어난 삶을 원했다. 고독을 택하는 것이 내 자유의 길이라고 변명해야 했다.

나의 성취는 고독이 가져다 준 것 같다. 그리고 나의 선망과 희망은 오랜 고독 속에서 나의 단점이기도 한 미련한 성격이 지속해온 결실 같기만 하다. 나는 강단에서 가르치고 싶었고 화가가 되고 싶었다. 그렇게 되었다. 그러나 언제나 가능성이 없는 지점에서 나의 계획은 출발했다. 그리고 그 계획은 다행히도 이루어졌다. 이 점은 어머님의 생활에서 배운 것에 기인한다. 또한 내 삶이 좀 더 정신적으로 검소하게나마 윤색되었던 것은 척박한 환경에서도 창조성과 진취성을 발휘하시며 생활하셨던 어머님의 생활 표본을 은연중에 따르게 된 것일 게다. 그리고 자유, 갈망을 찾아 헤맸던 나의 푸른 영혼의 여정의 지탱은 프랑스가 길러준 양분의 덕이리라.

2014년 백석 夏雲房에서

차례

원망과 후회, 감탄에 대한 시

우리 4남매에 대한 시

인물에 대한 나의 몇 편의 시와 다른 감성의 시

학위논문 준비과정의 어려움과 즐거움 • 245

작은오빠께서는 집안 소식을 보고하듯 자세히 전해 오셨다

구름은

바람에 날리고

제라늄이 만발한 발코니 저 너머, 산에 쌓인 눈을 바라본다. 오후 내내 편안한 마음에 젖어 있다. 하늘에 흘러가는 구름도 나의 행복한 마음을 더해 준다. 이렇게 생각 없이 한가를 즐기는 습관도 백석(白石) 하운방(夏雲房)으로 이사오면서 더 늘어났다. 나는 이 하운방이 내 몸과 마음, 내 영혼에 활력을 주는 곳이라고 생각하고 있다. 이 작은 공간을 사랑하고 애용하고 있다. 그리고 이 하운방이 지구상에서 내가 마지막으로 머무는 파라다이스라고 생각하고 있다.

하운방이란 나의 거처를 가리키는 말이다. 학교를 떠난 지도 벌써 5년이 되었다. 퇴임 후 이 하운방에 살며 그림을 그리고 글을 쓰면서 보내려고 마련한 거처다. 산 밑에 위치한 이 작은 공간을 나는 하운방이라고 부르고 있다.

대학생활을 끝내면서 틀에 박힌 떠나는 예식은 하지 않기로 하고 90년대부터 그려온 그림을 모아 개인전으로 퇴임식을 대신했다. 전시회의 이름은 '구름은 바람에 날리고'라고 명명했다.

나는 어릴 때부터 하늘에 떠 있는 구름을 즐겨보며 시간을 보내는 일이 많았다. 자유롭게 흘러가며 변하는 형형색색의 구름의 모습은 호기심과 상상력을 낳게 했다. 구름이 만들어내는 형상들 속에서 그것과 비슷한 사물들의 이미지를 찾아내는 것이 즐거웠다. 내가 찾아내는 형상들이라야 기껏 어린 아이의 범위 내에 속하는 사물들이었다. 즉 여러 모양의 사람의 형상들, 동물들, 산과 집 같은 것들이었다. 지금도 나는 구름을 보노라면 흘러가는 구름 속에서 내 어린시절 마룻바닥에 누워 흘러가는 구름을 즐기고 있는 나를 보게 된다.

구름은 내 유년기의 호기심을 낳게 하는 놀이였다면 마흔이 넘어서는 굳을 대로 굳어진 내 생각의 표본이 되었다. 그래서 나는 내 호를 하운(夏雲)이라고 했다. 여름의 구름에서 나는 변화무쌍함을 느끼게 되며 무한한 자유를 느끼기 때문이다. 한학에 밝으셨던 작은 고모부님께서는 나의 호에 대해 여자가 가질 호는 아니라고 언짢아하시며 호루(湖樓)라고 지어주셨다. 호루는 호숫가에 있는 누각이라는 뜻이다. 얼마나 청승맞고 외로운 이미지인가. 그런 의미에서 싫다고 했다. 아마도 작은 고모부님은 나의 운명을 점지하고 이런 고독한 영상의 호를 지어 주시려고 한 것일까? 자유와 변화의 상징인 여름 구름이라는 호를 한평생 즐겨 사용하며 살아왔지만 나의 본체는 바로 고독을 마시고 고독을 먹고 고독에 짓눌리고 고독을 향유해야만 하는 끝없는 고독의 순례에 지나지 않는다.

불문학 외에 현대 미술을 가르치고 있던 나는 퇴임이 그렇게 걱정되는 일이 아니었다. 모두가 퇴임 후에 시간을 어떻게 보낼 것인가가 퇴임을 맞는 사람들의 공통적인 문제지만 나는 그림에 전념하고 싶었기 때문이다. 퇴임 후 내가 어디에 있던지 그림을 그리면 되는 것이기 때문이다. 그리고 나는 오히려 더 자유를 만끽할 것 같은 앞으로의 내 모습을 보기도 했다. 내 퇴임 기념 전시는 내가 보낸 대학이라는 세계를 끝내며 새로운 삶을 시작하는 이중의 의미의 전시였다. 앞에 말한 것처럼 이러한 내 모습을 시로 표현해 전시 도록을 장식하고 전시의 이름도 '구름은 바람에 날리고'라고 정했다. 그리고 전시회 이름에 해당하는 그림, 즉 구름이 바람에 흘러가는 모습을 그려보였다.

구름은 바람에 날리고

나는 구름이다.
여름의 구름이다.
바람에 따라 흘러가는 구름이다.
바람에 따라 변화하는 구름이다.
나는 바람에 날려 이곳에 왔다.

이제 바람은 나를 어디론가 실어가려고 한다.
나는 그곳에서도 그릴 것이다.
마음을 그리고, 눈앞에 있는 것을 그릴 것이다.

산과 꽃들은 제각기 그들의 색깔을 지니고 있다.
그 색깔을 표현하는 것이 작가들의 일이 아닐까?
인간은 마음을 고통을 사랑을 갖고 있는 존재다.
그래서 아름답도록 귀중하다.

여명의 바람이여
그대 나를 실어다 다오.
나는 마음을, 사랑을 채색하리라.

(1999년 5월 공주 夏雲房에서)

발코니의 유리창에는 꿩이 새겨 놓은 자신의 모습이 아직도 뚜렷하다. 산과 들에 눈이 쌓인 어느 겨울 먹이를 찾아 날아온 꿩이 환하게 꽃이 피어 있는 이 발코니가 아마도 꽃밭으로 착각하고 날아 들어오려고 하다 유리에 부딪치녀 미끄러져 길게 새겨놓은 자기의 모습이다. 새가 미끄러지며 만든 흔적을 처음 발견했을 때는 어떻게 된 일인지 알 수가 없었다. 어느 날 발코니 난간에 앉아 있는 꿩을 보고서야 그 놈이 만들어 놓은 것이라는 것을 확신하게 되었다. 그 후 모이를 뿌려 놓고 기다리지만 그의 모습을 보인 후 한 번도 나타나지 않았다. 나는 그를 몇 년 째 기다리고 있다. 꿩은 우리 가족에게는 특별한 새이다. 아버님은 겨울이면 무슨 축제인 양 친구 분들과 매를 손에 얹고 꿩 사냥에 나섰다. 꿩을 손에 얹고 희색이 만연하셨던 아버님의 모습은 아직도 잊을 수가 없다. 음식 솜씨가 남달랐던 어머님이 아버지께서 잡아오신 꿩으로 만드신 꿩 만두는 우리 가족 모두가 제일 좋아하는 음식이 되었다.

5년 째 꿩 한 마리가 새겨 놓은 그 모습을 나는 바라보고 있다. 그리고 그 모습에서 나의 유년시절을 끌어내며 세상을 떠나가신 아버님, 어머님을 만나고 있다. 아버님, 어머님, 큰오빠, 큰올케, 조카를 다른 세상으로 보내면서도 나에게는 죽음은 멀리 있는 것으로만 생각했었다. 그러나 언젠가부터 이 하운방으로 이사와 살면서 제한된 시간 속에서 산다는 것을 새삼 느끼게 되었다. 퇴임 후에 새로운 삶을 펼친다는 거창한 슬로건을 내세우며 전시를 했지만 나는 어떻게 이 세상을 떠나게 될 것인가 하는 문제에 점점 마음을 뺏기는 시간이 많아졌다. 그리고 죽음에 대한 나의 생각을 편편이 글로 적어놓는 일이 많아졌다.

내게도 언젠가는 찾아오겠지

내게도 언젠가는 찾아오겠지.
그대 죽음의 신(神)이여!
그대 아득히 보이지만,

고별의 예식(禮式)을 써 놓았지요.
내 죽음을 보시는
사랑하는 사람들을 위해
고별의 예식을 써 놓았지요.

내 하운방(夏雲房) 발코니에
나와 같이 살고 있는
화려한 꽃들, 나의 연인들을
바라보며 가겠노라고.

내가 가는 길에는

목사님도, 신부님도
오실 필요가 없습니다.

즐겨 듣던 노래가 있습니다.
이 아름다운 세상에
고통의 쇠사슬에
내가 숨 쉬어 오던 모습들이
영상으로 몇 편 있습니다.

그것들을 내 옆에서 마지막으로
즐기면서
담소와 한마디의 기도를
하여 주시면 됩니다.

열심히 살고 가는
저에게
한마디 기도면 됩니다.

언젠가
아주 아득한 곳으로부터
그대 올 것이라고
생각했었지요.
그대 죽음의 신이여
나와는 관계없는
먼 행성에 있을 것이라고
생각했었지요.

그대 오시는 날
환한 미소로
당신을 안으리다.
하늘의 섭리를
지혜로써 맞으리다.

저 높은 하늘
별의 세상에
그대 있더라도
그대 발맞추어
오는 것을
겸허한 마음으로
맞으려고 합니다. (2004년 백석 하운방에서)

그곳으로 떠나자

그곳으로 떠나자.
마음도 너울도
다 벗어버리고
눈 감고
귀 닫고
미소만
입가에 싣고
그곳으로 떠나자.
빛나는 별을 따러
헤매던
허공의 여정이
미무는 곳
그곳으로 떠나자.
오랑캐꽃,
민들레꽃
잘 가라며
손짓하는
웃음 등에 업고
그곳으로 떠나자. (2006년 7월 10일)

아름다운 석양되어 가리라

아름다운 석양되어 가리라.
보랏빛 아름다운 모습
남기고 떠나리라.

눈물어린 석양의 모습
남기고 가리라.
한 아름 그리움 안고 가는
석양되어 떠나리라.

한 아름 슬픔 안고 떠나는
석양되어 가리라.
한 아름 사랑 남기고
떠나는 석양되어 가리라.

(2009년 10월 3일, 나의 하운방을 찾은 지인과 석양을 바라보며 느낀 심정)

하얀 땅, 하얀 하늘, 하얀 햇빛 아래 부는

바람 소리

나의 본적을 외우기 시작했던 것은 월남해서다. 그것은 본적을 쓸 때가 많아서 그랬던 것 같다. 나의 본적은 황해도 평산군 고지면 재룡리 59번지다. 우리 가족의 이주는 재룡리에서 백천리, 백천리에서 서울로 옮겨와 살았다. 白川리는 동네 앞에 하얀 색 물이 흐르는 개천이 있는 곳이라고 해서 부쳐진 이름이다. 개천이지만 거의 강과 같은 크기의 개천이다. 수심이 낮아서 물이 파란 색이 아니라 하얀 색이다. 그러나 수심이 깊은 곳이 있어 여름이면 멱(수영)감는 것을 즐기는 곳이다. 이때의 나의 개구리 수영이 기초가 되어 나는 수영을 잘한다. 배를 타고 호위하는 사람과 같이 나는 여러 번 한강을 건너는 연습도 많이 했다. 한 번도 성공하지 못했지만 수영으로 한강을 건너려고 연습을 했다는 것 자체가 수영실력을 말해주는 것이 아닐까? 늘 호위병들이 부추겨서 했지만.

백천리나 재룡리는 다 평산군에 소재하고 있다. 나는 열한 살 반까지 평산(平山) 백천리에서 살았다. 어느 날 11년 간 살아온 고향을 떠올리는 순간, 겨울 세차게 부는 바람을 피해 어머님의 치맛자락을 붙잡고 따라가는 나를 보았다. 바람은 전봇대의 울음을 울게 하고 있었다. 하늘은 하얗고 뿌연 대지는 지평선에 닿아 있었다. 하늘과 땅이 닿아 있는 희뿌연 한 지평선은 아득히 멀리 있었다. 그 후로 나는 고향을 떠올릴 때마다 이 희뿌연 고향의 지평선을 반복해 보곤 한다. 그렇다. 내가 살던 고향은 추운 겨울 대지도 하늘도 뿌연 세상이었다. 보이지 않는 바람까지도 하얀 바람이 아니었을까? 겨울바람은 어릴 때 더 차가웠다. 나는 이 광경을 희뿌연 대지 한가운데에 작은 두 물체가 아득히 있는 것을 그림으로 표현했다. 그리고 제명을 <고향>이라고 써 놓았다. 그리고 글로도 표현했다. 그러나 글도 그림도 내 생각, 내 기억을 완전하게 드러내지는 못하고 있다.

바람소리

바람 소리
겨울바람 소리
그리움을 가져다준다.
꽉 잡은 어머니 손에 이끌려
서둘러 길을 간다.

바람 소리
겨울바람 소리
그대, 한 아름
나의 품에 안겨
북녘의 고향을 가져다준다.

바람 소리, 겨울바람 소리
유년의
나의 귀를 때리는
전봇대의 울음을 실어다 준다.

이제
그 울음소리
내 고향에 묻힌
그리운 소리
어머니가 그립다.

내 고향에서 애들은 겨울 희뿌연 세상이 되는 날에는 시베리아에서 불어오는 바람 때문이라고 했다. 음산한 세상이 되는 날 나는 쓸쓸했다. 이 때 학교를 다니고 있었는지 아닌지 기억이 나지 않는다. 다만 음산한 날이면 나는 홀어머니와 세 아들이 사는 옆집에 자주 갔다. 나와 나이가 비슷했던 막내는 장준이, 그 위는 장갑이, 그 위아들 이름은 기억을 못하고 있다. 방은 음침했고 방 하나에서 식구들이 살고 있었다. 장갑이네 집과 우리 집 사이에는 배나무 밭이 있었다. 그리고 뒤에는 백토의 넓은 땅으로 올배나무가 있었다. 넓은 밭에는 고구마며 땅콩이 심어져 있었다. 언제나 신비로 남아 있는 목화도 있었다. 가을이면 여기저기에 코스모스도 아름답게 피었다. 집 왼편에도 밭이 있었는데 무엇을 심었었는지 기억이 나지 않는다. 다만 기억나는 것은 이 밭과 맛 닿아 앞마당 왼편 끝 내가 흐르고 있는 곳까지 거의 다 가서 변소가 붙어 있는 꽤 컸던 곡간만 기억난다. 그리고 이 밭과 뒤 넓은 백토의 밭 경계에는 일렬로 10여 그루의 앵두나무가 늘어서있었다. 갓 딴 앵두의 맛과 향기를 아는 사람이 얼마나 있을까? 밭 건너편 좀 높은 곳 내가 쪽으로 경사진 넓은 백토의 빈터가 있었다. 여름날 어머니는 가끔 그곳으로 빨래를 널러 가면서 나를 데리고 갔다. 해 빛이 쨍쨍한 날은 백토는 분홍빛으로 발했던 것으로 기억에 남아 있다. 장갑이네 집을 지나 얼마 떨어진 곳에 배추, 감자, 완두콩, 강낭콩, 상추, 시금치가 심어졌던 밭은 얼마 후에는 마늘밭으로 바뀌는 요술 밭이 있었다. 장갑이네와 우리 집은 학교와 면사무소, 주재소, 가게들과 집들이 모여 있는 동네에서 좀 떨어져 있었다. 우리 집 앞으로 훤히 펼쳐 있는 벌판 넘어 신장 로에는 가끔 트럭과 버스가 지나갔다. 나는 장갑이네 집에서 장갑이네 형제들과 음산한 겨울 편안함을 느꼈다. 이들은 자매가 없어서 나를 귀여워해 줬다. 그래서 자주 찾아가 이들과 함께 어울려 놀았다.

나의 고향 겨울은 춥고 눈이 많이 내리는 고장이었다. 겨울에는 애들이 집에서 만든 방한모를 써야 했다. 내 방한 모는 어머니가 만들어 주신 것으로 광목을 검정색으로 물들여 만든 것이다. 기역 자 모양으로 목 끝까지 내려와서는 어깨를 조금 덮을 정도로 약간 나팔 모양으로 넓게 퍼지고 목에서 양쪽에 달린 끈으로 매게 되었었다. 눈이 우리 키 높이만큼 왔을 때는 길을 내며 쌓아 놓은 눈 때문에 학교로 가는 애들의 검은 방한모만 뾰족하게 보였다. 그 풍경은 이제는 내가 본 크로아티아의 어느 화가의 겨울 풍경과 오버랩 되곤 한다. 크로아티아의 어느 마을의 설경은 눈이 많이 쌓인 집 앞마당을 어린이, 강아지, 어깨가 꾸부정한 노파가 걷고 있는 모습이다. 아름다운 설경이든 멋진 설경이든 설경은 쓸쓸한 마음을 가져온다. 그러나 나는 눈 고장에서 어린시절을 보냈기 때문에 눈을 좋아한다. 내가 브장송으로 유학을 갈 때도 춥고 눈이 많이 오는 고장이라 얼마나 좋아했던가!

내가 난 곳, 재룡리에도 눈이 많이 오는지는 모른다. 여섯 살 때 떠났기 때문이다. 다만 재룡리의 기억들은 보꾸만쇼꾸(박만식) 이야기만 빼놓고는 모두가 달콤하게 나를 즐겁게 하는 기억들이다. 나는 어릴 때도 사나웠던 것 같다. 울면 “보꾸만쇼꾸 온다”라고 식구들은 겁을 주었다. 나는 보꾸만쇼꾸를 제일 무서워했다. 우리 집 앞 배나무밭에 보꾸만쇼꾸는 왜 와서 우리 집을 가끔 쳐다보곤 했을까. 비오는 날 집 앞에 있는 배나무 사이에서 우리 집을 처다 보던 모습을 아직도 기억하고 있다. 그는 거지 옷을 하고 어린 나에게 무서움을 주었다. 아마 정신 나간 거지였던 것 같다.

내가 어릴 때 제일 좋아하는 먹을거리는 설탕이었다. 지금도 나는 설탕만큼 맛있는 것은 없다고 생각한다. 손님이 집에 오기를 기다리는 것도 하얀 설탕을 가져오는 손님이 있었기 때문이다. 이사한 백천리에서는 하루에 한번 씩 다니는 하얀 버스가 지날 때면 혹시 우리 집에 오는 손님이 있지 않을까 하고 기다렸다.

이보다 앞서 재룡리에 살 때 작은오빠가 사다주던 녹두알만한 크기의 은단 사탕이 지금까지도 나를 설탕을 좋아하게 만든 것인지도 모른다. 작은오빠는 읍내에 있는 초등학교에서 하교 길에 은단 사탕을 사다주곤 했다. 나는 오빠가 빨리 학교에서 돌아오기를 기다리고 있었다. 그 은단 사탕은 색색으로 성냥갑같이 생긴 곽에 담겨 있었다. 어느 때는 언니와 함께 오빠를 마중 나가는 길에 집이 하나 있는데 그 집이 서울집이라고 했다. 서울 집은 큰아버님의 작은댁이다. 서울 집이 내 이름을 지어주셨다는 것은 커서 알게 되었다. 큰아버지는 수염을 기르고 계셨는데 나를 잘 안아주셨다. 어머님은 평생 동안 욕심이 많다고 큰아버님을 싫어하셨다. 그러나 큰아버님은 늘 나를 무릎에 앉히고 예뻐하셨다. 그래서 큰아버지에 대한 나의 감정은 수염을 만지며 무릎에 안겼던 달콤한 순간들만 기억날 뿐이다.

재룡리 우리 집은 디귿자를 뒤집어 놓은 모양으로 안뜰은 정방형의 집이었고 안뜰 양옆은 방으로 되어 있고 안뜰 앞면은 대문이 있는 집이었다. 이 3면이 방으로 된 안마당은 방들보다 깊이 파져 있어 방으로 올라가려면 꽤 높은 계단식으로 된 디딤돌을 딛고 올라가야 했던 것 같다. 큰댁과는 바로 옆인데 밭을 사이에 두고 큰댁은 기와집이고 우리 집은 초가였다.

초여름이었을까 어느 날 나는 갈잎이 햇빛에 반짝이고 있는 언덕에서 어머니를 부르며 울었다. 나를 혼자 두고 대여섯 명의 여자들과 같이 들로 점심을 가지고 가는 어머니를 소리쳐 불렀다. 낮잠에서 깨어나 어머니를 찾아 언덕으로 달렸다. 언덕 밑 멀리 흰 옷을 입은 부인들은 뒤를 돌아보고 있었다. 큰댁의 밭일을 하고 있는 일꾼들의 점심을 가지고 가고 있었다. 아직도 그림으로 옮겨놓을 만큼 여섯 살 때의 기억이 생생하다. 흰옷을 입은 부인들의 모습이 선명하게 떠오른다. 그리고 내 울음소리에 뒤를 돌아보고 오라고 손짓을 하셨던 어머니의 모습도 생생하다. 부인들이 이고 있던 것들은 나무로 만든 함지박일 것이다.

큰아버님에게서 독립을 하게 된 우리는 작은 고모부님이 신암면 면장으로 계시는 백천리로 이사하게 되었다. 이사 하던 날 아버님은 자전거 뒷자리에 나만 태우고 길을 나섰다. 쌀쌀한 바람을 아버님이 막아주셨지만 아버님의 허리를 꽉 붙잡고 머리를 허리에 바싹 대고 있었다. 그날도 시베리아 바람이 불어오는 날이었을까 땅과 하늘은 희뿌연 했었다.

백천리의 우리 집은 디귿자 모양의 집이었고 앞에 흐르는 개울은 큰 마당을 지나서 10여 미터 아래에서 흐르고 있었다. 마당을 내려가면 옹달샘이 있있는데 우리 집 식수원이었다. 샘으로 내려가는 길은 10여 미터가 넘어 보이는 평평하게 사선으로 된 돌계단이었다. 추운 겨울 밤 오빠의 두 번째 부인인 올케와 언니 그리고 나는 샘으로 나가 얼음을 건져와 즐거워하며 깨물어 먹었다. 긴 겨울 밤 군것질이 그리워서였을 것이다. 큰오빠의 두번째 부인인 올케는 여름날 오후 저녁 수제비를 만들기 위해 샘에서 친 언니와 감자를 까곤 했다. 큰오빠의 변심 때문에 오빠를 떠나야했던 두 언니들은 이 우물의 이야기를 나는 추억으로 기억하고 있지만 그들은 슬픔의 샘으로 가슴에 품고 살다 세상을 떠나갔을 것이다. 나는 오래전부터 이들을 위해 매일 아침 '저와 우리 가족에게 은혜를 주신 분들과 우리로 하여금 괴로움을 당한 사람들에게 강복하소서!' 하고 기도를 하며 이들 두 언니들을 생각하고 있다.

앞마당은 나에게는 아주 큰 마당으로 기억된다. 백토의 넓은 마당이었다. 가을이면 멀리 있는 전답에서 벼를 옮겨와 넓은 마당에서 탈곡을 했다. 일꾼들이 다 가고 흩어져 있던 볏짚을 태우는 모닥불에 장준이와 나는 벼를 튀기는 일도 우리의 놀이였다. 얼굴이 뜨거워도 탁탁 튀며 벼 알들이 하얀 꽃으로 변하는 재미에 우리는 어둠이 짙어가는 것도 잊고 있었다. 군것질을 위해 튀기고 있었지만 하얀 밥풀 꽃을 누가 더 많이 튀기느냐에 몰두했었다.

유년의 시절에 나를 기쁘게 했던 하얀 꽃은 이뿐이 아니었다. 뒷동산 백토의 광활한 밭에 가을이면 목화송이가 터져 하얀 꽃으로 변했다. 어머니는 다래키에 나는 종달이에 하얀 목화송이를 따서 담았다. 다래키는 브장송에 있을 때 내 어릴 때 사용했던 것과 똑같은 것을 프랑스 친구의 차에서 보았다. 거기서 내 고향을 보았다. 브장송 근처에 있는 몽벨리야라는 곳에만 다래키가 존재한다고 했다. 높은 나무에 있는 과일을 딸 때 허리에 차고 과일을 따기 위한 것이라고 했다. 나는 내 고향의 다래키 이야기를 길게 했다. 동양과 유럽 간에 소통이 없었음에도 어떻게 이렇게 같은 습관이 존재하는지 놀랐다. 인간의 지혜는 소통이나 모방, 교습 이전에 본래적으로 발생하는 것이라고 생각하게 되었다. 다만 내 고향의 다래키와 몽벨리아의 다래키가 다른 점은 몽벨리아 것은 허리에 대기 편하게 한쪽 면이 평평하고 우리의 것은 양쪽 면이 불룩하게 되었었다.

종달이나 다래키는 내 어릴 때 허리에 차고 나물을 캐 담고 과일을 따 담았다. 종달이는 작은 것으로 싸리나무에 색을 칠해서 아름답게 아버님이 만들어 주셨다. 봄에는 그것을 들거나 옆구리에 차고 언니와 달래를 캐러 들로 나갔다. 내가 사용하던 종달이와 다래키는 이제 나의 기억에만 존재하지만 프랑스 친구 베르나르가 준 다래키는 내 거실에서 프랑스의 아름다운 추억을 담아놓고 수십 년 동안 나와 함께 하고 있다.

백토에서 자란 흰 목화는
어머님의 사랑의 손에서 마술이 되다

다래키에 따서 담았던 목화는 어머님의 손에서 실이 되고 앞마당에 모닥불을 피우고 그 위에 바디틀을 놓고 날씨를 바디에 끼는 작업을 거쳐 베틀에서 무명천이 되고 재봉틀을 거쳐 우리 4남매의 옷이 되고 내 운동화가 되었다. 내가 자란 곳, 그곳은 어머님의 향기가, 어머님의 가슴이, 어머님의 마술이 피어나는 곳이다.

언니의 초등학교 졸업을 앞둔 고향에서는 쉬는 시간이면 하급생들이 교실 창밑에서 언니를 만나 졸업 선물을 주는 애들이 모여들었다. 알록달록한 머리꽂핀, 머리빗, 리본 같은 것들이었다. 나에게는 아주 예쁜 것들이었다. 아마도 내가 언니가 받은 선물을 다 차지했을 것이다. 언니는 초등학교 때부터 어진 성품이 나다나 학생들 사이에서도 인기가 많아서 졸업 선물도 제일 많이 받았던 것 같다. 아이들이 언니에게만 많이 모여들었으니 말이다. 가난한 시절 초등학교 졸업 선물을 코흘리개 돈으로 사서 선물하는 그런 세상에서 우리는 살아왔다. 참으로 행복하고 아름다운 시절을 우리는 갖고 있다. 지금 지구상 어느 곳에 이와 같은 아름다운 정경이 남아있는 곳이 있을까?

어머님의 언니에 대한 시를 보면 언니는 초등학교 때부터 어머님을 도우려고 했다고 쓰셨다. 그뿐인가. 나를 위해서도 어머님 못지않게 옷을 만들어 주었다. 해방 후 여름방학 때 큰 도회인 남천에 있는 평산 산성으로 대표로 소년단 연수회에 갈 때도 언니가 만들어 준 옷을 입고 갔다. 레이스 실로 짠 윗도리는 양팔 주둥이를 맨드라미 형으로 만들고 목은 자주색 끈 리본으로 목둘레를 끼워서 매게 한 것이었다. 소년단 간부였는지 뚱뚱한 리시이 여자들이 모임에 왔었는데 한 여자가 내 윗도리를 만졌었다. 다른 애들은 옷을 여러 벌 가져와서 갈아입는데 나는 일주일 동안 그 옷만 입었다. 없는 시대에 살아도 옷만은 궁색하지 않았는데 왜 어머님은 옷을 싸주지 않으셨는지 없는 집 아이처럼 일주일을 보냈다. 옷을 갈아입지 못해서 얼마나 불편하고 부끄러웠던지 모른다. 저녁을 먹고 장기자랑이 있을 때마다 나는 단골로 노래를 불렀다. 이것으로 궁색한 내 옷차림을 덜 부끄럽게 했다. 그리고 어느 날 노래 대신에 나는 어머님이 알려 주신 수수께끼를는데 애들이 재미있어 했다. 수수께끼는 나무위에 올라간 소년의 나이를 맞추는 것이다. 한 소년이 나무에 올라가 있는데 나무 밑을 지나가던 사람이 너는 몇 살인데 나무에 올라가 있느냐고 물어서 그 소년은 그 사람에게 이파리를 하나 따서 내려 보내며 나이를 이파리로 맞추라는 것이다. 나도 나무위의 소년의 나이를 아이들에게 맞추라고 하는 수수께끼다. 소년의 나이는 2, 8이 16, 열여섯 살이 답이다. 애들은 재미있어 하는 것 같았다. 나는 이 수수께끼를 월남해서 미동 초등학교 6학년에 편입했을 때 신고식 비슷하게 앞에 나와서 이야기를 하라고 담임선생님이 시켜서 또 써먹었다.

연수회에서 돌아와서 개학이 되자 운동장에 전교생을 모아놓고 연단에 올라가 소년단 연수회에 참가했던 일을 발표하라고 했다. 화물차에 타고 가는 과정부터 끝까지 길게 다했다. 연수회에 갔다 온 데 대해 작문도 써서 발표하라고 담임선생님은 말 했다. 나는 지금까지 작문에 썼던 나의 수사에 대해 의문을 하고 있다. 작문에 나는 남천으로 가는 길에 산에 핀 산나리가 나를 보고 웃는 것 같았다고 했다. 어디서 보고 모방한 글 같기만 하다. 교과서에 그런 표현이 있었던 것일까? 아니면 정말 그런 감성을 느끼고 한 것인지 지금까지 의문이다. 나는 공부시간에 집중을 하지 않았다. 산만했던 것 같다. 그때의 성적은 통신부에 갑, 을, 병으로 표기했다. 내 성적은 잘은 몰랐지만 좋지 않았다고 생각되었다. 통신부를 읽으신 아버님의 표정은 무표정하셨다. 그래도 나는 노래, 연극 등 학교 대표로 늘 뽑혔다. 손에 태양선이 그때부터 작동했던 것인지 모른다. 이모부님은 내가 대학을 졸업한 후 언젠가 내 손금을 보시고 "병옥아, 너는 손금에 태양선이 있어서 인기 직업을 가지면 좋아"라고 하셨다. 그러나 나는 인기 직업과는 관계없는 일만해 왔다.

언니의 손에서도
나를 사랑하는 마음은 계속 이어지다

학교에서나 학교 밖에서나 연극, 노래를 많이 했다. 그때마다 어머님 아니면 언니가 해준 옷을 입고 노래를 했다. 언니가 검정 윗도리에 노란색, 파란색, 검정색, 빨간색 헝겊으로 일제 강점기시대의 동전을 싸서 단추를 만들어 달아준 옷을 입고 교실에 앉아서도 그 단추에 ㅎ뭇해서 선생님에게 주의를 기울이지 않고 단추만 내려다보던 내 모습은 강렬한 영상으로 남아 있다. 그 영상엔 언니의 따뜻한 사랑이 스며있다. 지금 애들이 나의 그 모습을 보았다면 알록달록한 단추 때문에 삐에로 옷을 입었다고 놀릴지도 모른다. 어머니는 일본 잡지에서 소녀를 위한 옷을 본떠 만들어주셨다. 언니가 나에게 옷을 해 주었던 것도 아마도 어머니의 생활에서 영향을 받은 것으로 생각된다. 어디 이뿐인가 언니가 털실로 짜준 옷을 많이 입었다. 그 중에 쎄일러복으로 짜준 것이 제일 마음에 들었다.

나는 뜀박질을 잘했다. 운동회 때 일등을 여러 번 했다. 어떤 때는 남자 애들과 뛰어도 제일 먼저 골인지점에 도착했다, 1학년 때라고 생각한다. 운동회 때 1등을 하고도 내 옷차림을 보고 오빠들이 놀려대서 나는 얼마나 우울했는지 모른다.

나는 어려서 사나웠다고 식구들은 늘 말한다. 그런 고정관념 때문인지 커서도 그렇게 인정하고 있는 것 같았다. 그러나 내 마음은 무척 여린 것 같이 생각된다. 그래서 무안을 잘 탔다. 운동회 때 여학생들의 운동복은 흰 블라우스에 검정색 광목으로 만든 부르마였다. 부르마란 일본말인 것 같다. 폭이 넓은 짧은 반바지인데 주름을 많이 넣고 양다리와 허리를 고무줄을 넣어 마치 풍선처럼 둥글게 된 것이었다. 나는 더 잘 달리려고 블라우스를 부르마 속으로 넣고 달렸다. 그리고

1등을 했다. 그러나 오빠들은 1등을 잘했다고는 하지 않고 내가 블라우스를 바지 속에 넣고 뛴 것만 놀리며 웃어댔다. 오빠들은 내가 운동을 잘 하니까 운동회에서 언니 보다는 나에 관심을 많이 갖고 있었다. 그래도 어찌 그렇게 놀려댈 수 있었을까. 그래서 그날 기쁨보다는 오빠들의 놀림에 얼마나 무안해 했는지 모른다. 그날 밤에도 잠자리에서 무안해서 우울했었다. 나는 정말 운동회의 즐거움을 느끼지 못했다. 지금도 남한 땅 어디서고 백토를 볼 때마다 나의 천진한 마음을 아프게 했던 어린시절 운동회가 살아난다. 그러나 오빠들은 떠나셨지만 구경꾼들 속에서 친구들과 함께 열심히 나를 응원하고 계셨던 오빠들의 모습은 그리움으로 나의 가슴을 적시고 있다.

나의 감성의 성장은 아버님, 어머님 두 오빠와 언니의 사랑을 머금고 자라다

나의 감성의 성장은 어려서 보낸 북녘의 땅, 산과 들, 개울, 논, 벌판 그리고 사랑이 넘치는 검박한 시골집이 거름이 되어 자랐다. 여름이면 개울에서 헤엄을 치고 겨울엔 얼어붙은 논에서 썰매를 타고 썰매가 성이 차지 않으면 아버님이 만들어주신 어깨까지 올라오는 긴 막대기 끝에 큰못을 박은 폴(스키 폴 같은 것)을 양손에 들고 서서 썰매를 지쳐나갔다. 저녁 때 애들이 다 돌아간 빈 논에서 혼자 자유롭게 지치는 그 기분은 프랑스에서 스키를 타며 다시 맛볼 수 있었다.

나의 감성의 성장의 거름은 이것 뿐인가? 3월 해동이 되면 남쪽으로 난 화단에 언니와 어머니 나 셋이서 꽃씨를 뿌리는 화단 만들기는 매년 우리의 축제였다. 백일홍, 봉선화, 채송화 등 가지 수가 많은 것은 아니지만 우리는 얼굴에 웃음을 띠고 작업을 했다. 꽃과 어린애는 본래적으로 웃음을 가져다준다. 피어날 꽃을 그리며 얼굴에 웃음을 머금고 작업을 했던 것 같다. 화단 옆에 있는 봄, 여름 동안 둘레가

5m나 더 될 두 뭉치 노란 매조화는 우리 집을 돋보이게 하는 꽃이었다. 월남해서 화투 중 2월이 매조라는 것을 보고 우리가 매조라고 부르던 꽃과 달라서 우리가 부르던 매조화는 매조가 아닐지도 모른다고 생각했다. 그러나 우리 집에 피었던 그 노란 꽃 이름이 정말 매조인지 아닌지 알아보려고 하지 않았다. 내 가슴에 피어있는 그 꽃은 우리가 부르고 있던 노란 매조로 언제나 남아있기 때문이다.

그 노란 매조화 옆, 잘 보이지 않는 후미진 곳에 어머니는 옹기로 만든 시루보다 더 큰 자배기를 놓아두고 우리에게 소변을 거기에다 보라고 하셨다. 그것이 숙성이 되면 어디에다 거름으로 주셨는지 모르지만 분명한 것은 이 모든 어머님이 이끄셨던 우리들의 놀이가 바로 나의 감성을 기르는 거름이 되었다고 나는 생각하고 있다.

아홉이 둘 ;

아버님과 어머님의 만남

나와 어머님을 잘 아는 사람들은 내가 어머님을 꼭 닮았다고 한다. 그것은 나의 외모만을 두고 말하는 것이고 좀 더 나를 아는 형제들은 평범치 않은 성격을 빼 닮았다고 한다. 그 말 속에는 나에 대한 불만이 서려 있다는 것을 잘 알고 지내왔다. 어머님의 시를 읽으신 분들은 어머님의 문학성을 이어받은 것 같다고 한다. 이들의 판단이 다 맞는 말이다. 어머님의 까다로운 성격, 포용성이 없는 성격, 어머님이 바느질을 하시고 글을 쓰고 그림을 그리고 창조하는 모습을 일생동안 지켜보면서 살아왔다. 어머님의 바느질 가운데는 무엇인가 새롭게, 독특하게 만든 것들이 많았다. 우리들의 옷도 그렇고 장식품들도 다 창조성에서 나온 것들이었다.

어머님의 글쓰기는 흘려버릴 수 없는 일상의 상념을 나름대로 시나 시조 수필형식으로 표현하셨다. 학교에서 정식으로 문학 공부를 하신 것이 아니지만 일상을 독서를 통해 문학적 경험을 체득한 것이다. 어머님은 작품을 읽으시고 암송하고 계속 글을 쓰셨다. 행복하지만은 않았던 어머님의 삶속에서 이러한 문학적 행위는 아마도 어머님에 대한 커다란 즐거움이고 실존에서 오는 고통의 탈출구였을 거라고 생각한다.

말년에는 더욱 더 많은 독서에 열중하셨다. 허허하게만 느끼셨던 인생의 경험을 반추하며 글로 새겨 놓으셨다. 다행히 이모부님과 글벗이 되어 글을 주고받으며 서로 감상하고 조언을 하시면서 문학적 우정을 함께 하셨다. 돌아가시기 전 70 고령에 써 놓으신 '내 이제 조약돌이 아니 되리'에서처럼 문학적 삶을 영위하고자 하셨던 바람은 이 글에 잘 나타나 있다. 자연 속에 파묻혀 석봉(石蜂)이 되어 그 석벽(石壁)에 자신의 시를 새겨 읊으며 배회하겠다는 염원은 그 연령으로서는 상상도 할 수 없는 문학적 멋이며 어머님의 심중에 내재해 있던 초현실적 도피의 염원이 아니었을까! 그리고 70이 넘어서 쓰신 사랑의 시에서도 놀라움을 느끼게 한다.

어머님은 6.25 전쟁 중에도 글을 쓰셨다. 공산당을 동물로 표현해서 써 놓으신 것도 있다. 아마 공산당을 비판하는 글이 발각되면 위험할 것을 짐작하고 그렇게 하신 것 같다. 긴 세월 동안 써 놓으신 글은 큰상자로 하나 가득이었다. 나는 그것을 보물처럼 간직하여 내가 오빠들의 집 그리고 언니의 집을 전전하며 거처를 옮기는 나의 청년기 동안에도 나는 내 물건과 같이 옮기면서 간직했었다. 그러나 70년대 초 프랑스로 유학을 가면서 내 물품들을 여기저기에 두고 가지 않으면 안 되었다. 새로운 세계로 가는 희망과 꼭 귀국하겠다는 생각 없이 떠나는 나는 뒤에 남기고 가는 내 물건에 대한 애착이 없었다. 그래서 보물같이 간직하고 있던 어머님의 글이 담긴 상자도 애착 없이 내 심중에는 버린다고 생각하고 누구에게 부탁 같은 것을 할 생각이 없었다. 떠난다는 것에만 마음을 두고 있었기 때문이다. 내가 프랑스로 간 후 큰오빠의 파산과 뒤따른 큰오빠의 죽음, 어머님의 죽음, 우리 가정에 닥친 경제적 곤경이 멀리 있는 나의 물건에까지 관심을 가져줄 가족들은 아무도 없었다고 생각한다. 게다가 여러 번 이사를 하는 동안 나의 보물은 어디서 분실되었는지 조차 생각할 여유도 없었던 것이다.

1992년 나의 시와 남아있는 어머님의 시를 한데 묶어 <아홉이 둘>이라는 제목으로 출간했던 것은 어머님의 일기장 그리고 보시던 책갈피, 사진첩, 어머님이 만드신 스크랩북, 읽으시던 책표지 안에 써 놓았던 것들을 모아 출간한 것이다. 어머님은 손에 잡히는 것이면 아무것에나 여 백에다 시를 써 놓으셨던 것 같다. 시인 조병화씨는 詩想에 대해서 무엇을 골똘히 생각할 때 우연히 떠오르는 번개 같은 이미지가 시상인데 이것이 강할 때 시가 나온다고 한다. 나도 이런 경험을 하고 있다. 아마도 어머님 역시 강렬한 이미지가 떠오를 때 이 순간을 놓치지 않으려고 아무 것이나 집히는 여백에다 써 놓으신 것 같다. 세상을 떠날 시간이 가까워졌다고 스스로 느끼고 있을 때 노트에 정리할 기분도 들지 않으셨을 것이다. 얼마 전 필요 없어 상자에 두었던 책들을 정리하면서 몇 권의 책 표지에 그리고 종이에 쓰신 어머님의 시를 또 발견했다. 그 속에는 나에 대한 그리움, 안타까움이 실린 시와 허난설헌, 큰오빠에 대한 시를 포함해 여러 편이 발견되었다. 나는 보물을 찾은 기분이어서 흥분했었다. 그중에는 1966년 사드린 <한국의 명시>라는 시집의 케이스에 낙서를 써 놓으신 것도 있다. '영결하는 선물… 이것이 영결이더냐. 사고무친 홀홀 단신아!' 이 낙서는 내가 도불한 후에 쓰신 것 같다. 어머님의 생활은 낙서, 시, 시조 등을 끊임없이 쓰고 계셨다.

어머님과 아버님과의 생활은 아기자기한 것은 아니었지만 그렇다고 불행한 것도 아니었다. 아버님은 포근한 말이나 억센 팔로 감싸주는 그런 성격이 아니었기 때문에 두 분 사이는 냉냉하고 다정한 말이 오고가는 모습을 보지 못했다. 내가 막내이기 때문에 이미 어머님과 아버님은 50대 후반의 생활이었으니까 더욱 덤덤한 분위기 밖에 경험하지 못했다. 궁합은 아주 잘 맞는 직성이라고 했다. 아버님은 토끼 띠, 어머님은 돼지 띠셨다. 아버님이 어머님 직성보다 작은 동물이라서 일까 내가 보기에도 집안의 지배력은 어머님의 기운에 달려 있던 것 같다. 실제로도 아버님은 막내인데다 어머님이 연상이셨다. 시부모님이 돌아가신 후로는 독립된 가정을 이루며 어머님의 지배력은 더 컸었을 것이다.

어머님은 무한한 창조 정신과 멋을 추구하셨다. 지혜와 정확한 판단력으로 우리들을 지배하셨다. 우리가 따를 수 없는 지혜와 멋 그리고 끊임없는 집안 일, 매사에 힘을 기울이는 노력과 비판 정신을 가지셨다. 이 비판 정신은 어머님 개인 생활뿐만 아니라 정치 사회에 대한 글에서도 정확한 비판을 보여주고 있다. 부단한 노력으로 생활을 창조함으로써 우리를 즐겁게 해주셨지만 어머님의 가슴속은 언제나 고독하고 행복하지 않다는 것을 느끼게 하셨다. 그러나 우리 4남매와 손자 손녀들이 있고 아버님과도 해로하시면서도 서늘한 감을 주는 선언을 어머님의 자서전에서 하고 계셨다. 어머님은 자서전 제목을 '나는 혼자다'라고 붙이셨다.

어머님이 행복하시지 않다는 근본 조건은 아버님과의 만남을 이야기하고 계셨다. 어머님은 1896년 5월 6일 황해도 평산군 남천리에서 태어나 1914년 4월 4일 아버님과 결혼하신다. 열여덟에 결혼하신 것을 '아홉이 둘'이라는 독특한 제목으로 당신의 결혼을 시로 표현하시고 있다.

아홉이 둘

열여덟 그 때가 봄이었지요.
아름다운 봄꽃이라면
막 피려는 봉우리
그것이 과연 봄이 아니었을까요.

봉우리를 튀기기만 해도
방긋 미소 짓듯
만개하기 직전
아름다운 봄이었지요.
달도 만월보다
반월이 아름답더이다.
아, 그 꽃은 그 봄을 몰라라.

봄이 아닌
그 추운 깊은 밤,

서리 찬 밤,
눈송이마저 덮인 밤,
깎아대는 밤,
썩은 갈대 된 몸,
그 몸은, 그 몸은
누워 떨고
앉아도 떨고
서 있노라면, 살얼음 판.

보금자리라 찾아든 곳은
앉아도 누워도
배고픔이 날랜 손톱으로
창자를 할퀴어 대고,
그 몸을 다스려주는 졸음이,
마구 감싸 눌러
추위도 괴로움도 모두 다
잊은 양 잠시나마
꿈나라로 피신하다,
북풍설한에 잠을 깨,
몸 일으키니
서산 넘는 새벽달이
방안 가득 비춰줘,
바늘 들고 귀 끼려니
손이 곱아 흘러내렸네.
아 아
내 모진 삶.

어머님은 이모부님과 文友가 되시다

어머님의 제부였던 이모부(유기욱)님은 하나밖에 없는 여동생의 남편이었다. 그러나 이모부님은 서울에 와서 사시며 중앙보육원(중앙대학교 전신)을 나오신 분을 작은댁으로 맞아들여 여섯 남매를 두고 계셨다. 집안이 부유하셨던 이모부님은 평산을 떠나 서울에서 사업을 하셨다. 홀로 계시면서 다른 여인과 사랑을 하게 되고 헤어질 수 없는 상황에 두 집 살림을 하게 되었다. 이모님이 월남하지 않은 것은 세간과 집을 두고 월남을 할 수 없다고 남으로 오시지 않았다. 더 큰 이유는 작은댁이 계시기 때문일 것이다. 나는 이모님을 한 번 밖에 보지 못했다. 어머님이 갖고 계시던 사진으로 이모님의 얼굴을 기억하고 있을 뿐이다. 38선으로 막힌 북에 계시는 이모님을 어머님은 늘 그리워하며 사진을 꺼내 보시곤 했다. 이 사진은 초상화를 그린다는 신의 없는 떠돌이에게 맡겼으나 초상화도 그려오지 않고 사진도 돌려주지 않아 어머님은 가슴이 저며 오는 듯 슬퍼하셨다. 그 사람의 사진관이 있다는 종로통을 며칠 간 헤매며 찾아보았으나 찾지 못하시고 서러워하시던 모습은 지금까지도 내 눈을 적시곤 한다. 사진에서 본 이모님의 모습은 유난히 눈망울이 크고 영롱했다.

일제 강점기말 고향 평산으로 옮겨 오면서 이모부님은 서울에 계신 작은댁을 데려와 두 부인 사이를 오고가며 생활하셨다. 이모님은 그 때의 갈등을 어머님께 편지로 알려오곤 했었다. 이모님이 갈등을 어머님에게 이야기한 것을 나는 어머니로부터 들었다. 그 때의 갈등을 경험한 이모님은 살림살이와 집 때문 이라고 했지만 차라리 혼자서 사는 것을 택하신 것 같다.

6. 25 이후로는 이모부님과 어머님은 더욱 가까이 지내셨다. 동생과 생이별을 하게 된 원인도 다 동생 남편 때문이지만 친척들을 모두 이

북에 둔 어머님으로서는 외로워서일까 오히려 동생을 대하듯 더욱 가까이 지냈다. 이모부님도 큰댁이 그리워 어머님을 자주 찾으신 것 같다. 나쁜 동기에서든 좋은 동기에서든 외로운 환경에서의 인간의 유대란 끈끈하고 소중한 위로가 되는 것이리라. 작은댁의 자녀들과 우리는 사촌 형제처럼 지내고 있고 작은댁도 우리 형제들을 친조카처럼 대해 주셨다.

지금도 나는 두 분이 말년에 사시던 녹양동 골목을 차를 타고 지날 때마다 그분들이 그리워진다. 그리고 지금 녹양동에서 가까운 곳으로 이사와 홀로 떨어져 살고 있는 내가 그분들이 살아 계신다면 얼마나 위로가 될까. 그리고 나의 외로움을 덜어주실 것이라고 상상해 보곤 한다. 어머님과 이모부님도 말년의 외로운 환경이 아마 두터운 유대를 갖게 하고 이모부님은 아내를, 어머님은 동생을 만나는 것처럼 느낄 수 있었던 것이 어머님과 文友가 되게 만들었는지 모른다. 어머님을 잘 알고 계셨던 이모부님의 글 중에는 어머님을 그린 시도 여러 편 있으며 서로 자신들의 시를 교환하기도 하셨다.

화투

(一월 송학)
보름달 기울었네.
밤 깊어 호젓한데
짝 잃고 청송 위에
홀로 앉은 학 한 마리
밤 깊어 오지 못할 짝
학수고대 하노라.

(二월 매화)
옛 등걸 가지에

몇 송이 핀 매화
창고에 나는 새도
나래 접고 발 멈추었네.
매화도 아름답건만
네 모양이 어여뻐.

(三월 벚꽃)
먼 산에 아지랑이
바라보는 벚꽃들
봄소식 들은 듯이
생글 생글 하더니만
기쁜 맘 참지 못하고
내처 웃어 버렸네.

(四월 흑싸리)
시절은 사월 초승
서산에 지는 실달
달빛도 희미한데
흑싸리 밭 나는 새야
네 어이 깃들 거냐.
날 저물어 가노라.

(五월 난초)
네 이름 그 형상이
고상할 손 난초로다
대궁은 창대 같고
잎사귀는 별 자 같아
붓 같은 꽃 봉우리야
선비 아니 탐내랴.

(六월 목단)
방긋이 피는 목단

보름 달 솟는 듯이
향기는 없을망정
탐스럽기 그지없네.
목단화 화 중 왕이니
뉜들 아니 좋아하리.

(七월 홍싸리)
홍싸리 욱어진 곳
헤매는 몇 도야지
싸리에 맛들이니
떠날 정이 없을세라
싸리도 식량이던가.
뫼 도야지 살도 쪘네.

(八월 팔공산)
기러기 울고 가니
가을 소식 완연하다
시절은 중추가절
동산 위에 솟은 달은
저마다 유정한 듯이
공산 만 월 좋아하리.

(九월 국화)
백화가 자랑하던
양춘가절 다 보내고
뒤 늦게 만발하여
향기로운 추 국화야
늦가을 핀 꽃이니
대중 귀염 받으리라.

(十월 단풍)
세월은 흘러, 흘러

어언 늦가을
초목은 단풍드니
울긋불긋 아름다워
짝 잃은 한 마리 사슴
단풍 찾아 노닌다.

(十一월 오동)
동지 달 긴긴 밤
달 밝고 날도 찬데
뒷마당 벽오동에
홀로 앉은 저 봉황새
짝 잃고 앉은 모양
쓸쓸하고 외로워.

(十二월 비)
육칠월 내리는 비
장마저 내리거늘
개구리 홍수 날까
두려워서 뛰어 나네
무슨 일 바쁘신데
우중 행차하시나.

(1960년대 어머님에게 보내신 화투에 대한 이모부님의 시)

나자란 화단은

나자란 그 화단은
위치도 좋거니와
유기질 풍부키로
인동까지 소문났고
화단엔 장미 두 그루

소나무가 한 그루
토박한 화단으로
큰 장미 이식하나
질 들어 뿌리 뻗기
그 얼마나 시달렸나
시들며 피는 꽃송이
향기조차 없다네.

시일이 장구하매
귀근(貴根)된 낙엽으로
유기질 장만되어
지엽(枝葉)들이 충실하니
좋은 꽃 그윽한
향기 날로 퍼져가노라

(1960년 어머님을 묘사한 이모부님의 시)

이모부님의 시 중에 장미 두 그루란 바로 어머님과 당신의 부인인 이모님을 말하는 것이고 나무 한 그루란 외삼촌을 말하는 것이다. 유기질 풍부라는 말은 어머님의 가정환경을 말하고 있다. 오빠들은 외가댁을 기억하고 있었다. 외가의 작은 사위로서 누구보다도 어머님과 외가를 잘 알고 계시니 어머님의 가정환경을 잘 표현한 것이다. 나이 어린 나에게도 어머님은 상상이 안 되는 외가댁의 풍요와 부에서 일어났던 일들을 추억하며 이야기해 주셨다. 그러나 나는 반신반의할 뿐이었다. 서울로 피난 오게 된 어머님의 향리(남천) 사람들이 어머님과 만나서 이야기하는 가운데는 외가의 부를 추억하는 소리들이 있었다. 어머님 못지않게 맞장구를 치며 이야기하고들 있었다. 어머님은 이들의 이야기가 한때나마 어머님의 귀한 환경을 불러다 주는 것으로 얼굴에는 생기마저 돌았다. 그리고 나는 외가가 부호였다는 것에 대한 의문과 상상을 풀어주는 것이 되었다. 그리고 1970년에 쓰신 어머님의 자서전에서 말씀하시던 외가의 윤곽을 이해하게 되었다.

어머님과 아버님과의 젊어서의 생활은 나는 잘 모른다. 어머님과 아버님 그리고 언니, 나 이렇게 넷이서 사는 동안은 두 분의 사이가 나쁘지 않았던 것 같다. 서울 수복 후 큰오빠가 부모님을 모시게 되면서 두 분이 화기애애하게 이야기하시는 것을 거의 보지 못했다. 우리 전통으로는 아들 부부가 시부모님 앞에서 사랑을 표현 하거나 이야기하는 것을 어른들은 좋게 보지 않는 것으로 알고 있다. 마치 어머님과 아버님은 아들과 며느리 앞에서 어려워서 이야기를 하시지 않았던 것처럼 느껴진다. 어머님은 언니가 시집간 후로는 며느리들에게 아버님의 허물을 이야기하는 것을 종종 들었다. 어머님은 매정한 성격을 가졌었다. 그렇다고 아버님이 쌀쌀한 어머님의 성격을 녹일 만큼 말주변이 있는 것도 아니고 아량도 없으셨다. 아버님이 69세에 돌아가실 때까지 두 분 사이는 여전히 차가웠다. 돌아가시기 전 몇 년 동안은 아버님은 무척 외로워하시며 교회도 찾아가서 앉아 보기도 하셨다. 허허한 마음을 달랠 길 없어 하시는 것을 알면서도 나는 방관자였다는 것을 돌아가신 후에야 깨닫고 한없이 울었다. 어머님은 아버님 사후 한 번도 아버님에 대해 이야기를 하시는 걸 보지 못했다. 그리움이 있었으련만 어머님은 내색을 하시지 않았다.

아버님, 어머님은 석양의 언덕에서 각기 봄의 산책을 하시다

어머님은 감정을 나타내지 않고 아버님한테 냉정한척 하셨지만 냉정을 잃은 때도 있었다. 내가 초등학교 들어가기 전에 아버님은 홀로된 친구의 여동생과 가까웠던 것으로 알고 있다. 어머님은 화가 나서 큰댁으로 가버리셨다. 그 사정을 오빠들과 언니들은 알고 있었으며 그 때 상황을 잘 아는 오빠의 친구이자 형제같이 지내는 반월리 오빠는 글을 잘 쓰셨는데 일본 유행가에다 노랫말을 써서 불렀다. '어머니, 어머니, 어디를 가셨소' 이렇게 시작하는 노래였다. 어린 나이에 장가를 가셨던 아버님이 어머니가 아닌 다른 여인에게 마음을 두었다는 것은 유한한 삶에 어머님과 아기자기한 삶을 갖지 못하셨던 아버님의 봄기운이 가슴 속에 살아 있었나는 것에 박수를 보내도 되는 일이라고 생각하고 있다. 아버님의 봄기운이 가정을 파괴한 것도 아니고 다만 예민하셔서 어머님의 직관이 요동을 쳐 어린 나까지 팽개치고 집을 비우셨던 것이다. 우리 어머님은 어떠한가. 냉정하지만 감성이 풍부하셨던 어머님은 60후반에 아버님 아닌 다른 분과 멋진 우정을 나누셨다. 그 우정은 남녀의 정신적 사랑이라고 생각한다. 두 분이 주고받은 서신은 우정만이 아니었다. 어느 날 우체부가 대문 안에 던지고 간 편지를 아버님이 '이건 누구한테 온 거냐' 하며 주우려고 하셔서 나는 맨발로 뛰어나가 내게 온 것이라고 하고 먼저 편지를 집었다. 이렇게 우리 형제들은 어머님의 봄의 산책을 도왔다. 언니가 자주 드나들던 어느 의사 댁에서 그 집에 드나드는 다른 부인을 만나 친교를 하는 동안 그 부인이 자기 아버님의 연애 이야기를 했는데 그 이야기의 여주인공이 바로 우리 어머님이라는 것을 밝히며 또 한 번 우연의 인연을 놀라하며 즐거운 시간을 보냈다고 한다. 그렇다. 성장한 자녀들의 무한한 이해와 응원 하에 종착역에서의 봄의 산책은 두 분에게는 행운이고, 편안하고 아름다운 산책이었을 것이다. 브라보!

큰오빠께서 취미로 사진작업을 하면서 어머님이 가져오신 남자친구의 사진을 가져오셔 다시 찍어 현상을 크게 해주셨다. 나도 한 장 갖고 있다. 기운이 쇠잔해 보이는 노신사이지만 내 사진첩에서 언제나 웃고 계신다. 그 노신사는 북경에서 공부를 하신 분이라고 하셨다.

어머님은 아버님이 나신 삼월 삼짇날에 돌아가시다

아버님과 어머님의 인연은 운명적이었을 것이라고 생각한다. 그리고 말년까지 겉으로는 다복하다고 할 수 있었다. 그러나 어머님은 '나는 혼자다'라는 고독을 내뱉으셨고 불행하다고 하셨다. 두 분은 해로하시면서 손자 손녀에 둘러 싸여 계셨다. 아버님이 토끼띠시고 어머님이 돼지띠라는 궁합도 아주 잘 맞는 궁합이라니 운명적 부부라고 할 수 있다. 더구나 아버님 생신이 삼월 삼짇날인데 어머님은 그 날 운명하셨다. 얼마나 운명적인 우연의 인연인가. 올해도 나는 삼월 삼짇날을 두 분을 생각하며 지냈다.

삼월 삼짇날을 기억하시나요?

삼월 삼짇날을 기억하시나요?
강남 갔던 제비가 돌아온다는
날을 기억하시나요?
지붕 밑 한구석에
어미 제비, 아비 제비
천리 길 날아
갯벌 진흙 입에 물어다가
집 짓고
아들 제비, 딸 제비
예쁘게 낳아 놓고,

지친 몸 하늘 날아
대지 위에서 얻은 먹이
입에 문 엄마 보고
반가워 찌 찌 노래하며
기뻐 입 벌린
노란 입술 빨간 목을
기억하시나요?
하늘도 땅도
색색의 빛깔로
물들기 시작하는
삼월 삼짇날,
그 날에
어머님은
대지의 형형색색의 미소를
뒤로하고
황홀한 석양을 향해
떠나가셨습니다.
나는 이날이 다시오면

아기 제비들의 노래를 들으며
뒤에 두고 떠나가시는
어머님을 바라봅니다.

어머님을 다시 봅니다.
붉은 노을에 휩싸여
아버님을 찾아 떠나가시는
어머님을 다시 봅니다.
아버님을 다시 봅니다. (2009년 3월 29일, 음 3월 3일)

어머님이 떠나시던 해 삼월 삼짇날은 석양이 아름답게 물든 시각이었다고 한다. 어머님은 임종하시면서 아브라함의 품에 안기니 천사 동원하라고 하셨다고 언니는 프랑스에 있는 나에게 전해 줬다.

아버님은 기골이 훤칠하시고 체구는 장대하셨다. 친손녀의 친구들이 집에 놀러 와서 하는 말이 "너의 할아버지는 문화재 같다"라고 했다고 한다. 거대한 체구에 언제나 한복을 입고 계셔서 소녀들의 눈에는 특별한 인상을 갖게 되었으리라. 한복을 입으면 돋보인다. 옆에 화려한 양장이나 멋진 양복이라도 한복은 양장이나 양복을 흡수해 버린다. 어릴적 기억에 언제나 남아 있는 멋진 아버님의 모습은 특히 명주로 만든 한복을 입으셨을 때이다. 그 때 아버님 연세가 몇이었는지는 기억하지 못한다. 연한 미색의 한복 속에서 아버님의 얼굴은 홍조를 띠고 있었던 것을 기억한다. 어머님은 일생을 아버님의 한복을 해 드렸다. 한복을 세탁할 때는 바느질을 다 뜯어서 빨아 풀을 먹여 다듬이질을 해서 다시 만들어야 한다. 어느 날 어머님이 아버님의 한복을 만들다가 아버님이 안방으로 들어오시는 소리를 듣고 후다닥 만들던 한복을 감추는 것을 보았다. 나는 왜 그러시는지 몰랐다. 아버님이 나가신 후 물으니 어머님은 아버님이, 아버님의 옷을 만드는 것을 보시면 좋아하신다고 했다. 아버님이 좋아하시는 것이 싫다고 하셨다. 나는 그 뜻을 잘 몰랐다. 그저 이상하게 느꼈을 뿐이다.

아버님의 취미는 활을 쏘고 겨울이면 친구 분들과 매사냥을 가시는 것이 큰 취미였다. 서울로 오면서 매사냥은 중단할 수밖에 없었다. 우리나라에 아직도 어디서 매사냥이 존재하는지는 모른다. 그런데 영국을 비롯해 아프리카 남아공 같은 곳에서는 아직도 백인들의 매사냥이 계속되고 있고 매년 국제 매사냥 대회가 개최되는 것을 보았다. 대회 때에는 여러 나라에서 팔코너(Falconner 매사냥꾼)들이 모인다고 한다. 그리고 슬로바키아에서는 매사냥이 전통 스포츠로 매 공연축제가 있을 때에는 조련사들이 전통 옷을 입고 나오는 것을 미디어를 통해 보았다. 슬로바키아에서는 교통이 발달하지 않았을 때 식량을 조달하는 수단으로도 사용되었으며 매 공원이 있고 여기에서 조련사는 조련사를 양성하며 매를 양육하고 매의 수를 늘리는 것 또한 목적이라고 한다. 매를 길러서 자연으로 돌려보내는 일도 한다고 한다. 매사냥은 우리나라에서는 왕실에서 하던 왕실 놀이라고 한다. 유럽이 왕실에서 사냥이 유행하듯이 왕실의 사냥 놀이로서 백제시대에 일본에 전해주기도 했다고 한다. 나는 옛날 시골에서나 있었던 서민들의 놀이인가 했었다. 나는 아버님의 취미가 시골에서만 있던 것이 아니라는 것을 강조하고 싶다. 아버님은 취미인 활쏘기보다 매사냥을 더 즐겼던 것으로 기억한다. 아버님은 매를 손등에 얹고서 떠나실 때면 웃음을 지셨다. 앞에 펼쳐질 광경을 미리 상상하면서 좋아서 짓는 미소였을 것이다. 나는 언제나 이런 아버님의 즐거워하는 모습을 보며 떠나시는 순간까지 지켜보곤 했다.

아버님은 전쟁 시기를 제외하고는 부유하지는 않았으나 두 아들이 부모님을 잘 모셔서 실존에 대한 큰 파란은 겪지 않으셨다. 전쟁이야 모두가 겪었던 고난이 아니었던가. 아버님은 9. 28 수복 이후 U. N군과 국군이 북진하자 친척들과 함께 이북에 있는 고향으로 가셨다. 먼저 가셔서 자리를 잡는다는 이유였다. 그러나 1. 4후퇴를 맞게 되어 이북에서 미처 나오시지 못했다. 이북을 빠져 나오는 길에서 고향에서 집안일을 해주던 애를 만났다. 그 애는 이북에서 지독한 공산당이 되어 아버님에게 치욕을 주고 무릎을 돌로 쳐서 고생을 하셨다. 아버님은 남에게 해를 끼치는 것을 모르는 분인데 공산당이 되면 우선 주인을 그리고 부르주아들, 지식인들에게 치욕을 주는 것은 세계 공산주의자들의 공통적인 행태다. 나는 이런 공산주의 형태를 프랑스 유학시절 많은 영화를 통해 알았다. 사선을 넘어 서울에 오셨으나 그 당시 다 피난 나가고 빈 서울에 있게 된 사람들은 다른 곳으로 가지 못한다는 금족령이 내려져 서울에 혼자 계셔야 했다. 아버님이 서울로 오시기 전, 피난지에서 우리 가족은 아버님의 생사를 알려고 점쟁이를 찾아가기도 했었다. 이북을 늦게 탈출하신 아버님은 서울에 혼자 남으셔서 많은 고생을 하셨다. 서울에 남은 친척 중에 간호원으로 있던 사촌이 수도육군병원에서 일을 하고 있어 사촌의 도움으로 생활을 하셨고 육군병원에서 허드렛일도 하시며 생계를 이어가셨다. 아마도 이때가 아버님에게는 가장 힘들었던 생이었을 것이다.

떠나시는 아버님에게
냉정하셨던 어머님은 눈물을 보이시고

누구나 세상을 떠날 때 자리에 눕지 않고 있다가 가는 것을 원한다. 아버님은 고혈압으로 2주 동안 병원에 입원하셨다 퇴원하셔서 집에서 몇 시간 계시다가 편안하게 세상을 떠나셨다. 그러고 보면 아버님은 세상을 떠나실 때 많은 고생을 하시지 않으시고 가셨으니 복 받은 생의 끝이었다. 지방에 살던 언니네 나들이 가 계시던 어머님은 소생

가망이 없다는 소식을 들으시고 병원으로 오셨다. 다행히 의식이 있었던 아버님은 어머님을 보시자 "다 틀렸어"라는 한마디를 어머님에게 하셨다. 어머님의 눈가에도 처음으로 눈물이 고였다. 닫고 있던 가슴도 불가항력의 사(死)의 이별 앞에서는 열어 보이는 본래의 어머님의 순수성과 감추고만 있던 애정의 감정이었을 것이다. 우리들도 어머님의 모습에 더 눈물을 흘렸다. 아버님도 어머님의 눈가에 맺힌 눈물을 보셨다면 그토록 멀리만 계셨던 어머님의 진정을 품고 편안히 마음으로 떠나셨으리라.

잃어버린 시간을 찾아서

어머님의 선언 : <나는 혼자다>

"이 책은 어느 한 여자가 살아온 과거를 대강 한마디씩 건져 적은 것이다. 그녀의 부모나 그녀의 자식들도 그녀가 70년 동안 살아온 길을 다 알지는 못한다. 그녀 혼자 고스란히 간직하고 있던 일을 여생이 얼마 남지 않음을 직감하고 쓰라렸던 날들과 기뻤던 날들을 되새기면서 쓰는 것이다.

쓰라렸던 그녀의 삶을 참이라 할 자식이 있을까? 다만 그녀의 자식들 중 하나라도 이 글을 읽어 준다면 죽어서라도 고마워하리라

(서문 중에서)

어머님은 자서전을 삼인칭 형식으로 자신의 이야기를 쓰셨다.

황해도 평산군 신남천은 옛날에는 쓸쓸한 촌 동네였다. 정거장이 있고 면사무소가 있었으나 도회라고는 할 수 없었다. 거기에는 대대로 내려오는 부호가 있었다. 기미년 수해는 남천(구 남천)을 여지없이 쓸어가고 말았다. 동네 한가운데를 흐르고 있는 큰 냇물이 넘쳐 집도 인명도 수없이 휩쓸려갔다.

그때 부호의 집은 산 밑에 있어 남천 바닥 사람들은 모두 그 집으로 모여 들었다. 수해를 막기 위해 그 부호는 자기의 재산으로 제방도 든든히 새로 쌓고 주택도 짓고 학교와 군청, 경찰서까지 새로 지었다. 사람들이 말하기를 반은 서울이라고 일컫기도 했다. 그는 스홍에 있는 재판소까지 남천으로 옮기려 했으나 뜻을 이루지 못하고 세상을 뜨게 되었다. 그러니까 남천은 그 부호가 새로 건설한 동네다. 그래서 신남천(新南川)이라고 했다.

그 부호의 집은 신웅천 뒤에 있는 철마산 밑에 수 백 칸이 되는 대

궐 같은 큰 기와집이었다. 집 정원은 수천 평으로 배를 띄울 만큼 큰 연못이 있었다. 연못 좌우에는 무수한 수목이며 기암괴석이 연당 가운데 수없이 있고 연못에는 연꽃이 가득한 가운데 배를 띄우고 여흥을 즐기기도 했다. 마치 지상 선경을 이루고 있었다. 서울 사람들이나 시골 어느 곳 사람들이나 모두 구경을 오고 연못에는 초대 손님들과 배를 타고 고기를 낚는 재미를 보고 있었다. 이들은 재미있고 화려한 경치에 도취되어 지상천국이라 하고 있었다. 이들 가운데는 풍류와 시조에 능한 초대된 기생들이 함께 했다. 그 집 주인공이 바로 젊은 시절에 고종 황제의 신하 장씨(장재석)다. 그는 광무시대에 매국노 이완용 집권시 시골 고향으로 내려왔다. 그는 평산군 웅천리에 조상 대대로 백여 칸 큰집을 두고도 남천에 대궐 같은 큰 집을 지었다. 집 정원 한켠 언덕에는 연주당이라고 하는 별당을 지어 큰댁(어머니)을 따로 거처케 했다. 집에는 두 작은댁 떨거지들이 들락거렸다.

병진년 4월 어느 날(1914년 4월 4일) 그 집에 혼인 잔치가 크게 벌어졌다. 장씨의 장녀 혼인 잔치였다. 신부는 서울로 유학을 떠나기 위해 여장까지 준비하고도 두 작은댁들의 계략에 포기해야 하는 비운의 주인공이 되었다.

초례청에는 구름차일에 오색 화문석을 깔아 놓고 한가운데에 초례상이 놓여 있었다. 좌우에는 손님들이 쭉 늘어서 있었고 안쪽 육간대청에는 부인들로 꽉 차 있었다. 초례청에는 신랑의 후견인인 신랑의 형이 데리고 온 하인들이 먼저 들어섰다.

(中略)

옛날 풍습으로 신부의 눈을 밀로 붙이고 시집으로 가기 위해 오십리 길을 갔다. 사린교 위에는 좋은 호피를 씌우고 하인들이 동행했다. 해가 질 무렵에 시댁에 들어갔다.

(中略)

그녀의 시숙은 욕심 많은 사람으로 동생에게 한문 이외에 밖에서의 글(학문?)을 많이 가르치지 않았다. 그는 부자 집으로 장가 들여 일족을 섬겨보리라고 계획한 것이다. 시숙의 먼 일가인 조주선이란 사람은 서울에서 과거 급제하여 벼슬길에 올라 장씨를 자주 찾아가게 되어 아는 처지였다. 시숙은 부자 사돈을 만들어 볼 작정으로 자기 동생 중매를 부탁하게 되어 장씨는 조주선을 신임하던 차에 모든 것을 믿고 그녀의 혼사를 결정한 것이다. 그녀는 물가에 가서 치마폭을 쓰기 그 몇 번인가. 그러나 그 때마다 그녀는 어머님의 환상이 번개같이 떠올랐다. 그녀는 항상 그녀의 어머니가 불쌍하다고 생각했었다. 그러나 그것은 그녀의 잘못된 생각이었다. 그녀의 아버지는 세상에서 가장 잘난 어른이셨다. 17세 때 완고한 그의 할아버지 몰래 도망쳐서 동경 유학을 마치고 19세기 문명된 각국을 유람하셨고 조선에 없는 많은 귀중품을 기념으로 사오셨다. 그것들은 물론 그녀의 어머니 차지였다.

(中略)

아, 나는 혼자다. 나의 모든 아픈 추억을 더듬게 된 것은 이제 아물거리는 기억도 붙잡기 힘들어서다. 병든 몸으로 글을 쓰니 글씨는 엉망이고 눈앞에는 안개가 가려져 쓸 수가 없다.

(中略)

인내란 두 글자만이 단심이 되어 뚫고 나온 길은 이제 텅 빈 우주의 공간이다. 희생된 이 몸이 긴장이 풀려 공허한 몸으로 과거를 더듬는다. 우주의 공간이여, 이 공허한 마음 알아다오.

오직 내 희망은 두 쌍의 불꽃송이, 炳夏, 炳鎬, 炳姬, 炳玉이 세상에 빛나는 날 아픔은 잊어야지. 잊으리라고 살아왔다.

(1964년에 제3인칭 소설 형식으로 쓰신 어머님의 자서전
<나는 혼자다> 본문 중에서)

어머님은 항상 서울유학을 포기한 것을 늘 한으로 여기고 우리들에게 되풀이 해서 이야기를 하셨다. 나는 유학에 대한 상식이 없어서 어느 학교로 가려고 했느냐고도 묻지 않았다. 한 없이 이야기하는 것에 진력이 나서 묻지 않은 것 같다. 나는 내 자서전을 쓰기 위해서 어머님의 자서전을 찾아 학교를 찾아도 언급이 없다. 몇 살 때 유학을 할아버지께서 어머님을 보내려고 했는지도 정확한 년도나 나이를 언급하지 않고 있다. 나에게 여장에서 가죽신과 가죽구두도 준비했는데 가죽구두는 일본에 주문한 것이라고 했다. 그리고 몇 벌의 옷 중에는 중국비단 옷도 있었다고 했다. 비단은 중국 것이 최고라는 이야기도 곁드렸다. 나는 이화여대 1학년 때 비로드 치마를 입고 가서 김옥길 총장한테 주의를 받은 일이 있는데 유학 때 비단 옷을 준비했다는 것이 의아했다. 할아버지께서 고종황제 신하였기 때문에 왕실의 여인들의 옷을 보셔서 필요할 때 입으라고 몇 벌 준비 해 주신 것일까 나는 의문이 많았다. 그리고 어머님이 몇 살 때 유학을 가려고 했는지도 알고 싶었다. 더 궁금한 것은 왜 외삼촌을 유학시키려고 하지 않고 딸을 유학시키려고 한 것인지가 더 궁금했다.

외삼촌이 할아버지의 작은댁들이 약을 먹여 14살 때부터 성장이 멈추었다고 한다. 그러면 외삼촌의 유학이 불가능하게 되어 어머니를 유학시키려 했던 것인지도 불분명하다. 아니면 할아버지께서 일본유학을 하시고 세계의 문물을 아시어 여자도 공부를 하여야 한다는 생각에서 그런 것인지 알 길이 없다. 작은댁들이 딸도 신식 공부를 시키려고 하는 것에 위협을 느끼고 외삼촌에게 약을 먹여 미리 방지하기 위한 것인지도 모른다. 외할머니는 본가 영역이라도 떨어져 있는 별당에 거처하시고 안에서 무엇이 일어나는지 전혀 모르고 있었던 것일까?

어머니께서 준비한 옷 중에 중국 비단옷 이야기만 했을 뿐 그 외에 옷에 대해서는 아무 말이 없었다. 배화(培花)사를 보나 이화(梨花)사를 보나 이화학당 여학생들이나 배화학당 여학생들의 옷을 보면 흰색 짧은 치마 조고리다. 서울에 여자를 위한 학교는 학당으로 개교가 되었다. 이화학당과 배화학당 두 곳뿐이었다. 이화학당을 미국선교사 스크랜튼이 개교했을 때나 배화학당을 조세핀 캠벨이 개교했을 때는 어머니가 탄생한 후 몇 년 되지 않아서다. 이두 학당은 어머님이 유학을 하려고 할 시기는 어머님 나이가 10대었을 것이고 학당은 자리가 잡혔을 때가 될 것이다. 어머님이 정확한 학당을 말하고 있지 않았어도 이 두 학당 밖에 존재하지 않았기 때문에 둘 중에 어느 한 학당이었을 것이다. 그리고 어머님이 유학이 성사되었다면 한국여성으로서 선구자가 되었을 것이고 어머님의 운명도 바뀌었을 것이다. 어머님은 이렇게 되지 못함을 한으로 여기셨다.

어머님은 詩에 있어서 나의 스승

어머님의 글은 일반적인 한국 여인들의 고단한 시집살이에 대한 글도 있다. 어머님의 가정환경과 판이한 시집에서의 시집살이가 억울하셨을 것이다. 그러나 어머님은 일생동안 많은 책을 읽으시고 신문을 읽을 수 있는 환경이 시작된 후로는 매일 신문을 탐독하시는 것이 일과 중의 하나였다. 그래서 사회에 대한 비판 정신이 확고해지신 것 같다. 글 중에는 더러 사회비판, 정치적인 비판의 글도 있다. 세월의 무상함을 표현한 시, 늙음에 대한 슬픔, 사랑에 대한 시 그리고 우리 4남매에 대한 글도 많다. 어머님이 즐겨 그리고 되풀이해서 읽으신 책 중에는 성경이 있고 허난설헌에 대한 스크랩과 그녀에 대한 절절한 글을 보면 아마도 그녀에 대한 관심이 컸던 것 같다. 그리고 어머님은 허난설헌이 글로서 마음을 다스리려고 글을 쓴 것이라고 단언해 말하고 있듯이 어머님도 인생의 허허함을 글로서 풀려고 노력하셨다.

1992년 어머님의 시와 나의 시를 한데 묶어 세상에 내 놓았을 때 그것을 읽은 친지들은 울었다며 전화를 했다. 나의 친구 최영자는 "병옥아, 용인캠퍼스에서 강의하고 오는 날인데 돌아오는 차안에서 읽으며 울었어. 나는 살아오면서 감정을 억제하며 살아야 했고 될 수 있는 한 눈물을 잘 참아. 그런데 너무 울어서 눈이 부었어. 내 주위 사람들이 읽고 싶어하니까 몇 권 더 보내줘." 이밖에도 글을 읽은 사람 중에 여럿이 울었다는 말을 했고 동료교수 한 분(무용과 유학자 교수)은 "교수님, 울었어요." 하며 전화를 했다. 나는 왜들 울까? 하고 의심이 들었지만 이유를 묻지 않았다.

이제야 그들이 울었다는 이유를 짐작할 수 있다. 내 글 중에는 어머님이 돌아가셨다는 소식을 프랑스에 있는 나에게 알리지 않아서 몇 달 후에 알게 되어 슬픔이 더했다. 어머님의 서거를 알리지 않기로 했다는 데에는 작은오빠께서 내가 학위를 하는데 지장이 있을까봐 극구 알리지 않았다는 것을 후에 알았다. 그 때의 나의 슬픔을 그린 글들이 많다. 나의 글들은 어머님에 대한 그리움을 표현한 애틋한 글들이 대부분이었다. 지금 어머님의 글을 다시 읽으며 그리고 나의 글을 읽으며 이제야 나도 눈물을 짓게 되었다. 어머님의 글 이외에도 늘 억울한 삶을 사셨다는 이야기를 들을 때마다 아무 감정 없이 듣곤 했다. 늘 하시는 말로 들었을 뿐이었다. 울었다는 친구들은 나보다 풍부한 감성을 가졌기 때문이었을 것이다. 그리고 어머님의 글도 그들의 감성을 움직이게 한 것 같다. 내가 지금 어머님의 글과 나의 글을 읽으며 눈물짓는 것은 어머님 나이가 되어 약해진 마음에서 어머님에 대한 그리움 그리고 브장송에 대한 그리움이 더하기 때문인 것이다. 그러나 울었다는 사람들은 어머님을 그리는 나의 시가 그들의 감정을 흔들었는지 어머님의 글이 그들의 감정을 울도록 자극했는지는 아직도 나는 궁금하다.

1995년 여교수회 회장이었던 김갑영 교수님은 여교수회가 주관하는 문화강좌 프로그램 표지에 어머님의 허난설헌에 대해 쓰신 <시리다 시리다 토해 낸 맘>을 실으셨다. 김 교수님이 어머님의 시를 평가하시고 실어 주신 것에 감사하고 있다.

어머님은 다양한 주제와 다양한 형식의 시를 쓰시다

어머님의 글은 형식이 다양하다. 어떤 시는 한시에 영향을 받은 듯한 것들도 있고 돌아가시기 직전에 쓰신 것으로 추측되는 시는 아주 현대적인 시의 형식을 띠고 있는 것들도 많다. 글 형식도 가로쓰기가 있는가 하면 세로로 그리고 한문으로 써놓은 한시도 있다. 시조도 있다. 이렇게 글의 형식까지도 변화를 하며 꾸준히 새로운 창조를 향해 가려는 노력의 흔적을 엿볼 수 있다. 나는 어머님의 글을 다시 읽으며 은연 중에 어머님을 닮고 있다는 것을 새삼 느끼고 있다. 시를 쓰기 시작한 것은 어머님이 나보다 훨씬 먼저 쓰기 시작했다. 나는 대학에서 문학을 공부하면서도 시를 쓰지 않았다. 어머님은 내가 대학 가기 전부터 시를 쓰기 시작하셨다. 나도 신문을 읽고 나의 느낌이나 사회비판을 하는 시를 썼다. 그러니까 어머님이 오래 전에 그런 일을 하셨고 나는 어머님의 글을 읽으면서 나도 그렇게 닮아가고 있었던 것이다. 어머님의 글 중에는 사람에 대한 시가 많다. 어머님은 내가 시를 쓰는데 있어 영향을 주신 스승이라고 할 수 밖에 없다.

어머님 자신에 대한 시

조약돌이어라

조약돌이어라.
내 몸은 돌중에 바보 조약돌.
눈도 없고 코도 없는 뭉우리돌.
감각도 없었기에 발길에 채여도
이리 굴고 저리 굴뿐
노여움도 반항도 모르고
몸에 박살이 나도 울 줄 모르는
조약돌이었다오.

내 이제 조약돌이 아니 되리

내 이제 조약돌이 아니 되리
천하 명산 궁지에
웅장한 石蜂되어
청송으로 울을 삼고 萬化方暢 花林이

시야에 퍼져 있어
절경 중 妙境이니
동정 추월 방불한데
계곡의 유유(流流)벽계(碧溪)는
청강을 이루고
상춘객 不絶하여
웅장한 石壁에
주옥의 시를 그려
깊이 읊어 배회할 때
요요(謠謠)한 그 유음(流音)은
몽롱토록 취해지리.
春風好月 滿空山하여
청강에 비추니
새 거울에 펴 놓은 듯
아름다운 달빛 아래
태공은 낚시 드리우고
酒興 겨워 노닐 때에
그 절경이 어떠하리.

나의 일생 중 한 때는 언제인가

나의 일생 중 한 때는 언제인가
부모님 품에서
고대광실 금의 육식할 때더냐.
아니다
그것은 일시의 美夢에 지나지 않는다.

나의 즐거운 한 때란
어린 것들을 데리고
땅을 파고 씨를 뿌려
곡식을 가꾸며 뙤약볕에

일손들과 김을 매고

엄동설한 깊은 겨울에
밤이 새도록 물레에 실을 뽑아
붉은 올, 흰 올로 색을 노아 짜
내 손으로 다듬어
내손으로 양복 지어
내 아들, 형제 입혀
내 세울 때
한 없이 즐겁고 만족 하여라. (1967년)

부모님의 교훈

칠십 평생
부모님의 교훈 아니었더라면
위대한 인내력
그 보다 더 큰 힘은 다시 없을 것
나는 안다
어떤 함정도 모면하고
모진 폭풍도 고진 준령도
가시밭도 다 넘었네.
보배보다 귀중한 인내
이 두자만 굳게 간직하면
귀한 것 겸손뿐이니
인내 얻으리. (1971년)

씨앗 뿌린 기억 없이 싹을 바람이여

씨앗 뿌린 기억 없이
싹을 바람이여
분수에 없는 허영이 아니랴

싹을 가꾸지도 못하고
열매를 바람이여
그 얼마나 비참한 인간이야
인간 칠십 너무 많건만
내 나이 늙기 전에
왜 속히 못 가는고.

고진이면 감내라는 말
허언이라
고진한 몸
감내 못 보니
아이의 청춘
잃기 전에
영원히 빨리 가고 지라.

국가와 사회에 대한 시

三八선

네허리 국토중간 設친지가 몇해더냐
춘하는 몇번이고 추동이 몇번이냐
년년히 내원한도 곧었거니 네허리라
삼팔선 네말하라 삼천만의 네울음소리
들었나 못들었나 말조차도 못하누나
삼팔아 물어보자 천지개벽후 끊이려나
피눈물 한데모여 바다되고 한숨모아
풍우가 대작할때 모진허리 끊일거나.

(時調이기 때문에 문법을 무시하고 글자 수에 맞춘 시)

ㅎㅏㄴㅌㅗㅇㅅㅜㄱ

원통하고 절통하여 한통터져 맑은바람
한통의 그바람은 바다건너 숨박꼭질
천신만고 다려놓아 피어나는 불꽃에다
한통의 맑은물은 사정없이 꼈단말가
외면친교 내심적개 진정코 내몰라라
믿어청한 전모까지 쑥스러워 통탄하다
인정변화 무궁함을 모르는바 아니였건만
속임수가 한스럽고 통분쿠나 쯧쯧쯧쯧

(時調, 1월 모일 신문보고, 야당의원 한통숙을 말함)

동아일보를 아끼노라

곧은길 걸으려다 파란만장 그몇번인가
윤전기 돌때마다 먹물들여 뭉개놓고
각처에 지방배달 도둑맞기 몇번인가
아마도 미움박힌 동아일보 제일인가 하노라
불의는 멸망이나 의도(義道)는 진도가 요원하리

(時調, 70년대 동아일보 백지광고 때 쓴 것으로 추측됨)

二八 파동

二四의 뿌리 자라 계승 장구
二八을 탄성하나
二八 탄성 장커니와
묘법효측 더욱묘재
상대방 눈뜬채로 모든국정 날치기
오늘의 西山落日 내일이면 東天朝日
주마등 새로워 잊었던 그늘을 비추리라.

(1967년 12월 28일자 석간을 보고)

열두당

예수는 떡한덩이 열두제자 먹였지만
인간의 천태만상 그뉘라서 공명할고
한사람 목을갖고 열두군데 어이하리
당이름 허다하여 실패한일 그몇번인가
하나로 족할것을 城隍堂은 왜못썼나.
그것이 더미워. (2월 10일 조간을 보고)

큰 글자의 일면 제목 눈이 번쩍 반갑고야

큰글자의 일면제목 눈이번쩍 반갑고야.
충무공의 난중일기 찾은것 기적의기적
이순신의 영령으로 도움인가 생각한다.
인간세상 가시밭에 신비롭고 반갑도다.
뒤찾은 그국보는 충무공의 혼신이니
다같은 한민족이 그누가 다를건가
존중하여 모시면 억만대대 계승하리.
(이순신 장군의 난중일기를 찾은 날)

칭송 六八 국치

국민의 피땀모아 이룬도로 국내에선
원성도 있건만은 외국에선 칭송이자자
핍절한 이나라에 세금인상 극심하니
성인은 피눈물에 유아들의 교육지장
불때어 끓인물은 용솟음에 김내려니
선량한 우리국민 벙어리의 냉가슴.

(세금 인상과 경부고속도로 건설을 말한 것으로 추측됨)

이 겨레 웃음 꽃

눈보라 비바람에
알몸이 드러나고
서리빨 동부새에
뼈마디 갈리어도
조국의 한복판을
이겨레와 지키리
이겨레의 웃음꽃
언제한번 터지련고
이마음을 산산이
떡가루 마냥부수어
봄철에 비내리듯
솔솔뿌려나 볼까.

약자

소수의 야당인사 부자유한 수족이요
그목도 매한가지 시국수습 어려워라.
강자의 권력앞에 맥을못써 시일장구
마음만 안타까워 보고듣기 애처러워.

(글자의 수를 맞추어 쓴 것이 훌륭하다.)

ㄱㅣㅁㅇㅗㄱㅅㅓㄴ

금으로 깎은구슬
둔갑하여 신선되다.
기개지조 풍부커니
유지가 부족하거늘

치정감투 무삼한고
탐욕의 발동인가
치국안정 민망하여
용기백배 함이던가
광활한 사해에
명망을 떨치려함인가
남녀분별 현저하니
새치정을 보렸더니
과거불결 주저하여
올동말동 하자커니
사욕일랑 제발
버리소서, 의원님

(김옥선 의원이 기소당한 신문 보고, 12월 모일)

사랑 그리고 늙음에 대한 시

시리다, 시리다 토해낸 마음

시리다, 시리다 토해낸 마음
그대 청춘
가엾다 못하거늘
슬피 울 눈물도 말라
괴로워 한숨지어도
안 오는 님
기다리다 지쳐
토한 마음
붓으로 다스려
어쩌다 불살라도
그 마음 다할 길 없어

눈같이 차가운 지조
지켜본들
설움만이 바다요
속 태워 붓으로 다스려 논
그대 맘 그대 솜씨
다룰 길 없어라.
이름처럼 고매한
그대 삶
시리다, 시리다 토해 낸 재주일까
낭군은 그대를 버렸지만
뭇 사람들
그대 재주 부러워라
수 백 년 지났어도
그대 향기 가득하다.

(허난설헌을 그린 것으로 추측됨)

사랑은 어떠합디까?

사랑은 어떠합디까?
스승님.
사랑 愛 자 길더이까?
짧더이까?
사랑은 둥글더이까, 모가 나더이까?
사랑은 애타게 타오르는 거이까?
사랑은 보이지 않는 거이까?
사랑은 숨어 있더이까?
사랑은 찾아도, 찾아도
없더이다.
사랑은 영영 없더이다.

(70이 훨씬 넘어서 쓰신 시)

초저녁에 꺼지는 심지가

초저녁에 꺼져가는 심지가
새벽까지 견디랴만은
행여나 희망하고
그저 두노라.

어두운 밤 새어도
가신 님 오지 않네
바람에 꺼진 심지 아니니
서러워, 서러워

세월아 말 물어보자

세월아 말 물어보자.
네 무슨 일 바빠서
주야 장천을
끊임없이 달리고 흐르느냐.

가려면 너나 홀로 갈 것이지
인간의 봄을 다 앗아가니
그 누가 너를 곱다던가?
네 힘이 하도 장타하니
이 몸도 네 등에 업혀 가리라.
고산준령 높다 않고
소천 대하 다 건너
이 세상 가시밭 다 헤쳐
광명이나 보렸더니
황혼의 막바지로다.

수많은 설움과 괴로움

널려 있네.
갈가마귀 떼 손짓하며
입 벌려 다가오고
좀 벌레도 생글생글
나를 잡고 입 맞춘다.

세월에 속고
내 이 길 걷다 보니
내 아이들도
이 길을 걷네. (1967년)

세월아 대답하고 떠나려무나

세월아 대답하고 떠나려무나
인간은 너를 이름하여
무정세월이라 일컫는다.
너는 주야를 쉬지 않고
유수인양 흘러만 가며
인간의 천만고를
어이 외면하고 가나?

거울을 비켜간다

거울을 비켜간다.
내모습 피해간다.
거울을 피해가도
유리창에 비친 내모습
피할 길 없구나.

내모습 안 보이려고
거울 뒤집어 걸어도

부르는 소리
저 늙은이
나를 부르는 소리
내모습 보이지 않으려고
걸음 재촉하네. (1970년)

시간아

시간아
살같이 달리기만 하는
시간아
너까지도 흘러
당기기만 하누나

무정하기는 매한가지
저문 날이 다 밝아
새날이 왔건만,
인간의 무거운 심정은
새날에도 어제 매 한가지
인간의 천만고를
휩싸들고 달려가라.

가는해 잡고서

가는해 잡고서
눌러 앉아 볼거나
아니다
이 늙고 추한 몸
푸른 들이 부끄럽다.

옷매무새 고쳐 본들

이 늙고 추한 모습
감추어 줄가마는
그래도 고쳐 보고 고쳐보고. (1969년)

나이

수십년 천날만날 매일삼시 먹은것은
흔적이 없건만은 일년일차 먹은것은
겹겹이 쌓여있어 모발에는 흰서리라
흰머리 주름살은 거울속이 말해주고
육신에 늙은것은 모진병이 알리누나
병과는 동행하기 징그럽고 괴롭구나

늙음의 설음

아이가 자라서 어른이요
어른되매 어른이 되니
늙은 종류 어이 따로 있으랴
인간 不老 못 막으려니
젊음을 그 뉘가 자랑하련가
어비됨 저마다 거치장커니
어비의 이 심정을
그 뉘가 알타던가
어비의 먼저 실패
느껴짐이 허다하니
아이 탓 곧 어비 죄라
회상하여 느껴 본들
한숨만이 새여 날뿐
후회한들 가슴 깊이 스며만 든다.

(나의 과거를 말함)

아뿔사 나 잊어구나

아뿔사 나 잊어구나
내 아이에 부탁할 일
까맣게 잊고
황혼 막바지 길에 내 어이 오단 말가
아이야
사랑하는 내 아이야
나의 부탁 들어다오
네게 있는 푸른 봄을
굳게 잡아
한 오리도 놓치지 말아다오
그 봄
곧 잃고 나면
네 어베 걸어온 길
넨들 피할소냐
한 번 실수하면
네 어베 되려니
전날 봄 동산에
힘차게 익어가던
모든 괴롬, 수많은 슬픔
오늘 황혼 길에선
이 몸의 힘으로 미치지 못하니
괴롬과 서러움이
얼마나 장하건대
내 힘이 못 미치노

까부는 행복

행복은 참말이지 바보라고 하더이다
전도가 한치없이 끊긴것도 모른다오

서투른 유혹의물 바보라고 들었쇠다
후퇴를 하려하나 발밑에는 함정이라
풍전의 등화였만 반석인양 까분대요
행복아 네아무리 까부러도 인간천성
만종수 넨들어이 모면할줄 예측할고
천하의 절인지용 제갈양도 초한시의
삼국전 끝못한채 한을품어 갔다라네

황혼

황혼을
그 누가 밉다하리
지구의 황혼은
새날과 교환커니
인간의 황혼은
날로 짙어만 가누나.
육체의 황혼
마음의 황혼
날로 짙어만 가누나. (1975년)

그 세월

그 세월의 등에 매달려서
세상 구경하려니
황량한 벌판은
죽음의 무덤과 같고
반짝이는 별 빛 아래도
검은 그림자뿐
좋아 보이는 것 없어라. (1976년)

인간 인생

인생은 짧아 천만년 못사는 인생
부평 같고 초로와 같고
이 세상에 잠시 다녀가는
나그네 보다 무엇이 다르랴.

백년을 산다 해도
길다 못할 인생
그렇건만 단 하루를
편타할 이 누구냐,
파란만장 이 세상
굶주려야하고
헐벗어야하고 배워야하고
태양은 밝은데
인간 세상은 어둡기만 하여라

세상에 널린 것은 죄악뿐이라
무시무시한 가시밭길
피할 길 없고
빙글빙글 돌기만하는
유수 세월

그 세월의 등에 매달려서
악착한 요 세상
구경하려니
황량한 벌판은 죽음의 무덤과 같고
반짝이는 별빛 아래도
검은 그림자뿐
좋아 보이는 것은 없어라.

속담도 거짓말

반달도 초사흘 날
재빠른 며느리 먼저 본다 하는 말
속담도 거짓말

나의 방은 병실
나의 몸은 썩은 몸
십이월도 초사흘 날
활등처럼 굽은 달

열고 있는 동창에
웃는 듯 비추어
병고에 지친 내 얼굴을
반가운 듯 웃음 짓던
그 반달
웃는 낯 감추고
동정의 슬픔인 양 비추더니
다시 보잔 인사도 없이
서산으로 달려달려
무정히도 사라진다.

원망과 후회, 감탄에 대한 시

순자를 생각하며

네 마음 네 행실을 명천이 도우시니
악인도 선인되어 네 은인 되도다
아름답다 선함이여
뉘들 아니 추앙하리.

절도라도 회개하고 지극보배 밝은 눈알

생면부지 너에게
선사할 줄 몰랐어라.
장 하도다 회개한맘 남에게 유익되니
천당으로 인도되어 천추만년 행복하리.
천도는 명찰하사 네 심정 아시도다.
보배로운 그 마음을 소녀들의 모범되어
재생된 그 눈으로 광명천지 밝혀 보며
기뻐 뛰고 춤추어라
수정 같은 眞眞美美
네 마음 내 아노니 감탄 감복 끝이 없구나.
은인의 령을 위해 길이 명복 빌어주어라

(1969년, 애를 돌보던 순자는 죄수의 눈을 받아 이식하게 되었다. 순자는 이름 같이 선한 소녀였다. 어머님은 늘 순자를 사랑하고 칭찬하고 계셨다.)

인간이 어찌 너를 따르랴

인간이 어찌 너를 따르랴
사랑하는 개
순종하는 개
그렇다
그 개는
인간이 못하는 일했구나.
주인은 죽어 갔다.
그러나 너는
주인의 임종을 지켜보았구나.
외롭게 죽어간 네 주인
혈족이란 조카가 있거늘
그도 처지가 처지인지라
혈족인 것 부정했던가.

한심하다 그 사정
인간이 어찌
너를 따르랴

(1970년 8월 24일 월요일, 국악 연구가인 미국인 헤이만씨의 백만달러와 개라는 기사를 읽고서)

푸른 잎새 붉은 꽃은

푸른 잎새 붉은 꽃은
물을 주고 빛을 주는 네 주인을
알아보고
감사의 웃음으로 춤추는
네 모습을 오히려 우러러 보노라

만물의 영장인 우리 인생은
주인을 배반한
큰 죄인이라
말없이 감사하는
초목 앞에 탄복하노라

어머님 가신 길

어머님, 천국은 어떠하더이까?
괴로움, 고통, 슬픔, 모든 것 없더이까.
어머님, 이 불초녀도
어머님 가신 길 가리다. 가렵니다.
어머님 불초의 어린시절
소꼽장난 그 시절에는
어머님의 사랑, 산보다 크신 은공
바다보다 넓으신 사랑

소꿉 시절에는 몰랐나이다.
소꿉만이 사랑스럽더이다.
가시밭 험로를 걷는 동안
어언 불초녀 어미 되었나이다.
내 나이 굵어지매
어머님 은공 개달음 크더이다.

삼 금

자만을 감금하였더라면
혀끝을 풀로 봉하였더라면
실천을 앞섰더라면
실천이 옳았거든
후퇴치 말았더라면
겸손님 감금한 곳 파수 하소서
인내님 감금한 곳 지켜주소서

우리 4남매에 대한 시

너의 4남매를 미물같이 길렀구나

너의 4남매를 미물같이 길렀구나.
어느 한 자식도
따뜻한 사랑을 주어본적 없는
인간이다.
그중에도 병희야
너는 더 말할 수 없이
불상이 자랐다.
자랄 때뿐만 아니라
배 속에 있을 때부터

만삭 때까지
몹쓸 병으로 지내다가
병중에 너를 낳았다.

그런 것이 홍역으로 세 살 때에
죽었다 살아나서
소학 일,이년 때부터
너는 어미의 힘을 덜어주려고 애썼다.
매정하고 인정 없는 어미는
사정없이 부려 객기에 여념 없었다.

그것이 결국 긴 고생이 되어
피난 사리 몇해 동안
출가하는 날까지
말 못할 고생 한 것을
어찌 모르랴.

그러나 너는
사 남매 중에
너 할 도리를 완수했느니라.
사랑도 인정도 모르는
네 어미에게
분에 넘칠 만큼
효도했다고 생각한다.

그러나 그것은
내 가슴에 숨어 있는 마음
죽은 후까지 품고 갈 뿐
나타낼 아무 것도 없느니라.

단오절

내 오늘
생각하니
단오절이라.
고향이 그립구나.

내 집 뒷동산
터 밭에 목화 심어
실을 내어
무명 짜
아이들의 옷, 운동화
내 손으로 만들어
해 입힐 때
그립구나.

처녀 총각 그네 만드느라
집단 추념해
저녁마다
새끼 꼬며 즐거워 떠들었네.
그 중에 있던 내 아이도
이젠 단오를
잊었는가.
잊었으리라.

아이들아

아이들아
부탁하노니
네게 있는 푸른 봄을

부디 놓치지 말아라
그 봄을 놓치고 보면
네 어버이 걸어온 길인 양 될 것을
생각하면 한스럽기 끝없으리라
너, 봄을 잡을만한
쇠사슬을 네게 준다면
무슨 한이랴.

태산준령 넘어서면
탄탄한 대로 바랐더니
얽이고 설킨 가시밭 다시 막혀
갈길 아득하다.

만고 영웅 걸인 용사도
그 길만은
못 막아 초로같이
스러지지 않았던가.

자주심은 자만을 잉태하고

자주心은 자만을 잉태하고
자만心은 오만을 잉태하고
오만心은 교만을 잉태하고
교만心은 방자함을 나타내니
이 네 가지 마음은 매장할 지어다.
자존만은 스스로 위하여
모름지기 지킬 것이며
자존을 지킴으로
겸손을 얻을 수 있나니.

나의 못남

모든 것은 나부터 못 났기에
자식이
또한 못난 것이니
그 허물이 내게 있는 것이다.
수십 년 간 갈대 같은
내 몸의 실 오라기만한
내 심장이 남아서
소리 없이 타고 있다.

눈을 내려 감고
입은 봉하고
날카로운 시선으로
자식의 성정
백분의 일이라도 꺾으려
노력, 노력,
결국엔 허사였다.

이제 모두 그르쳐 논 것
너의 오빠들 앞에나
올케들 앞에
내 몸으로 사죄하고 싶을 뿐
명순에게도, 혜온에게도
부끄럽다.
이것이 다 내 죄요.
내 탓이니 어찌하랴.

(1966년, 이 글은 나에 대한 글이다. 나의 실수를 당신의 죄로 까지 생각하시는 글)

인물에 대한 나의 몇 편의 시와 다른 감성의 詩

해가 뜬다

해가 뜬다.
날이 밝는다.
해는 어제 밤의 소식을 알린다.

광화문 앞을 지키던,
광란을 막고 있던,
앳된 내 아들,
제복 입은 내 아들, 두 손으로
머리 거머쥔 채
사방에서 내려치는
그 형제들의 발길질 받으며
길바닥에 움츠리고
빗발치는 몽둥이에
쓰러져 있다.
내 아들이, 내 나라가 쓰러져 있다.
쓰러진 내 아들, 내 나라
다시 일으키려고
백발, 광풍에 휘날리며,
태극기, 광풍에 휘날리며
하늘을 향해, 허공을 향해
힘없는 한 팔
불끈 쥐고
하늘을 향해, 허공을 향해
높이 쳐들어 본다.

해가 아비들을 피해
서산으로 도망가 버리면
내 또한 다른 아들들이
어둠을 타고 광란하면

무거운 발걸음을
집으로 재촉해야 한다.

패지어 내 아들들이
도망가 버린 해를 고마워하며
미쳐 외친다. 미쳐 노래한다.
미쳐 삿대질도 모자라
수문장 형제들에게
발길질 한다.
몽둥이질 한다.

어둠에 묻힌
광장에
골목길에
광란의 폭음이 쏟아지고 있다.
공포의 폭음이 쏟아지고 있다.

아들아!
힘 모아 밀어 넣어 준
어림도 없는 푸른 집에서
어둠이 오면
너를 지켜달라고
네 아들, 네 동생들에게만
매달리지 말고
네 힘 네 지혜로 일어서라.
지혜 없으면 지혜 얻으려고
애써서라도 보아라.
저 쓰러진 네 아들들, 네 동생들,
저 발광하는 네 형제들
일으키고 달래라.

푸른 溪谷에
발 담그고서

다시
흐르는 물에 반한
수많은 미소들을 보며
너를 자랑했다.
너를 존경했다.
그들도 너를 저 푸른 집으로 보냈으리라.
그래서
힘 모아 너를 저 푸른 집으로 보냈으리라.
해는 아주 우리를 피해
서산으로 사라져 버렸다.

너를 원망하는 네 형제들
붉은 악령에 물든 네 형제들이
너와 네 아비들을
그리고
물들지 않은
다른 형제들을
이 광장에서 이 땅에서
끌어내려고 광란을 한다.
어둠이 내려앉는다.
내일,
해가 다시 떠오르면,
광장에 나와
너를 위해, 이 땅을 위해
외칠 것이다.
힘내어라.
지혜를 구하라.
이 땅을 붉게 물들게 하지 마라.
나약한 내 아들아!

(2008년 5월 28일 아침 신문을 읽고, 광화문에서 3개월 동안 열린촛불 시위를 보고 MB에 대한 글)

아드리앙

스리랑카의 아름다운
추억은
윤곽이 뚜렷한 검은 피부의
교교한 여인들의 몸짓도 아니다.

스리랑카의 아름다운
추억은
캔디의 아름다운 풍경도 아니다.

스리랑카의 아름다운
추억은
찻잎을 따는
여인들의 햇볕에 변하는
그림 같은 색깔의 바구니도, 싸리도 아니다.

스리랑카의 아름다운
추억은
태고의 고독에 묻힌 여인의
잠을 깨우는 안내자였다.
그는
아드리앙 페르난도
유창한 영어와 이탈리아어
부드러운 친절로서
나의 감정을 빼어갔다.
그가
사준 한 송이의 꽃을
덤불사원의 불상 앞에 놓을 때까지
꽃향기로, 황홀경으로,
나는 몽롱한 꿈을 꾸고 있었다.

강국의 지배로서
가난하기만 한 나라
한 구석에 있는, 미지의 멋진 남자에게
또 감정을 빼앗기고 말았다.
나는 차창 밖을 내다보고 있는
그를 보며
로마제국의 황제,
아드리앙을 생각했다.
황제는 스페인 태생의 로마인이었고
그리스 문화에 젖어 있었다.
황제는 세계를 평정한 힘의 표상이었다.

유르세나는
로마제국의 아드리앙을
환상 속으로 끌어와 문학 속의 인물로 만든다.
유르세나의 아드리앙은
자신의 지위를 유지하기 위해
영웅적인 자질을 증명하고 있다.
그러나
황제는 인간으로서
취약성을 드러내고 있다.

그는 미남, 안티노스를 사랑한다.
안티노스는
황제의 사랑과 명령을 기다리고 있는
예쁜 남자이다.
나는 옆에 있는 아드리앙을
안티노스와 혼동하며
꿈에서 깨어났다.

(1996년 8월 미술 전시를 위한 스리랑카 여행에서)

장 마리 귀스타브 르 끌레지오

르 끌레지오
그는
니스의 한 언덕 위에
집을 갖고 있다.
하늘색 문이
유난히 눈에 띄는 집이다

늦은 가을
바닷바람이
나무 잎새들을
떨구고 있었다.
그 집 주인은
어디론가 가 있다고 했다.
집은 언제나 비어 있다고 했다.
그는
자끄 아딸리가 말하는
현대의 유목민이다.
이 나라 저 나라를 떠돌며
문학을 이야기하는
현대의 투르바두르다.
<떠도는 별 Etoile Errante>에서
그는
자연의 마음까지도 말하고 있다.
색깔, 모양, 사물의 심연을 말하고 있다.

그가 말하고 그리고, 꾸민 예술에
나는 울었다.
에스터의 삶에
그리고 작가, 르 끌레지오가 그린 그림에

울었다.

신은 모든 것을 안다고 하지만
르 끌레지오가 그려놓은
사물의 색과 심연을
말할 수 있을까

작가는
사물을, 인간을, 상상을, 자신을 그린다.
그리고 독자에게 느끼게 한다.
독자도 또 다른 독자와
느낌을 나누고 싶어 한다.
나는
<떠도는 별>의 그의 그림을
같이 느낄 수 있는 친구를 찾아 헤맨다.
르 끌레지오, 그도
문학을 예술을 같이 느낄 수 있는
친구를 찾아
이 나라, 저 나라로
떠도는 것이 아닐까?

(2007년 6월에 나는 이 시를 썼고, 르 끌레지오는 12월에 노벨 문학상을 탔다.)

장 주네

문학이란
상상의 미학이다.
그러나
인간의 순수성이 바탕이 되어야 한다.
글을 쓰는 사람도

문학을 가르치는 사람도
순수성을 가져야 하는 것이 아닐까.

인간은 부조리하고
모순에 차 있어
순수성을 잃어버리게 되나보다.
그리고 태연해 하는 것인가 보다.
문학은
욕심과 순수성과는
별개의 문제일까
그러나 문학을 하는 사람은
순수의 구도자라야만
될 것 같다.

그리고 감정의 깊이와
감정의 화려한, 다양한
색깔을 갖고 분별하고
색칠할 줄 알아야 하는 것이 아닐까.

장 주네를
누가 순수의 구도자라고 할 건가.
그는 패덕자요, 절도요 죄수였다.
그러나 그는
현대 문학에
일익을 차지했다.

아마도 그는
감정의 솔직함이
그가 패덕자라는 것을
감추어 버리게 하나보다.
그리고 그가 만든 상상의 미학 때문에
독자는 그를 용서해 버리나 보다.

그대는 알리라

그대는 알리라.
떠나버려도
아무 후회 없는 여인이었던가.

그대는 알리라.
어느 날
그대 남기고 떠나온
빈자리에 서서
수많은 모래알 속에
반짝이는 사금이었던 것을
그대는 알리라.
어느 날
피해만 가려는
젊은 군중 속에서
외로운,
불행한,
늙은이라는 절망에
그대는 알리라.

어둠을 밝혀 주던
별빛이었던 것을
이제는 알리라.
무거운 어깨 넘어
아무도 기다리지 않는
저 허공에 빛났던
여인의 환영을 찾아
발걸음을 끌고 가는
그대는 알리라.

(1989년 공주하운 방에서)

히스클맆

히스클맆,
불상한 영혼,
30년이나 넘게
허공을 떠도는 불상한 영혼.
궤도를 벗어난 우주선 같이
그대 영혼은
도킹을 위해
그때 기다리며
황량한 우주를,
허공을,
그대 떠돌고 있다.

겸허한 마음에
주께서
불상이 여기실까?
그대 연인을 만나는 날
주안에 서로 버팀목이 되어
美路를 달릴 것이다.

이제 고뇌의 끝에
이제 거칠 것 없이
그대 영혼을 엮어 줄
주의 탯줄이
그대들을 기다리고 있을 것이다.

그대들 불상한 영혼은
이제 더 하얀 영혼으로,
더 하얀 마음으로,
겸허한 마음으로,

美의 線路를 따라
파리로,
뉴욕으로,
서울로,
달리리라.

미의 선로위에,
겸허의 세계에
하얀 영혼들은
함께 하는
예술의 고리를 만들 것이다.

빛이여!, 오라!
빛이여!
그대들 하얀 영혼위에! (1978년, 몽브꽁에서)

피달리온(1)

피달리온
그대 속삭임
파도 되어
밀려오네.

피달리온
그대 몸짓
파도 되어
나에게 다가오네.
피달리온
그대 언어
파도 되어

나를 삼키고 있네.

피달리온
그대 파도 되어
나를 불사르고 있네.

(2007년 3월 31일 부산 해운대에서)

피달리온(2)

피달리온
라일락을 피우세요.
양지 바른 돌담 밑에
한 포기 라일락을 피우세요.

피달리온
라일락
가슴 뛰어
웃음 날리면,
나를 불러요.

피달리온
라일락 웃음에 취해
천리 길
돌아보며, 돌아보며.
눈물지으리라. (2007년 4월 음 3월 7일)

신부님, 목사님, 생각해 보셨나요?

신부님, 목사님, 생각해 보셨나요?
감동만 하시지 말고 생각해 보셨나요?

화가나, 시인은
사물의 본질을 떠나서,
사물을 자신의 언어로 자유롭게 색칠을 합니다.
시인의, 화가의 자유를 그저 바라보면 됩니다.

그러나
그 사물보다 인간을
중히 여기어야 하는 것이 우리의 도리지요.
어느 시인이 인간 보다 사물을 찬양하고
인간을 나무란 글에
왜 그렇게들 감동하시는지요?

신부님, 목사님,
꼬방동네, 가난이 넘쳐 있는 골목 애들은
이룰 수 없는 욕망에,
그리고 자신들의 처지에
절망하고 화가 나 있을 것입니다.
그 화를 공격적인 몸짓으로
발로 차고 손으로 벽을 쳐서
피가 흐르더라도,
그렇게 하여
화의 에너지를 소화 할 것입니다.

신부님, 목사님,
연탄재를 발길로 찼다고 해서
애들을, 인간을 나무라는 시인의 글에
당신들은 열광하고 찬양하고 있습니다.
연탄재는
생명을 다한 사물일 뿐입니다.
연탄은,
가난의 시절,

우리에게 중요한 역할을 했습니다.
아직도 가난의 굴레를 벗어나지 못한
사람들에게는 중요한 역할을 하고 있지요.

연탄의 본질이 아름답다고 해서
사람보다 더 중요하지 않습니다.
연탄을 발로 차는 그 아이들, 그 사람들의
숨어 있는 심정을 헤아리는 것이
연탄의 본질에 앞서 생각해야 하는 것이
우리의 도리가 아닐까요?
연탄재는 버려야할 쓰레기일 뿐입니다.

(2009년 어느 신부님과 목사님이 한 시인에 대한 감동하는 목소리를 듣고서 쓴 시. 1950년대 과학 발달의 결과로 많은 물질이 넘쳐 났다. 미술계도 문학계도 하찮은 사물에 눈을 돌린다. 그래서 예술의 주제가 되기도 한다. 시인은 의식적으로 그런 경향을 염두에 두고 썼는지는 모른다. 독자는 연탄재라는 쓰레기가 시에 등장했다는 현상에 놀라고, 시인은 연탄재의 본질이 인간보다 낫다는 것을 일깨워 준다는 것에서 모두 감동하는 것으로 안다. 목사님 신부님만이 아니다. 미디어를 통해 많은 기자들이 연탄재를 차는 사람들(아이들)의 행동의 원인을 생각하지 않고 연탄재의 본질에 대해 감동의 찬사를 내뱉고 있다. 시인은 문화 예술 사조에 의해 쓰레기를 작품에 등장시켰던 것을 뒤 늦게 주제로 삼은 것이라고 본다.)

언제라고 말 하세요

언제라고 말 하세요.
그대
못 견디어
구름 따라
떠나는 날이, 그날이,
언제인지 말 하세요

구름 따라
푸른 하늘 동행하는 길
축복의 손
흔들어 주리다.
축복의 손수건 흔들어 드리리다.

그대
구름 꽃 따라
다시 춤을 춰 보세요.
그대 구름 꽃 따라
다시 노래해 보세요.
그대 가는 길
꽃 풍선 띄우리다.

그대
꽃 장가가는 날이,
그날이
언제인지 말해 주세요.

우리 모두 손 흔들어 주리다. 브라보!

(2009년 6월 늦게 꽃 장가가는 친구를 위해)

1981년 나는 여기에

오늘은
귀국 2년 째 되는 날이다.
절망과 혼란,
밖에 보이는 세계는
7년간의 프랑스 생활로만
돌아가게 하고 있다.
가난과 피로가, 쟁투가 섞인 얼굴들.
이 고장에서
소통하려고, 소통하려고
앞으로 뒤로
좌우로
손을 뻗어본다.
다가오는 것은 DMZ

내 육체를 짜면
고독이 눈물 되어
뚝 뚝
떨어질 것이다. (공주 夏雲房에서)

그리움(1)

그리움은
삶을 반추해보게 한다.
증오와 갈등,
사랑과 우정,
후회와 화해,
모든 감정을
도리켜 보는 순간이다.

그리움은
값진 철학이다. (1983년 공주 夏雲房에서)

봄의 광란

봄의 광란이
내 마음 속에서 요동친다.
나는 일생 동안
봄의 광란에 시달리고 있다.
봄의 광란에
많은 것을 잃고 있다.
친구와의 다툼도
그리운 사람과의 헤어짐도
생존의 이기도
봄의 광란이 가져왔다.

나는 봄이면 봄을 앓고 있다.
나는 봄을 싫어한다.
봄이 오는 것을 걱정한다.
봄은 나에게
광란을 가져다준다.

나는 언제나
봄의 패배자.
나는 봄을 앓고 있다.
봄은
고통을,
슬픔을
나에게 안겨준다. (1982년 공주 夏雲房에서)

오늘은 나의 해이다

오늘은 나의 해이다.
그렇게 야단스럽던
설도 몇 시간 남지 않았다.

이제 옷을 벗어야겠다.
나는 자주색 치마저고리에
버선까지 신고
나의 해를 맞고 있다.

해는 아직 남아 있다.
발코니의 나의 페츄니아는
석양에 더욱 아름답다.
그들은
나의 해를 축복하고 있는 것일까!
오늘 따라 활짝 웃고들 있다.
그들은 나의 연인.
고독의 환자의 연인! (1984년 공주 夏雲房에서)

나의 생일

오늘은 나의 생일이다.
예식을 차린다.
발코니의 페츄니아로
어머님, 아버님 영정을 꾸민다.
화려하게
분홍 빛 촛불도 켠다.

어머님, 아버님 핑계 삼아

오늘은
용감하게 페츄니아를 듬뿍 꺾는다.
내 夏雲房에는
생명을 가진 것은 나와 붕어 두 마리
그리고
개미들과 발코니의 페츄니아들이다.

나는
이들과 축제를 벌인다.
붕어를 다시 들여다 봐주고
먹이를 덤으로 준다.
그들은 나를 축하해 주는 것일까?
몸을 흔들며
물속을 휘저으며 춤을 추고 있다.
개미들도 여전히 들락거린다.
지금도 라디오 틈새에서
나왔다 들어갔다 하고 있다.
나는 언제부턴가
개미를 죽이지 못하고 있다.
생명의 신비와
생명의 축복에 대해
철학을 하면서 부터다.

개미들이여!
붕어들이여!
우리
세상에 태어난 것을
축하하자!
Happy Birthday!

(1984년 공주 夏雲房에서)

우리는 웃을 수 있어요

우리는 웃을 수 있어요
우리는 미소 지을 수 있어요.

대지 위엔
어린애들이 있어
우리는 웃을 수 있어요.

어린애들은 미소 짓게 해주어요.
어린애들은 즐거움이지요.
어린애들은 사랑을 낳아요.
어린애들은
대지의 아름다운 꽃
神의 꽃
神의 웃음
神의 신비
그 꽃을 보는 것으로도
우리에게 행복을 주어요.
미소와 기쁨, 평화를 주어요.

어린애들!
그 이름 듣는 것으로도
우리는 행복해요.
어린애들은
더 없는 즐거움을 주어요.
그래서 우리는 미소 지어요.
그래서 우리는 웃을 수 있어요.

(1984년, 공주의 夏雲房에서)

금요일은 행복하다

금요일은 행복하다.
강의가 끝나는 날.
완벽한 강의로 일주일을 보냈다면,
금요일은 행복을 더 해준다.

비가 내린다.
눈도 올 것 같다.
발코니에 비가 뿌린다.
나의 페츄니아가 떨고 있다.
불을 피우자.
마음도 육체도
아늑히 녹아난다.
無我의 세계가 또 행복을 가져다준다.

밖에서는 프로스페가 끙끙거린다.
꼬리를 휘저으며
뛰어 오르나 보다
볼테르도
쓰다듬으며 시간을 보내나 보다.
행복을,
금요일의 행복을
방 가득히 담아 보자. (1984년 공주 夏雲房에서)

아침이다

아침이다.
나를 달래던 밤이 살아졌다.
위안이 되었던 어둠을 잡으려고
손을 내밀어본다.

눈을 감고 어둠을 잡으려고
손으로 휘저어 본다.
어둠을 뒤집어쓰고 싶다.

지금 아침인데
나의 가슴은,
고통이 응어리 되어
숨을 막고 있다.
참으로 오랜만에
눈물을 쏟아보려고 한다.

고통의 응어리가 굳어
눈물도 나오지 않는다.
고통은 육체를 깎고 있다.
나는 겁쟁이
사르트르의 자유를 탐내하지만
나는 겁쟁이
사르트르, 그대는
자유를 향해 가라고
등을 밀고 있다.
그러나 나는 겁쟁이.

음악이 울고 있다.
그 흐느낌 속에
나의 고통은 방안 가득히
증폭되어 흐느끼고 있다.

아침 햇살은
창문의 서리를 녹이고 있다.
아침 햇살이여!
응어리 된 나의 고통도
녹여 눈물 되게 해다오. (1989년 10월 17일)

지혜를 담은 아름다운 선물상자

선물을 받는 것은
기쁨이다.
즐거움이다.
행복이다.
슬픈 얼굴에도
웃음을 갖게 한다.
외로운 사람에게도
외로움을 잊게 한다.
몇 달 전에
시집 온 새 애기는
명절을 맞아
시집 식구들에 할 선물에
얼마나 고심 했을까?

곱게 싼 선물상자는
기쁜 마음이었다.
상자 속 선물은
기쁨을 넘어서
유년의 계절까지도 가져다주었다.

어머님은 명절을 앞두고
강정을 만들었다.
어머님이 명절을
준비하는 모습은 나를 늘 기쁘게 했다.

새 애기도
설 선물을 준비 하느라
들깨를 볶아 엿에 무쳐

강정을 만든 것이다.
나는 강정을 만든 마음에 감동했다.
그것은 아름다운 지혜였다.
그것은 값을 넘어선
아름다운 지혜를 담은 선물상자였다.

(1990년 설에 건용의 처의 감탄스러운 선물을 받고)

노을도 어둠에 묻히어 간다

노을도 어둠에 묻히어 간다.
앞산 봉우리에는
실달이 떠있고
산 뒤에 펼쳐 있는
신비의 빛은
온 세상을 물들이고 있다.

나는 그 빛깔에서
유년 시절
가슴을 설레게 하던
노을을 본다.
그리고 색채의 화가
보나르를 생각한다.
그 빛깔들은
하루의 피로도 권태도
빨아들이고 있다.

온 하늘을 물들인
진홍의 휘장은
어둠과 함께 찾아올
나의 동무를 환영하는 것일까?

저 진홍의 노을은
나의 마음을 싣고 있다.
편안한 마음을,
둥 둥 떠 있는 마음을.

이제
산 위에 펼쳐진
진홍색은
남빛으로 변했다.
신이여!
저 노을에
가슴 뛰는 나의 마음을 갖고
당신을 만나러 갑니다. (1991년 공주 夏雲房에서)

하얀 마음

하얀 마음
일그러진 마음도
헝크러진 마음도
아름다운 자연 앞에서는
하얀 마음이 된다.

나는
그를 하얀 마음에
분홍색 마음에 안아본다.
그는
나에게
그리움이다.
사라질 그리움이다.
그리고

저녁노을에
빛나는
여름 칸나의 환희다.

(1996년 8월 뉴욕에서 전시를 마치고 미네소타에 들려서)

나도 울었다

나도 울었다
요덕의 이야기
보는 사람 듣는 사람
모두가 울었다.

정성산 감독의 이야기
북녘의 이야기
이념의 악령의 이야기
죽창에 맞은 사람들
죽창에 맞아
비참하게
사라진 사람들,
우리 형제들

요덕의 이야기
북녘 땅의 이야기
모두가 울었다
울고 또 울었다.
태양의 저주가
용서의 기쁨으로
승화한 이야기
울고 또 울었다.

"주님, 북녘에도 가 주소서"
"주여, 제 … 발 가 … 주소서"
주여, 우리 모두에게 오소서
우리 모두 울었다
용서의 마음으로 기쁜 가슴으로
하나 되어
우리 모두 울었다.

(2006년 <요덕의 이야기> 연극을 보고)

어머님은 여전히 젊어 계신다

나는 태평양 넘어
수만리
古城의 잔디밭에 앉아 있다.
다람쥐는 나무 위에서, 잔디밭에서,
뛰놀고 있다.

햇빛은 따사롭게 비추고 있다.
몽롱해진 저 햇빛 속에서
나의 유년의 계절을 본다.

햇빛은 피난의 셋집 담 밑에도 비추고 있는데
어머님은
어둠 가득 찬 방문을 열고
긴 검은 머리를 정성스레
빗고 계신다.

어머님은 여전히 젊어 계신다.

(2008년 1월 31일 글렌데일 음악박물관 잔디에 앉아서)

생명의 5월이

생명의 5월이
내 앞에 있다.
푸르름 속에서
흰 아카시아는
여기, 저기서
향기를 날린다.
고요,
흰 구름 덮인 하얀 하늘 밑,
푸른 대지 위,
나의 캔버스에는
산과 들이
5월의 푸른빛으로
물들어 있다.

5월의 대지 위,
나의 캔버스에는
생명의 5월이 춤추고 있다. (2009년 5월 4일 스케치에서)

나무처럼 살리라

나무처럼 살리라.
겨울바람이,
옷을 벗겨 버려도,
온 몸을 때려도
대지 위에 두 발을 힘차게 딛고
나는 봄을 기다리리라.

봄은

나의 헐벗은 몸을
가엾다 새 옷을 입혀 주리라.
그리고
기다린 인내를 찬양해
꽃을 피워 주리라.

비바람에
나를 때려, 가지가 부러지고
찬바람에
말라버린 나의 모습이 부끄러워도
당신의 어김없는 섭리로
선사하는
봄의 화려한 나의 부활을 기다립니다. (辛卯년 정월 초하루)

자축의 노래

우리는
세계역사의 격동기에
세상에 태어나서
각자 부과된
인간의 조건을
잘 넘어왔습니다.

그리고
상상을 넘은 세상의 변화 속에서
행복을 누리고 있습니다.

우리는
고개, 고개, 70 고개를
잘 넘어왔습니다.

우리
이 행운을 다 같이
자랑하고 노래하며 축하합시다.

(2010년 5월 4일 E'59 동창회에서)

나는 지구에 홀로 있다

나는 지구에 홀로 서 있나.
모두가 떠난 빈자리에
홀로 있다.

세월의 등에 업혀 떠난 사람,
등을 돌리고 떠난 사람,
다정한 손길을 주지 못해 떠난 사람,
먼 곳에 살고 있어 발길을 돌린 사람,
긴 세월 소식을 보내지 않아,
야속한 마음에 발길을 돌린 사람,
미워서, 보기 싫어서, 미안해서,
사랑을 주지 않아, 사랑이 없어서,
발길을 돌린 사람들.

그들을 기다리는 나의 마음도 세월 따라 사라졌다.
기다림마저 사라진 초라한 내 가슴을 나는 잘 안다.
힘도 향기도 없는 초라한 가슴을 나는 안다.
향기를 날릴 수 있을 때
내 가슴은 향기를 쏟아주는 따뜻한 가슴이었던가?

혹 나를 찾아오는 엄마 아빠를
따라오는 애들이 있을까,
게임기가 없어, 사 놓은 축구공도
10여 년의 세월에 바람 빠져,
나의 모습을 닮았다.

지구도, 토성도, 행성도,
그들은 많은 위성들에 둘러싸여,
우정을 나눈다.
나는 사방이 공허로 둘러싸인 채.
발길 돌린 그들을,
다정히 손짓할 마음도 없이,
내 여정에서,
따뜻한 가슴을 주지 못한,
깊은 후회 속에 잠겨,
친구의 예언에 만족하고 있다.
"깊은 산속 溪谷에 홀로 서있는 鶴"이라는 말에,
이제, 웃으며 운명을 받아드리고,
나는 지구에 홀로 있다.

(2011년 9월 16일 백석 夏雲房에서)

코스모스의 기다림

코스모스씨 떨어져
몸드러낸 어린 싹,
황량한 하늘 처다보며
온 몸 휘감은 잡초들 사이에
숨 죽여
뜨거운 여름에 동면하며
그의 모습
아무도 눈 여기보지 않는
기나긴 슬픈 세월 넘어
마침내 다가온
그의 계절을 맞는다.
웃음 드러낼 계절을 맞는다.
그의 모습 드러낼 계절을 맞는다.

살아있는 五感의 행복

해는 우리를 위해
또 다시 떠오릅니다.
환하게 웃으며,
우리 얼굴에, 우리의 가슴에
주홍 빛 뿌립니다.
행복합니다.

아침 공기가
폐부를 가득 채워 줍니다.
우주를 품어줍니다.
생명의 기운이
폐부에서 나와
환희의 춤을 춥니다.
우주의 향기를 맡을 수 있어
행복합니다.

헐벗은 나무 가지에
새들이 이야기 합니다.
오솔길 따라 학교로 가는
애들의 재잘거리는 소리도
귀를 즐겁게 합니다.
새들의 이야기, 애들의 재잘거림
귀에 전해 주어 행복합니다.

임과 차 한 잔 앞에 놓고
긴 이야기 따라 멀리 날아갑니다.
가슴 뛰는 열다섯 살
그 옛날로 날아갑니다.
봄날,

만발한 분홍 빛 벚꽃에
두볼 붉게 물들이고
이유 없이 가슴 뛰게 하던 계절로 날아갑니다.

스무 살 연인과의 약속,
가슴 뛰던 계절로 날아갑니다.
멀리 있는 환희의 계절로 돌아가 봅니다.

지금도 가슴 뛰던 환희의 계절은
가슴 속에서 꽃피고 있습니다.
상상의 여정을
다시 갈 수 있어 행복합니다.

아침 눈을 뜨니 동천에는 햇빛이 찬란해 있고 남쪽에 있는 숲에서 까치가 먹이가 없다고 말하는 것 같이 소란한 소리로 외치고 있는데 흰 눈을 뚫고 학교로 가는 애들은 눈 속에서 즐거워하는 모습이었습니다. 나는 그들을 보고, 들을 수 있는 살아 있는 五感을 느끼고 행복했습니다. 이대영문과 E'59 모임에 나의 감정을 전하고 싶었습니다.

(2012년 12월 17일)

일흔일곱 번째의 계단

우리 손잡고
레드 카펫을 밟으러 내려가요.

우리는
전쟁의 계단
피난사리의 계단
빈곤의 계단

우리는 사랑의 계단
환희의 계단
환상의 계단

우리는
고뇌의 계단
시련의 계단
절망의 계단

우리는 이념의 계단
분쟁의 계단
불화의 계단
우리는
성취의 계단
풍요의 계단
우리는 쇠잔한 육체의 계단
마음 다해 힘 들여 밟고 있는 계단
꺼지지 않는 상록의 마음의 계단에 와 있어요.

우리는
일흔일곱 번째
화려한 여정의 계단에
함께 올랐습니다

우리는
모든 것이 이해되고
화해되는 여정의 고개에
올랐습니다.

우리 손잡고
레드 카펫을 밟으러
내려가요.

레드 카펫 저 끝자락에
우리의 아이들이
반려자들이
미소 지으며
5월의 화려한 꽃눈송이 뿌리며
우리를 축복하려고
기다리고 있어요.

우리 손잡고
레드 카펫을
밟으러 내려가요.

(2012년 5월 9일 이대영문과 E'59 77세 축하연 축시)

그리움은(2)

그리움은
눈 내리는 날
뒤를 돌아보는
잡히지 않는 허공.

그리움은
비 내리는 날
멀리 있는
우산 속 함께 있는
연인을 다시 보는 것.

그리움은
가까이 있는
잡을 수 없는 것을
그리워하는 것.

그리움은
사랑할 수 없는
사랑의 절망.

그리움은
언제나 같이 있고 싶어
허공을 맴도는 유희.

그리움은
언제나 멀리서
기억하는 마음.

그리움은
보이지 않는
그 사람을
물감으로 칠해 보는 것.

그리움은
넘을 수 없는 장막을
앞에 놓고
외치는 힘센 포옹.

그리움은
먼저 떠나신 가족들을
사무치게 그리워하는 가슴.

그리움은
쇠잔한 육체 속에서
힘 되어 휘몰아치는
회오리바람

그리움은
세어보기 싫어하는 나이의
여인의
한 줄기 생명의 샘

그리움은
마지막 석양에
다시 핀
가련한 여인의
연민. (2013년 1월 17일 눈 내리는 夏雲房에서)

어머님이 나에 대해 쓰신 '나의 못남'에서처럼 나를 세상 못된 것으로 단정하고 계셨다. 나는 어머님을 그리워하는 글을 많이 쓰고 있지만 어머님은 나의 잘못이 있은 후 나를 사랑하고 이해해 주시는 것을 느끼지 못하고 있었다. 일반적으로 부모들의 심정은 막내에 대한 애정을 더 갖는다고 하지만 언니가 마음이 곱고 순종하고 큰딸로서 어머님을 이해하고 도우려는 성정으로 어머님은 언니에게 애정이 더 갔을 것이다. 아버님과 냉기류를 만들고 계셨던 어머님은 대화할 상대가 없는 조건에서는 언니가 나이 들어서는 유일한 위로 받을 수 있는 상대가 됐을 것이다. 결혼을 하고서는 더욱 큰딸로서 물심양면으로 마음껏 할 수 있는 조건이었다. 나에게도 언니는 무한한 인내와 따뜻함을 보여 주었다. 나의 요구를 모두 거절하지 않고 응해 주었다. 내가 커서도 먹을 것을 해달라고 하든지 옷을 만들어달라고 하면 거절하는 일이 없었다. 지금 미국에 계시지만 그곳에 가서도 먹을 것을 해달라고 하면 다 해 주신다. 그런 성정을 가진 언니가 어머님에게는 큰 위안이었다.

어머님은 언니에 대한 시에서 언니의 어진 성품을 이야기하고 있다.

천성이라고 할 수 있다. 장조카(승노)를 낳았을 때 젖이 부족했다. 언니는 홍합을 갈아서 밥물과 섞어서 젖 대신에 먹이를 만들어 밤에 자다가도 큰언니(승노 엄마)가 있는데도 도맡아 하고 있었다. 조카가 생겨서 좋아서일까 어머니, 아버지가 장손의 탄생을 유난히 기뻐해서일까 밤낮 언니가 조카 먹이를 자진해서 하고 있었다. 서울 수복 후 모든 것이 폐허가 된 서울은 수도가 파괴되어 수돗물이 오랫동안 나오시 않아 불편을 겪었다. 그런데 장손이 탄생하자 수돗물이 나왔다. 어머니와, 아버지는 수돗물이 나오는 것도 손자가 가져온 행운이라고 손자의 탄생에 의미를 더 했다. 손자의 직성이 말인데 그것도 백말이라는 것을 강조하면서 여러 의미를 손자의 탄생에 부가하며 기뻐하셨다. 언니는 어머니, 아버지의 기쁨을 더하려고 큰언니가 있음에도 자진 애썼던 것 같다.

오빠들이 효와 의무를 다하는 것과 같이 며느리들도 의무와 효를 다하고 시누이인 나에게 시어머님을 대신해서 물심양면으로 지원해 주셨다. 경제력이 없었던 시부모님을 모시고 어려운 살림을 해가면서도 시누이를 돌보면서도 겉으로 아무 내색을 하지 않았다. 올케들은 어린 조카들을 위해 먹을 것을 사오면서 성장해 있는 내목까지도 사왔다. 어머님은 이런 환경에서 나의 존재가 짐과 같이 느껴지고 며느리들에게 미안한 마음이었을 것이다. 비판적인 말을 서슴없이 내뱉고 말대꾸를 꺼리지 않는 내가 얼마나 눈에 가시고 미웠을까. 나는 이런 어머님의 눈길을 의식하며 미련하게 살아왔다. 아들들에게, 며느리들에게 당신의 딸의 실수를 보이는 것이 얼마나 자존심이 상하는 일이고 미안한 마음이었을까 하는 어머님의 심정을 이해하고도 남는다. 나의 실수는 아들들에게, 며느리들에게 미안한 마음이고 죄스러웠다는 것을 이해한다. 손녀에게도, 일을 돕는 명순이에게도 부끄럽다고 하셨으니 얼마나 고통스러우셨을까.

나는 이 밖에도 지금까지 살아온 길을 돌아보면 실수투성이의 연속이 나의 인생이었다. 대학교에서는 좀 더 잘 가르치지 못했다는 점을 제일 후회하고 있다. 그리고 사람을 쉽게 믿는 것이 결점이다. 매사 지혜롭게 일을 처리하지 못한 점, 이것은 어머님이 나를 미련하다고 하신 것처럼 미련하고 지혜가 없어서 그런 것이라고 뒤늦게 자인하고 있다. 미련해서 결실을 맺은 것도 있긴 하다. 프랑스에서 박사학위를 하고 돌아온 나에게 친구들은 어떻게 학위를 할 수 있었냐고 물을 때가 많았다. 나의 대답은 내가 미련해서 했다고 대답했다. 정말 나는 미련해서 공부를 했던 것 같다. 프랑스 유학이야 프랑스 정부 장학금으로 했지만 이북에서 월남 후로는 오빠들의 도움을 받아야 했다. 대학갈 형편이 못되는 조건에서 미련하게 대학을 가겠다고 오빠들에게 한 것 자체가 미련한 짓이었다. 두 올케들은 오빠들이 하는 대로 따라줘서 끝낼 수 있었다. 지금도 두 언니들에게 무한한 고마움을 갖고 있으며 또한 조카들에게도 고마움을 갖고 있다. 언젠가 장조카에게 미안한 마음이 든다고 했더니 "우리들이 어려서 공부할 사람은 고모님밖에 없었잖아요"라고 해서 편안한 마음을 갖게 해주어 더 고맙게 생각하고 있다.

'나의 못남'이란 글은 92년 어머님의 시와 나의 시를 출간하려고 처음 읽었다. 그 글이 나를 두고 쓰신 것이라는 것을 알았다. 그리고 나는 얼마나 눈물을 흘렸는지 모른다. 어머님께 불효했다는 생각에서 그리고 자존심이 강한 분이 당신의 딸이 허물을 보이는 것이 며느리 그리고 두 아들, 과묵한 손녀, 가정부에게도 부끄러움을 느끼셨으리라. 나의 실수에 대한 나의 아픈 마음은 한 가닥 이해하려고 하지 않고 자신의 딸이 못나서 그렇다고 단정하고 못난 딸의 모습을 다른 사람에게 보인다는 것 자체가 자존심이 허락하지 않았던 것이다. 어머님의 타에 대한 허물을 허락하지 못하는 모진 성격, 강한 자존심, 포용성 없는 성정, 이런 것들은 그대로 내가 닮고 있다. 나는 이해심이 없다. 그리고 포용성도 없다. 그런 나의 성격을 나는 잘 알고 있다. 사람들은 왜 결혼을 하지 않았냐고 묻는다. 인내심이 없고 이해심이 없고 포용성도 없는 사람이 어떻게 남과 같이 생활할 수 있겠는가. 같이 근무했던 대학교수들이 왜 결혼을 하지 않느냐고 하면 내 대답은 나는 이혼타입이기 때문에 결혼을 하지 않는 다고 대답했다. 이것이 나의 편한 대답이고 솔직한 대답이다.

나의 실수 이후 어머님은 고운 눈길 그리고 고운 말을 주시지 않을 때가 많았다. 나 스스로가 고독의 터널을 파고 살고 있지만 어머님 역시 스스로 아버님과의 거리를 만들어 놓고 스스로 '나는 혼자다'라고 고독을 선포하고 계셨던 어머님은 말 못하는 천형의 아픔에서 오는 심리적 갈등을 가슴 속에 품고 있지만 때로는 못 견디어 아픔의 깨진 조각들이 밖으로 튕겨 나오는 기분을 느끼게 하고 있었다. 언니를 어려워 하고, 미안해 하고, 고마워 하는 어머님은 가슴 속에서 튕겨 나오는 아픔의 조각들이 언니에게 보다는 내 머리에 의식적으로 떨어지게 하는 것을 느낄 수 있었다. 나는 이러한 느낌을 가진 채 프랑스행 비행기에 올랐다.

富가 가져온 외삼촌의 불행은 어머님에게도 영원한 아픔이었다

어머님은 인간 조건에서 오는 천형의 아픔을 감내하셔야 했다. 불가피한 외삼촌의 사정으로 이북에 두고 온 외삼촌은 홀로 이북에 남아계시다 객사를 하셨다. 어머님은 월남하시면서 땅과 집을 외삼촌 몫으로 먼 친척에게 주고 독신인 외삼촌을 부탁하고 월남하셨다. 그러나 우리는 외삼촌이 1947년 겨울 객사를 하셨다는 소식을 월남한 고향 사람으로부터 듣게 되었다. 어머님은 외삼촌 일로 가슴앓이를 하셨다. 가슴앓이는 신경성이다. 나는 그 아픔을 안다. 그리고 지금도 어머님을 생각할 때마다 괴로워하시는 어머님의 모습이 가슴을 파고 든다. 그 아픔의 원인을 본인 이외에 누가 알까. 말 못하는 괴로움이 독이 되어 어머님의 가슴을 찢고 있었다. 이 아픔을 혼자 품고 있는 한 어머님은 혼자였을 것이다. 혼자라는 선언은 외삼촌의 생을 잊고 있는 남편이나 무관심한 자식들에게 일종의 화풀이로 나온 말 같지만 자신의 과오를 내뱉을 수 없는 자존심 때문에 더 고독했고 혼자라고 느끼며 일생을 고통스러워 하셨다.

외삼촌의 비극은 외삼촌을 둘러싼 인간의 무지와 탐욕에서 발생했고 그의 실존의 문제는 이념으로 갈라진 땅위에서 우리 가족 모두의 힘으로도 해결할 수 없는 비극이었다. 우리 가족은 실존을 위해 그를 두고 남쪽으로 오지 않으면 안 되었다. 외삼촌의 비극은 차마 말을 못하고 있는 우리 가족들 가슴속에서 영원히 녹지 않고 짓누르고 있는 비극의 바위이다.

외삼촌은 부호인 외할아버지의 외아들이었다. 외할아버님의 작은댁들이 독약을 먹여 14세의 성장에서 멎어 있었다. 외할아버님의 파산의 원인은 어머님의 자서전에서도 찾아볼 수가 없다. 평소에도 파산의 이유는 말하시지 않았다. 사방 백리가 다 외할아버님의 땅이라는 얘기는 수없이 하셨다. 그리고 집에는 찬모, 침모가 몇 명이나 되었으며 집안에 육고간이 큰 것이 있었다고 했다. 자동차를 마루에서 탈 수 있게 되었다고 했다. 언니는 어디서 들었는지 마적이 수없이 외가에 쳐들어왔고 외할아버님의 작은댁들 그리고 떨거지들이 아편을 했다고 했다. 어머님은 이승만 대통령 시절 경무대를 개방할 시기에 방문을 하고 오셔서 외할아버님 댁과 비교가 안 되는 것이라고 하셨다. 배를 띄울 수 있는 정원의 연못을 자랑하셨다. 나는 여학교 때 지맥을 보는 사람들의 말이라고 하면서 집 앞에 흐르는 물은 좋지만 집안에 연못 같은 고인 물이나 우물 같은 것은 재산이 다 새 나간다고 하는 소리를 들었다. 그래서 나 혼자 외가의 파산의 원인이 연못 때문이 아닌가 생각했다. 언니도 집안에 작은 연못을 만들고 바위를 사서 연못가에 세워놓고 좋아했다. 언니의 행운은 그 집에서 계속 되지 않았고 파산을 그 집에서 했다.

그래서 나의 미신은 내 집을 장만하고부터는 집인 욕조에 물을 담아 놓지 않는 버릇이 생겼다. 변기 뚜껑도 닫아 놓는 버릇이 있다. 그렇게 해도 재물의 손해를 면치 못하는 시련을 당했다. 하느님은 나를 미워하시고 마귀는 이렇게 줏대 없이 여린 나를 넘보고 흔들려고 했던 것일 것이다. 나는 갈대 같다는 것도 인정한다. 나의 이런 성정을 아는 친구는 내가 예술가의 기질이 있기 때문이라고 하는 나도 모를 위로를 듣고 있다. 외가는 나에게 상상할 수 없는 전설의 이야기 같기만 하다. 그래서 내 생활에 영향을 끼칠 정도로 미신적 생각이 내 머리를 조이고 있는지도 모른다.

파산 후에도 외삼촌에게 물려준 토지가 있었다. 어머님이 외삼촌을 맡게 되어 같이 살면서 외삼촌의 전답에서 소작인으로부터 가을이면 곡물을 받았다. 그러니 우리는 외삼촌으로부터 도움을 받으며 살고 있었던 것이다. 시골에서 밀가루를 만들려면 밀을 맷돌에 가라야만 되는데 외삼촌의 토지는 남천이라는 도시 근처에 있어서 밀을 기계로 빤 것이어서 우리는 힘 드리지 않고 하얀 밀가루로 음식을 만들 수 있었다.

해방이 되고 토지 개혁이 되기 전 어머님은 외삼촌의 땅을 팔았다. 외삼촌의 땅은 정확히 말해서 외할아버님이 새로 건설하셨다는 신남천 근처에 있는 여우내라고 했다. 우리가 살고 있는 백천리는 남천에서 백여리 거리였다. 어머님은 초겨울 늦은 오후 나를 데리고 남천까지 가는 화물차를 얻어 타고 외삼촌의 땅을 팔러 갔다. 곡식 가마니를 실은 화물차 위에 어머니와 나는 추워서 꼭 껴안고 갔다. 나는 여름 긴샤치마 저고리를 입었었다. 초겨울 오후 쌀쌀한 바람이 얼굴과 온몸을 때리는 추운 날씨였다. 외삼촌 토지를 관리하시는 분은 여우내 아저씨라고 했다. 그 아저씨는 재주가 많은 사람으로 투전장도 그려 만드시고 나에게 싸리나무로 민들레꽃을 만들어 주셨다. 그 꽃은 진짜 같았다. 나는 그 꽃을 오래도록 갖고 사랑했었다. 38선을 넘으면서도 나는 그 꽃을 가지고 왔다. 그래서 신수동 초라한 셋방에 언니가 강통을 예쁜 천으로 입히고 주둥이는 주름을 잡아 가장자리를 댄 꽃병에 꽂아 놓았었다. 초라한 셋방을 장식하려고 언니와 내가 힘을 모은 작업이다.

땅을 팔고 돌아오는 길에 외할아버님의 양아들을 방문했다. 그는 남천에 살고 있었고 폐병이어서 우리가 들어갔을 때는 집 전체가 약을 다리는 냄새로 가득 찼었다. 그의 이름은 선환이었다. 친 외삼촌이 욱환인데 항렬을 따라 양아들이지만 선환이라고 한 것이다. 땅을 팔았다고 하니 그는 화를 내며 자리에 누워서도 고소를 하겠다고 해서 우리는 서둘러 집을 나와 걸음을 재촉했다. 나는 무서웠고 어머니 치맛자락을 꽉 잡고 서둘렀다. 처음으로 본 남천의 전기회사 앞에는 소련군들이 총을 메고 지키고 있었다. 순사가 잡으러 오는 줄 알고 무서웠는데 그들을 본 나는 더욱 무서웠다. 얼마나 왔을까, 우리는 주막집에서 우거지 국에 밥을 사 먹었는데 지금도 그 우거지 국의 맛을 잊지 못하고 있다. 우거지 국을 먹을 때마다 무서웠던 여행길이 떠오르고 수십 년이 지난 지금까지도 어머님과 내가 쫓기는 기분으로 걸어야 했던 어린시절의 여행길을 생각하게 하고 슬프게 하고 있다.

68년 어느 날 낮에 대학원 논문을 쓰다가 졸려서 잠이 든 사이 잊고 있던 외삼촌이 나를 부르고 있어 깼다. 프랑스 유학시절 여름 방학 호텔에서 일을 할 때 평소와는 다르게 일어나는 시각에 일어나지 못하고 있는데 잠결에 “병선아” 하고 부르는 소리에 깼다. 이때도 외삼촌이었다. 炳善이라는 이름은 어머님에 의해 바꾸었던 이름이다. 玉 자는 남자에게 좋다는 이름을 듣고 있었다. 아마도 어머님은 고집이센 나를 꺾어 보려고 하신 것 같다. 그 이름은 거의 사용하지 않고 있던 이름이다. 참으로 이상한 꿈이었다. 60년대에 이름을 하나 더 가졌던 것을 나도 잊고 있었던 때였다.

대학원 이후 외삼촌을 위해 하루도 빠지지 않고 기도를 하고 있다. 프랑스에서 돌아와서는 외삼촌의 명패를 만들고 뒷면에는 ‘검정색 바지저고리의 작은 몸체, 윤기나던 얼굴밖에 나의 기억에 남아 있는 것은 없다. 甲辰년 7월 24일생. 1947년 12월에 서거’라고 써놓고 어머님, 아버님 사진과 나란히 놓고 있다. 나의 이러한 행동은 외삼촌의 슬픈 운명이 나에게도 저려오는 아픔이기 때문이다.

여름 어느 날 저녁에 잠에서 지진에 놀랐든지 나는 깼다. 식구들은 어디를 다 갔는지 집에는 나와 외삼촌 밖에 없었다. 그 때 내 나이는 학교에 들어가기 전이었다고 생각된다. 외삼촌은 내 울음에 방에서 나와 나를 달랬다. 그것이 나와 외삼촌의 유일한 대화 아닌 교류였다고 생각한 나는 외삼촌에 대한 아무 관심도 없이 다만 같은 식구라고만 생각했을 뿐이다. 외삼촌의 존재에 대해 깊이 생각하기 시작한 것은 월남해서 외삼촌이 객사하셨다는 이후 그러니까 내가 대학에 들어가서이다. 외삼촌은 우리가 큰아버님으로부터 완전히 독립해서 백천리로 이사한 이후 우리와 함께 살았다. 그러면 외삼촌은 외가가 파산을 하고 외할아버지 외할머니가 돌아가신 후 어디에 계셨을까. 아마 외삼촌의 토지를 맡아 경작하는 먼 친척과 함께 계셨을 것이라고 추측된다. 하루에 한 번씩 산책하는 시간 외에 방에서 나오시지 않았던 것으로 기억된다. 검은 한복의 작은 체구로 밖에 외삼촌을 기억하고 있다. 그 당시 사람들은 모두 남녀 노소 할 것 없이 흰 한복을 입을 때에 외삼촌은 검은 한복을 입고 계셨다. 어머니는 외삼촌이 입으시는 옷에 대해 손을 덜 가게 하려고 검은 옷을 해드린 것일 것이다. 맑은 피부에 머리가 키에 비해 컸던 것으로 기억된다. 어머님도 식구들도 외삼촌의 존재가 명예롭지 못하다고 생각했을 것이다. 나만 제외하고 다른 형제들은 외가의 어마 어마 한 부를 알고 있었지만 외삼촌의 현실을 지우고 싶었으리라. 나는 모리악의 <떼레즈 데께루>를 읽으며 외삼촌과의 우리 가족을 떠올렸다. 떼레즈 데께루는 과실 때문에 그녀는 시댁으로부터 눈에 났다. 그녀는 격리되기까지도 했었다. 어느 날 사진첩에서 자신의 사진이 사라진 것을 발견한다. 가족들은 그를 지워버리고 가족이라는 것을 남에게 알리고 싶지 않아서 이다. 우리 외삼촌의 불행은 과오와는 무관하다. 타인의 악이 저지른 불행한 사람이었다. 외삼촌은 일생 방에서 무엇을 하시고 계셨을까. 나는 한 번도 외삼촌의 방을 들여다 본 일이 없다. 외할아버지께서는 개인 교수를 시키셨다고 했다. 명상과 철학을 하며 일생을 보내셨을까. 산책길에 길에 떨어진 돈도 줍지 않는 맑은 성품이라고 하셨다. 부호의 외아들이 집안이 파산을 했다고 길에 떨어진 돈을 줍는다는 고매한 성품을 버리지 못했을 것이다.

사직동에 우리가 살고 있을 때 언덕 넘어 영천에 살고 계시던 우리 집에 드나드는 영천 할머님이라는 분이 계셨다. 그 분은 작은오빠네 신수를 보시며 임자 없는 영혼을 위해 제사를 드려주면 좋을 것이라고 했다. 작은언니는 2년을 외삼촌 제사를 드리고 그만 두었다. 나는 한국에서 대학원 때 낮잠을 자고 있을 때 나를 불러 깨웠고 프랑스에서 일을 나갈 시간에 깨지 못했을 때 나를 깨워서 일에 늦지 않았던 기억이 있어 작은오빠에게 편지를 냈다. 다시 제사를 드리는 것이 어떻겠느냐고. 오빠의 대답은 잊자고 하는 대답이 왔다. 아버지 어머니 큰오빠를 보내고 많은 제사가 있는데 외삼촌까지 제사를 지낼 마음의 여유가 없었을 것이다. 그리고 가족 대부분이 교회에 나가고 있기 때문에 더 그러한 답을 보낼 수밖에 없었을 것이다.

영화 '마지막 황제'를 보면서 황제가 불쌍해서가 아니라 외삼촌이 생각나서 많이 눈물을 흘렸다. 마지막 황제보다 우리 외삼촌과 어머님이 더 기구한 운명이라고 생각되었다. 나는 지금 외삼촌 이야기를 하면서 가슴이 답답해 오는 것을 느끼며 우리 가족의 이야기를 기록하고 있다. 우리 가족들은 너무나 처절한 이야기여서 잊고 싶어 아무도 외삼촌에 대한 이야기를 하지 않고 있다. 외삼촌에 대한 꿈을 꾸고 난 후 40여 년간 매일 기도를 하며 가신 날을 몰라 생신날에 미사지향을 하고 있다. 기구한 운명의 고독했던 작은 영혼을 위해서다. 이것밖에 위로할 길이 없다.

어머님은 외삼촌과 이모님에 대한 시를 많이 쓰셨다. 외삼촌에 대해서는 처절한 심정을 그리고 이모님에 대해서는 그리움이 가득한 글을 써 놓으셨다.

어머님의 아픔은 글이 되다

내 마음 떨린다

을유 년 팔월 해방 이후
년, 년이 닥쳐오는 십이월 설한풍,
그 달의 雪寒風은
눈물 없이는 못 지내리라.
날도 모르고 시도 모르나
십이월 중 설한풍은 처량하여라.

세상은 넓고 또 넓어
억조 蒼生이라도

세계는 남으련만
가련한 작은 몸
둘 곳이 없었구나.
시절이 그러 했나
사정이 그러했던가.
천륜,
나라에서 해방된
즐거움도 누리지 못하고
도망 나와야 하는 운명 앞에서
계발 같이 떼친 것이
설한풍에 싸여갔네.
네 마음 곧곧하니
응당 천당 갔으리라.
천당 계신 부모님께
골절에 맺힌 한을
세세히 호소하고
千秋만년 길이길이
영광을 누리라.

혈육의 한 몸 내 일신도
황천길이 불원하니
요행히 상봉커든
네 원망도 내가 듣고
쓴잔도 내가 마시리.

죄인인 나로서
감히 사죄하고
네 명복 축원하리.
오늘은
갑진 년 칠월 이십사일
불우한 네 인생, 네가

이 세상에 태어난 날
해마다, 해마다
오늘은
내 마음 떨린다.

(외삼촌에 대한 글, 외삼촌의 생신 일을 알게 된 것은 바로 이 시에서 알게 되었다.)

너와 나

오고파도 못 오는 너
보고파도 못 보는 나
해지고 달떠도 네 안 오네.
꿈에나 오려는 가
너도 울고 나도 울어
심야 삼경을 울어본들
끝도 없고 한도 없구나.

네 낭군 네 그려
목메어 느끼는데
안 오네.
넌들 사랑하는 지아비
잊지 못해 느껴 울리.
아 아 저 밝은 달
교교히 빛을 펴니
그에게도 비추리.
그의 모습 말해주렴.

네 낭군 네 그리워
한숨도 삼키고

눈물도 삼켜
말 못하고 억제하는 심정
아는 이는 없어라.
그의 곁에 아는 사람 없네.
알아도 못 하네.
들어도 못 하네.

참고 또 삼키고
남 몰래 눈물 흔적 보일 까.
남 몰래 주의 깊게 느끼누나.
남 몰래 흐느끼누나.
한없이, 한없이
한숨짓네. (이모님을 그리는 어머님의 시 1959년)

묵은해와 새해

아 아 정미가 저물어도
그는 안 오누나.
그는 안 오는데 새해는 먼저 오네.
봄이 가고 여름이 와도 그는 안 오누나.

라디오 방송이 들린다.
혹시나, 혹시나
들어도, 들어도 망연한 꿈이로구나.

조간신문 왔네.
광고를 낱낱이 보자.
혹시나 했더니 그도 허 탕.
조간에 없는 그의 이름
석간에나 찾아보자.

망연할 손 그의 소리
두어라 이별은 나 혼자.
슬픔인들 나 혼자랴. (이모님을 그리워하는 어머님의 시)

어머님으로부터 받은 창조성은 큰 선물이다. 나는 어머님의 생활을 반추하면서 성격도 창조성도 닮았다고 생각하고 있다. 어머님에 대한 그리움 그리고 어머님에 대한 잔상은 글로 그리고 그림으로 계속해서 표현하고 있다. 어머님 생전에 나는 학위를 끝내지 못했다. 어머님은 나에 대한 불만 그리고 아프게 해 드렸던 쓰라림도 저 세상까지 가지고 가셨다. 어머님이 내가 학위를 한 것을 아셨다면 나를 칭찬을 하셨을까?

생전에 나는 어머님의 칭찬을 받아본 적이 없다. 유년기에 가끔 친구들에게 칭찬을 하는 것을 들어본 것 이외에는 불만의 말만 듣고 살았다. 편견의 습성도 나는 어머니에게서 받은 것 같다. 지도자나 윗사람의 덕목은 편견이 없어야 하는 것이다. 나는 나의 결점을 알면서도 편견에서 벗어나지 못한 점이 많다. 그래서 나는 인생의 끝자락에서 후회하고 있다. 그리고 나는 성인이 아니라는 것을 고백하며 나를 변명하고 있다. 그러나 어머님의 창조성의 DNA는 어떻게 감사해야 할까!

어머님은 시에서 다루는 인물이 의(義)에 차있는 사람들을 대상으로 하고 있다. 내가 다루는 인물 중에는 정치인도 있지만 나는 내 감정을 빼어가고 있는 사람 아니면 좋아하는 예술가, 작가를 다루고 있다. 되풀이 하지만 어머님은 시에 대한 나의 스승이라고 말하고 싶다. 내가 의식적으로 어머님의 시를 모방하려고 한 것은 아니지만 지금 알게 되는 것은 우연이라고 할 수도 없다. 시에 흡사한 점이 많은 것은 무엇으로 설명할까?

월남 피난민 가정에서의
나의 소녀기, 청년기
그리고 **전쟁**

고향을 뒤로 하고 삼팔선을 넘다

8. 15의 해방의 기쁨이 가시기도 전에 이북은 공산주의 소용돌이에 들어갔고 두 오빠께서는 다른 가족보다 앞서 월남하셨다. 그 뒤 언니와 나는 월남하려고 동네사람들에게는 친척집에 갔다고 하고 집에서 숨어살면서 월남할 시기를 기다리고 있었다. 1947년 가을 어느 날 두 안내자와 우리는 어머니가 우리의 뒷모습을 애처롭게 바라보는 것을 등 뒤로 느끼며 숨이 차게 내달려 걸음을 재촉했다. 달은 밝고 차가운 공기가 옷자락에 스며오는 것을 느꼈다.

숨차게 내 달려 올라온 우리 집 배나무 밭에서 얼마 떨어져 있는 이 언덕은 당집이 있는 곳이다. 그 당집은 앞면은 벽이 없는 삼면만 벽으로 되어 있어 훤히 안을 볼 수 있는 집이었다. 할미꽃을 따러 낮에 애들과 같이 이곳을 지날 때면 빈 집이여서 이 당집 앞에서는 뛰었던 곳이다. 그러나 나에게 이 언덕은 지금까지도 추억으로 남아 있는 추억의 언덕이다. 또한 어릴 때 몇 달 동안 정들었던 세 살배기 어린애가 있는 한 가족을 떠나보내며 헤여지기 싫어서 이 언덕까지 같이 올라와 손을 흔들며 슬퍼했던 언덕이다. 이 가족은 치과의사로 이 고장 저 고장으로 떠돌며 이를 치료하는 순회의사였다. 이들은 우리 집 밖 갓채에 있는 사랑방에 묵으며 동네사람들의 이를 해주고 치료를 해주고 있다가 떠나는 가족이었다. 동생이 없는 나는 학교가 끝나기 무섭게 세 살 배기 어린애가 보고 싶어 집으로 달려왔다. 어린애 뿐 만이 아니다. 나는 이들 부부를 좋아했다. 그래서 그들이 떠나는 것이 슬퍼 언덕에 서서 그들이 사라질 때까지 한참 동안 서 있었다.

그런데 그들을 떠나보내며 애달파했던 이 언덕을 넘고 동네를 벗어났을 때는 숨이 차고 겉옷을 벗어 들어야 했다. 밤에만 걸어서 삼팔선을 넘기까지는 이틀 밤이 걸렸다. 밤마다 걸어서 날이 밝기 전까지 안내자가 정해둔 주막집에 도착해야 했다. 곳곳에 인민군 초소가 있었다. 그곳을 지나올 때면 어김없이 환하게 비추던 달을 구름이 가려주고 있었다. 우리는 가슴이 콩알만 해지는 것을 피할 수 없었고 이해할 수 없는 신비를 느꼈다.

이틀 밤을 걸려 삼팔선을 넘던 그날 밤들도 인민군이 있는 초소를 지날 때마다 구름은 달을 가려 주었다. 어머님의 기도 덕분이었을까? 그 훤한 달은 보초를 지날 때마다 어김없이 구름에 가려졌었다. 60여 년이 지난 지금도 나는 그 신비에 대한 의문을 갖고 있다.

안내자들이 정해 놓고 들리는 집은 매일 새벽에 도착해서 들킬까봐 서둘러 들어가야 했다. 밥을 먹고 낮에는 잠을 자고 밤이 깊어지면 삼팔선을 넘기 위해 길을 떠났다. 따뜻한 방에서 먹는 밥은 꿀맛이었다. 콩나물국과 함께 먹었던 팥밥은 잊지 못할 맛있는 음식으로 남아 있다. 밥을 먹고는 잠을 자야 하는데 밖에서 들리는 다발총 소리는 무서웠고 어머님 생각에 잠을 잘 수가 없었다. 창호지 문틈으로 내다보이는 로스케 군은 가을인데도 방한용 흰 코트를 입고 있었다. 그는 논두렁에서 다발총으로 두루미를 잡고 있었다. 우리가 묵고 있는 집 바로 앞 논두렁에서였다. 지금도 나는 그 때의 로스케가 두루미를 잡고 있던 모습을 생생히 기억하고 있다.

이틀 동안 밤에만 걸어서 연안에 도착하다

남한 땅인 연안에 도착한 것은 주막에서 떠나 밤새 걸어서 다음 날 새벽인데 아침 안개가 자욱하게 들판을 덮고 있는 시간이었다. 이른 아침인데 들에는 벌써 일꾼들이 추수를 하고 있었다. 새벽 벌판에 내려앉은 안개는 남한 땅이라는 소리에 마음을 놓은 우리에게 더욱 포근하게 보였다. 나는 그때의 안개가 준 영향일까 이후 안개를 좋아하게 되었다. 그리고 안개가 낀 날이면 미친다. 내가 있던 프랑스의 브장송은 강이 둘러 있는 도시다. 그래서 아침저녁으로 안개가 내려앉는다. 나는 안개 덮인 시내를 저녁에 몽유병 환자처럼 쏘다니곤 했다.

우리가 아침을 먹기로 한 주막은 먼저 월남한 고향 사람의 집이었다. 그곳에서도 구수한 콩나물국에 팥밥이었다. 지금 어느 농촌에 간들 그때 먹었던 그토록 맛있는 콩나물국을 먹을 수 있을까? 콩나물국을 먹을 때면 언제나 내가 삼팔선을 넘던 내 모습을 보게 된다.

먼저 와 계시는 오빠들과 합류하기 위해서는 연안에서 서울 신촌역까지 오는 기차를 타야 했다. 가을 수학여행 시기라 기차는 만원이었다. 자리를 잡는 것이 문제가 아니라 발 들여놓을 틈도 없이 꽉 차있는 기차 안으로 들어가는 것이 문제였다. 안내인은 나와 언니를 들어서 창문으로 쑤셔 넣으면 안에 있는 사람이 붙잡아 당겨야 했다. 연안에서 신촌역까지 창밖을 내다 볼 수가 없었다. 서 있는 사람들 틈에 끼어서 선채로 신촌역까지 와야 했다.

신촌역에 마중 나온 작은오빠의 영원히 각인된 반가워하는 웃음

신촌역에 도착한 것은 오후였다. 서울 거리는 눈이 부시도록 화창한 가을 날씨였다. 우리를 마중 나오신 작은오빠는 우리를 보자마자 반가워서 웃고 계셨다. 나는 청년이었던 그 때의 오빠 모습을 영원히 기억하고 있다. 그런데 지금 그 오빠는 쇠약해져 힘들어 하신다. 요양원에 언니를 보내고 혼자 계시면서 무력증에 두문불출하고 계신다.

오빠께서는 언니가 안계서 해체된 가정에서 쓸쓸한 생활을 하고 계신다. 오빠께서는 해방 후 이념의 소용돌이를 벗어나기 위해서는 월남을 하셔야 했다. 월남 후 큰오빠와 가족의 생계를 책임지셔야 했다.

두 오빠께서는 자식 된 책임과 우리 두 자매에 대한 오빠로서의 책임을 다 하시고 또한 가정을 이루고서 아버지로서 남편으로서 열심히 사시면서 도리를 다하셨다. 그런데 지금 작은오빠께서는 사양길에서 오빠의 사랑을 받고 살아온, 특히 나를 포함한 사람들의 사랑을 충분히 받지 못하고 계신다.

나는 지난 달 오빠를 방문하는 길에 차가 밀려 오랫동안 차안에 앉아 있어야 했다. 개천 둔덕에 피어 있는 며느리밥풀 꽃을 보며 두 올케를 생각했다. 두 언니들은 참으로 후덕한 분들이었음을 새삼 더 느꼈다. 그들은 훌륭한 며느리였고 훌륭한 시어머니였고 훌륭한 아내였고 시누이들의 훌륭한 올케였고 훌륭한 형수들이었다. 그러나 생각도 세상도 변했다는 세상에 사는 며느리들 중 나의 올케들 같지 않은 며느리들이 있는 것도 알고 있다. 이렇게 생각하는 내가 정신적으로 구시대에 살고 있다고 비난을 해도 나는 달게 받는다. 구시대 사람인 것을 어떻게 할 수 있으랴. 가진 것 다 내주고 병들어 있고 모두가 곁을 떠난 자리에서 남은 인생을 살고 있는 시아버지, 시어머니들이 이 변한 세상에 얼마나 많이 있는지도 안다. 나는 후덕했던 두 올케들을 생각하며 신종 며느리들을 생각하고 있었다. 지금 작은오빠는 육신의 아픔 보다는 언니가 없는 가정에서 마음의 아픔이 커서 무력증에 계신 것이라고 생각하고 있다.

며느리밥풀 꽃

그대
누가 슬픈 운명이라 했던가.
환한 웃음 웃으며
차려 입은 화려한 옷
4월 한가운데서,
네 화려함이 눈부시다.
그 웃음의 계절, 4월,
그대 당당한 자태에
속박의 굴레
감추었나.
그대 웃음 화려함이
새들의 노래도
꽃바람의 향기도
생명을 잃었구나.

숨 막히는 매연 마다하고
도시 한복판에
활짝 피어 웃음 짓는 너의 대담한 자태
누가 슬픈 운명이라 했던가.
웃음마저 천지를 흔드는
굉음되어 쏟아지누나.
그 소리에
네 시어미, 시아비, 시동생, 시누이
무서워 움츠리고 있다.

개나리 웃고 간 자리에
네 화려한 웃음,
철쭉꽃도 네 화려한 모습에
그늘 아래 숨어 있네.

휘어져 머리 숙인 모습
겸손인가 순종인가
속내 숨긴 거짓 웃음
두렵구나.

속 모르는 선한 찬미자들 ·
네 모습 아름다워
즐거워하건만
시어미
네 모습 보고
아픈 추억 찾아간다.

배고픔 달래주던
주걱에 붙어있는 밥풀떼기
네 시름이었건만
이제,
세월의 뒤안길로 사라졌네.
며느리 시어미 되어도
네 그늘 아래서
세월의 변절 아파
서러움 감추고
눈치보고 살아가네.

(2010년 4월 21일 안양천 둔덕에 화려하게 핀 며느리밥풀 꽃을 보고서)

조씨 집 맏며느리 역을 충실히 해 오셨던 큰언니는 오빠의 파산 그리고 화재로서 70년대 힘든 생활을 꾸려가야 했다. 이 당시 잠시 동안 시어머님을 작은오빠 댁에 모셨던 것을 마치 죄인처럼 느끼고 계셨다. 언니의 세대 조씨 가문의 며느리들은 전통을 지키며 살아 왔으니 얼마나 고된 생활이었던가. 나는 시누이로서 옆에서 알면서 왜 위로

하고 고마움을 표현하지 못했을까. 프랑스로 보내온 큰언니의 편지에도 책임을 다하지 못해 죄라고 생각하고 있다는 내용이 있다.

작은오빠께서는 사명감을 같이 해오던 큰오빠를 보내시고 서로 도우며 살아오던 동세대의 가족들을 다 보내고 외롭게 지내신다.

월남 피난민으로서 어려웠던 시절,
임시 거처를 나와야 하는 가족의 슬픈 이야기

지금은 탈북자들에게 정부에서 주는 생활보조금이 있지만 해방직후 월남 피난민들에게 정부가 원조를 할 만한 여건이 못 되었다. 그 당시 큰오빠께서 일하고 계시던 직장의 사장님의 도움으로 우리 가족은 운영을 하고 있지 않은 그가 소유하고 있던 성북동 골짜기의 여러 채 집 중에 요리 집이었던 건물에 홀만 한 크기의 큰 방에 살도록 해 주셨다. 그 사장님은 곽 사장님이라고 했다. 두 오빠와 언니, 나 이렇게 넷이서 6개월을 살고 뒤에 따로 따로 월남하신 아버님, 어머님과 같이 여섯 식구가 한방에서 2년을 살았다. 방을 데우기 위해서는 언니와 내가 산에 올라가 죽은 소나무 가지를 꺾고 솔잎을 주워 와야 했다. 산등성이서 성북동 시가지를 바라보는 것을 즐기기도 했다. 언니와 나는 산에서 나무를 줍는 것이 싫지 않은 일종의 산책 같기도 했다. 그래서 좀 더 산에 머무르려고 성북동 시내를 오고가는 전차를 보며 전차가 지나가는 숫자를 정하고 그 숫자가 되면 내려가자고 할 때도 있었다. 피난생활이지만 바뀐 환경이 모두 신기해서 고통이라기보다는 새로운 삶에 언제나 호기심을 가졌었다. 그리고 그것이 삶 자체로 생각되었다.

우리 옆방에는 사투리를 심하게 쓰는 사람이 살았는데 그때 나로서는 어디 사람인지 식별할 수 가 없었다. 그 집 아이 이름은 신자였다.

부인이 애 이름을 부르는 소리가 크고 억센 말투여서 어린 내 귀에도 거슬렸었다. 우리 말 중에도 여러 말이 있다는 것을 알았다. 그때 우리는 가끔 음식을 만들기 위해 전기 곤로를 사용했는데 그 당시는 전기가 풍족하지 않은 때라 전기 곤로 사용이 금지되었던 것으로 안다. 허우대가 좋았던 옆집 남자가 아마 파출소에 알렸는지 그것이 문제가 되어 우리는 그 방을 나와야 했다. 쫓기는 아픔은 타향에서 어려서 처음 경험하는 아픔이고 사람에 대한 공포이기도 했다. 그리고 월남해서 당하는 가족의 슬픈 이야기가 되었다.

우리 가족은 마포에 살고 계시던 큰 고모님 댁 근처인 신수동으로 이사했다. 종종 교회에 구제품이 왔으니 받아가라는 반장의 전달이 있어 언니를 따라가 구제품을 받아왔다. 구제품은 다 외국에서 온 것들이었다. 구제품 중에는 아직까지 보지 못했던 예쁜 옷들이 있었다. 새것은 아니지만 하여간 옷은 마음을 끄는 것이었고 좋은 일이었다. 남이 입던 옷을 얻어 입는 경험하지 못했던 생활도 하게 되었다.

작은오빠는 공무원이어서 새 옷인 구제품을 배급 받았던 것 같다. 모두가 어른들의 옷이었다. 대부분 타이트 스커트였다. 언니도 나도 그 타이트 스커트를 입을 만한 조건이 못되었다. 그래서 그 옷은 6. 25가 난 후에도 집에 있었고 부산 피난 시절 학교에서 교복을 안 입어도 되었을 때 타이트 스커트를 입고 학교에 간 일이 있다. 중학생이 타이트 스커트를 입은 꼴불견의 역사를 가졌다. 나는 예술에 몸담기 전부터도 패션은 예술의 장르이고 옷을 입는 것도 예술의 표현이며 자기를 표현하는 예술이라고 주장하고 그렇게 실천하는 내가 부끄러운 가관의 역사를 갖고 있다.

돈을 처음 벌어보다

신수동으로 이사 온 뒤로도 초등학교를 계속 다니지 못했다. 두 오빠가 직장을 다니지만 경제적 여유가 없었다. 어느 날 마포에 사시던 사촌언니 댁을 놀러 갔을 때 주인 집 친척이 나를 보고 자기네 가게에서 일을 하겠느냐고 했다. 나는 어른들과 의논하고 일을 했다. 그것이 내가 처음 경험하는 돈을 받고 하는 일이었다. 가게는 지금 신세계 백화점 쪽으로 나 있는 남대문 지하도 입구에 있는 빵집이었다. 지금 말하는 웨이트레스였다고 해도 될까? 손님에게 빵을 가져다주는 일이었다. 서대문에 직장이 있던 작은오빠께서는 내가 잘 있나 하고 퇴근 후 가게 앞을 지나가며 들여다보곤 하셨다. 일이 어려운 것도 아닌데 어느 날 거리를 지나가는 학생들을 내다보며 일을 그만두고 싶은 생각이 들어 몇 달 만에 그만두었다.

일을 그만두었지만 학교에 가는 것도 아니어서 학교에 다니는 옆집 애들이나 동네 아이들과 놀며 그들을 부러워했다. 이북에서 어린시절 내 주위에는 남자 애들이 많았다. 이북에서 내가 초등학교를 다닐 때에는 남자 애들과 같이 어울리는 때가 더 많았다. 학교가 끝난 후에도 애들에게 책보를 집에 갖다 놓으라고 시키든가 아니면 집에 와서 책보를 마루에 던지고 뛰어 나가서 애들과 어울리다가 어두워지면 닭이 집에 들어와 깃을 틀듯이 나도 그러했다. 나는 초등학교를 입학한 처음에는 책보를 사용했지만 어머니가 만들어 주신 책가방을 사용했다. 내 책가방은 어머니가 헝겊으로 만들어 주신 헝겊가방이다. 이런 형의 책가방도 읍내에 있는 애들이나 들 수 있었고 아주 시골에서 오는 남자애들은 보자기에 책을 둘둘 말아 묶고 양쪽은 그대로 끈이 되게 해서 어깨에 사선으로 메고 다녔다. 학교에서 멀리 사는 여자 애들은 책보에다 책을 싸들고 다니거나 허리에 차고 다녔다. 그리고 학교에서 가까이 사는 애들은 책보에다 책을 싸서들고 다녔다. 해방 후에는 학교생활이라는 것이 오전에는 공부 그리고 오후에는 음악, 연극 등을 많이 했다. 내가 살던 곳보다 더 시골인 촌으로 밤에 공연도 많이 했다. 작은오빠가 자신이 연출을 하며 청년들과 연극 공연을 하는 것을 보아 왔다. 마루에 던졌던 책가방은 다음 날 그대로 가지고 등교를 했다. 그러니까 나는 공부와는 먼 어린시절을 보냈다.

가게를 그만두고 학교에 들어가지 않는 기간 동안 나는 애들을 골목에 모아 놓고 가마때기위에서 연극을 연습시키고 연극을 많이 했다. 그 연극은 이북에서 판에 박은 내용을 변형해서 했다. 주제는 대개 일제 강점기 때의 이야기였다. 이런 이야기는 이북에 있을 때 늘 하던 연극 내용이었다. 이렇게 학교를 가지 못하는 시기를 나대로 애들을 부러워하며 한편으로 즐기고 있었다.

초등학교 생활은 다시 계속하게 되고 봄은 일찍 찾아오다

어느 날 작은오빠께서 학교에 가야한다고 서대문에 있는 미동초등학교 6학년에 입학시켰다. 그러니까 나는 햇수로 초등학교 다닌 것이 5년이 되지 않는다. 이북에서 4학년 올라오자 남으로 와서 2년을 놀고 6학년에 들어갔다. 학교를 가는 길은 멀었다. 내가 살던 신수동에서 마포로 나와 전차를 타고 다녀야 했다. 전차를 타고 걸어 나오는 길이 가깝지가 않았다. 하학 길은 저녁에 끝나기 때문에 돌아오는 길은 더 힘들었다. 나는 나와 같이 피난민이었던 오필화와 같이 하학 길은 늘 같이 마포까지 왔다. 가끔 아버님이 마포 전차 정거장까지 나오셔서 기다리시는 때가 많았다.

이렇게 반년을 다니고 반년은 나를 위해서 작은오빠께서 서대문에 있는 천연동에 자취방을 구해 오빠와 같이 생활했다. 내가 미동초등학교 6학년에 입학하고 보니 6학년 교과서를 배우는 것이 아니라 1년 내내 참고서를 보며 오전에 4시간 시험을 보고 그 시험지 답안을 맞춰보고 하는 것이 학교생활이었다. 늦게 집에 가서 4과목의 시험지의 문제를 베끼고 답을 다시 쓰는 것이 6학년 생활이었다. 초등학교 6학년은 중학교 입학 준비를 하는 것이 전부였다. 서울에 와서 초등학교를 다닐 때 아무 것도 배운 것이 없다. 참고서만 보고 시험만 친 것 밖에 없다. 참고서 내용은 국어, 산수, 국사, 사회였던 것 같다.

미동초등학교 생활이 겨우 1년 동안이었기 때문에 같은 반 여자 애들만 겨우 알 뿐이었다. 졸업 때까지 한 명의 남학생 이름을 알게 되었는데 그 학생은 이병준이라는 학생으로 노래를 잘해서 방송국에도 자주 나가 노래를 부르는 것 같았다. 어느 날 강당에서 노래 부르는 것을 처음 보고 나는 그 애를 생각하는 때가 많아졌다. 아마 이것이 내가 처음으로 이성에 대해 눈을 뜨는 첫 경우가 아니었나한다. 15년 전에 미동초등학교 개교 100주년 기념회를 계기로 동기생들의 모임이 형성되고 한 달에 한번 만난다. 그 모임에서 나는 내가 아는 남학생은 오직 한 명뿐이었는데 노래를 잘해서 사랑에 빠졌었다고 했다. 그 남학생 이름은 이병준이였다고 했다. 나의 말을 본인에게 동기생인 민창기 아나운서가 전했다고 했다. 그는 미국에 살면서 종종 한국에 올 때마다 우리 모임에 왔으나 나는 작년 3월에야 졸업하고 처음으로 만났다. 그는 창환이와 함께 들어오면서 “조박사” 하며 손을 내밀었다. 미국에서 유학을 한 창환이는 “둘이서 극장이나 가지” 해서 나는 속으로 웃었다. 미국에서 공부했지만 옛날 사람의 의식구조는 어떻게 할 수 없는 일이라는 것을 생각하며 웃었다. 집에 돌아와서도 창환이를 생각하고 웃었다. 그가 전해준 이메일 주소로 부끄럼 없이 옛날의 내 감정을 보냈다.

나의 봄

나의 봄
한 아름 안은 소녀는
봄의 웃음,
분홍 웃음 짓는다.
거름도
나의 봄 향기에
취해 간다.

소녀의 가슴은
봄 향기 내음에
취해
분홍빛으로
피어난다.

나의 봄,
여름 되고
가을되어 만든
세월의 정원에
그대,
봄 향기는
바람 되어 와
미소 짓고
떠나네.

(2009년 4월 22일)

미동초등학교 6학년 생활은 힘든 생활이었다. 이북에서의 학교생활과는 아주 다른 학교생활이었다. 해방 후 북쪽의 초등학교 생활은 학과 공부이외에 연극, 노래 등을 하며 비교적 재미있게 보냈다. 그리고 서울에 와서도 중, 고등학교 때 뽑혀서 독창을 많이 했다. 이북에서는 무대에서도, 학년 활동 때에도 노래를 많이 불렀다. 그래서 나는 노래를 잘하는 사람만 보면 반하는 지도 모른다.

영화를 좋아하시는 작은오빠께서 영화를 보시고 나서 좋은 영화는 표를 두 장 사서 보라고 주셔서 토요일에 밤새워 숙제를 하고 일요일에 천연동 아주머님의 딸, 효정이와 같이 수도 극장에 가서 보고 또 다시 보곤 했다. 나는 이때부터 영화를 좋아하는 것이 생활화 되었다. 그리고 영화는 나와 아주 밀접한 관계가 있다. 나의 박사학위 논문도 문학이지만 영화와 많은 관련이 있다.

미동초등학교 때 공포에 떨었던 일이 있었다. 어느 날 최윤종 교장 선생님께서 운동장에 학생들을 모아 놓고 여수, 순천에서 공산주의자들이 반란을 일으켜서 사람들이 많이 죽고 공산주의 여학생들이 진압하러 온 국군을 가짜로 환영한다고 하면서 해를 가했다고 했다. 나는 잘 몰랐지만 이북에서 공산당을 피해 왔는데 이곳에도 빨갱이들이 있다는 것을 알게 되어 두려움을 갖게 되었다. 이보다 앞서 빨갱이가 서울에 있다는 것은 성북동에 살면서 그러니까 1947년이라고 생각한다. 성북동 파출소에 대낮에 빨갱이들이 쳐들어가는 것을 보았다. 이럴 때마다 사이렌을 울리며 경찰이탄 오토바이가 지나가곤 했다. 그리고 오빠들은 서울 운동장에 집회가 있을 때마다 이북에서 온 서북청년단과 민청년단들과 언제나 싸움을 한다고 하면서 아예 싸울 준비를 하고 나가는 것을 여러 번 보았다. 돌아와서는 두 오빠가 싸움이 벌어졌던 장면들을 영화 필름 돌리듯 돌이키며 즐겁다는 듯이 이야기하는 것을 들었다. 공산주의에 대한 공포는 중학교 2학년 때 기하선생님으로부터 중국이 도미노현상으로 큰 땅이 공산주의가 되어 간다고 하는 이야기가 최고의 두려움을 갖게 했다.

아버님에 대한 그리운 영상과 전쟁 속에 남겨진 아버님의 영상 :

어머님과 아버님의 공동 작업으로 만들어주신 나의 운동화

서울에서 초등학교 시절 소풍은 기쁜 일이었다. 소풍의 일정은 인천 송도를 거쳐 돌아오는 길에는 주안에 내려서 염전을 견학하는 것이었다. 지금 송도나 염선의 영상은 남아 있지 않나. 그저 그 날 흐린 날씨여서 우울했던 것 밖에 생각이 나지 않는다. 수십 년이 지나도록 내 마음을 따뜻하게 하고 있는 것은 아버님의 영상이다. 신수동에서 아침 일찍 서울역에서 떠나는 기차를 타려면 깜깜한 새벽에 나와야만 했다. 그 날 아버님과 함께 나와 서대문까지 전차를 타고 와서 서울역까지는 서대문에서 염천교를 거쳐 서울역에 왔다. 어스름한 가운데 아버님의 흰 바지저고리 차림의 모습은 아직도 내 가슴에 남아 있다. 프랑스에 있을 때 이탈리아 영화 <아르브르 드 사보(나막신 만드는 나무)>를 보며 나를 데리고 염천교를 걷고 계시는 아버님의 모습이 오버랩되어 영화관에서 얼마나 눈물을 흘렸는지 모른다. 영화는 가난한 농부가 밭에 심은 토마토를 따서 시장에 팔아 어린 아들의 나막신을 만들 나무를 사기 위해 어린애와 같이 만면에 웃음을 지으며 토마토를 따는 상변이 나온다. 아버님에 대한 어린시절의 그리움은 이것뿐이겠는가. 일제 강점 말기 물자 구하기가 어려웠을 때 아버님은 백노지를 사서 공책을 만들어 주셨다. 그리고 어머님과 아버님의 합작품인 운동화는 애들에게 보이는 자랑이기도 했다. 어머님은 손수 색을 넣어 짠 무명천으로 일본 잡지에 있는 운동화 그림을 보고 본을 떠서 가장자리는 바이야스까지 대고 운동화를 만드셨다. 아버님은 자전거 타이어를 이용해 바닥을 만들고 그것을 총울치로 꿰매면 멋진 나만이 신는 운동화가 만들어졌다. 세상에서 이런 운동화를 신는 애가 나밖에 어디 있었겠는가. 내가 이런 신발을 신고 다니는 반면 맨발로 다니는 애들도 더러 있었다. 아버님에 대해 못 잊어 하는 그리움은 또 있다. 해방 직후는 이북에서 이남을 몰래 오갔다. 아버님은 월남해 있던 오빠들을 만나고 서울에 계신 큰고모님을 만나러 서울에 갔다 오시며 사 오신 검은 마에 고무 운동화(앞에 고무가 달린 운동화)! 검은 마에 고무 운동화는 처음 보는 운동화였다. 이 모든 것들은 어머님, 아버님에 대한 못 잊어 하는 나의 그리움이고 지금까지도 나를 따뜻하게 해주는 사랑이다. 그리고 전율하도록 기쁨으로 남아 있는 것들이다.

일제 강점기
그리고 1. 4 후퇴 때의 아버님의 고난의 세월

추운 겨울에 로스케 스타일의 터번을 쓰신 아버님을 따라 마포에 계신 큰고모님 댁을 찾아가는 나들이는 무척 즐거웠다. 키가 크신 아버님은 두루마기에 터번을 쓰셔서 더욱 커 보였고 멋졌다. 성북동 언덕을 내려오시던 멋진 아버님의 모습은 지금도 내 가슴에 행복으로 남아 있다. 그러나 아버님에 대한 쓰라린 모습도 내 가슴에, 내 머리에 영원히 지워지지 않고 괴로움으로 남아 살아 있는 것이 있다. 일정 말기였다. 온 동네 남자들은 노소를 불문하고 저녁때가 되면 큰 방공호를 파야 한다고 했다. 힘이 드는 일이라 밤에는 모두가 밤참을 먹는다고 했다. 아버님은 어머님이 만들어 주신 밀 반대기를 침통한 모습으로 받으시며 일터로 가시려고 일어섰다. 나는 왜 이때의 아버님의 우울한 모습을 이제까지 잊지 못하고 있을까? 내 가슴을 아프게 하는 아버님의 모습은 이것뿐이 아니다.

아버님은 9. 28 때 이북으로 먼저 가셨다가 1. 4후퇴 때 서울에 늦게 오셔서 서울에 홀로 계셔야 했다. 서울에 남아 있던 사람들에게 금족 명령이 해제되자 아버님도 뒤늦게 부산으로 오셨다. 아버님, 어머님, 언니와 나는 한동안 잘 사시는 고종 사촌 둘째 오빠 댁 2층에 살고 있었다. 어느 날 작은오빠께서 우리를 보러 오셨다가 사촌 오빠와 자리를 함께 하게 되었다. 그리고 언쟁이 시작되었고 모든 것에 남에게 뒤지지 않으려고 하시는 작은오빠는 사촌오빠께서 나가라고 하지도 않았는데 이사를 하라고 했다. 아버지와 어머니 그리고 나 이렇게 셋이서 살게 되는 집은 수정동 뒷산 언덕 피난민이 사는 하꼬방(판자집) 동네였다. 나는 통곡을 했다. 방은 하나였고 공중변소를 이용해야 했고 겨울이면 방안에 연탄난로를 놓고 밥을해 먹어야 하는 집이었다. 어머니, 아버지, 나 이렇게 셋이서 1년 반을 이 집에서 살 수밖에 없었다. 아버님은 친구 분과 돈벌이를 찾아보자고 한 것이 부산 부두에서 막노동을 하는 것이라고 했다. 같이 일하는 사람들은 피난 온 고향 사람들이라고 했다. 체구가 장대하시고 먹성이 좋으신 아버님은 일터에서 돌아오셔서 어머니가 정성들여 지으신 밥을 허기져서 급하게 잡수시던 모습은 우리의 가난했던 시절의 아픔의 절정이었다. 그러나 60이 넘어서 어머님과 냉냉했던 시절에 아버님은 이 곤궁의 아픈 시절 어머님과 포근히 보내셨던 계절을 그리워하셨는지도 모른다. 휴전이 되고 작은오빠는 공무원이라 서울로 오셔야 했고 나도 학교가 서울로 왔기 때문에 서울로 올라와 친척집에 있었다. 가족들은 부산에 남아야 했다. 큰오빠는 해운공사를 그만 두고 작은오빠가 부업으로 하시던 사업을 인수해야 해서 부산에 남아 있었다. 그래서 어머님은 큰오빠와 합류하셨고 언니는 병원에서 일을 하며 의료 전문학원에 다니고 있어 부산에 남아있어야 했다. 아버님은 서울로 오셨으나 9. 28 수복 후에 새로 이사해 살던 마포의 우리 집은 고칠 곳이 너무 많아 한동안 친척집에 계시다가 일을 찾아 나선 것이 아현동에 있는 고향 지인의 방앗간을 돕는 일이었다. 나는 자주 아버님을 뵈러갔다. 방앗간 일로 아버님의 손이 터 있었다. 터진 금 사이로 고인 빨간 피를 지금까지도 기억하고 있다. 나는 어려서 손이 튼 경험을 했기 때문에 손이 터졌을 때의 아픔이 어떤지를 안다. 그래서 아버님의 그 모습을 기억하고 가슴이 쓰리도록 아파하고 있다. 왜 그렇게도 늘 생생하게 다가오는지 모른다.

일제 강점기 어느 가을 추수가 끝나고 공출도 끝난 겨울 아버님은 일하는 사내아이도 몰래 집 옆에 있는 얼어붙은 밭을 쇠스랑으로 팠다. 나는 떨며 옆에서 지켜보며 왜 밭을 파시는지 물어봤다. 아버님은 순사가 곡물을 뺏어가려고 집을 뒤지러 온다고 하셨다. 아버님은 곡물가마니가 몇 개 들어갈 큰 구덩이를 파서 묻고 본래대로 이랑을 만들어 놓으셨다. 나는 순사가 집을 뒤지러 온다는 것이 무서웠고 들키면 어떻게 하나 두려움에 떨었다. 아버님은 이런 위험한 일을 하면서도 슬퍼하거나 두려워 하시는 것 같지 않았다. 방공호를 파러 저녁이면 불려 나갈 때의 모습과는 달리 그 때의 아버님은 지금도 쇠스랑을 쳐내려가는 힘찬 건강한 영상으로 언제나 젊어 계신다.

아버님은 나를 살리다

69년 대학원 때였다. 그날도 내가 거처하는 방에 두리반을 놓고 논문을 쓰고 있었다. 성신여중에 나가던 사촌동생 숙자는 퇴근 후 우리 집으로 와서 일직 자고 있었다. 안방에서는 언니네 애들과 살림을 돌보고 있는 순옥이와 함께 장영철과 일본 선수의 레슬링 시합을 보고 있었다. 애들이 소리를 지르며 손 벽치는 소리에 나는 얼마 전에 돌아가신 아버님에 대한 슬픈 감정이 계속되고 있는데 아버님이 레슬링 경기를 즐기셨던 생각이 떠오르자 아버님을 위해 나도 레슬링을 보려고 애들이 있는 방으로 급히 들어갔다. 그 순간 폭격을 하는 것 같은 소리와 함께 무너지는 소리가 나고 온 동네 개들이 짖는 소리가 요란히 들려왔다. 밖에서는 사람들이 떠드는 소리도 들려왔다. 옆집 아주머니는 담을 넘어서 무슨 일이냐고 소리를 질렀다. 우리는 폭음과 무너지는 소리에 무서워서 방에서 숨을 죽이고 밖으로 나오지 못하고 있었다. 자고 있던 숙자는 떨면서 놀라서 소리를 지르며 방에서 기어 나오는 것 같았다. 동네 개들이 한꺼번에 짖어내고 사람들이 우리 집 앞에 모여서 웅성거리고 있어 밖으로 나가려고 하다가 내가 있던 방을 쳐다 보니 지붕이 훤하게 뚫려 있고 하늘이 보였다. 옆집 아주머니는 애들만 있는 집이라 대문을 열라고 하며 들어오려고 했다. 대문을 여니 사람들도 우리 집으로 들어왔다. 사람들이 내가 있던 방을 들여다봐 나도 그때야 드려다 보니 천정은 훤히 뚫려 있고 내가 두리반을 놓고 논문을 쓰고 있던 그 자리에 네모진 검은 물체와 흰 장갑 같은 것이 있었다. 전기가 나가서 자세히 볼 수 없어 희게 보이는 것이 흰 장갑으로 보여 더욱 무서웠다. 나중에 장갑이 아니라는 것을 알았다. 검은 물체를 본 사람들 중 누가 연락했는지 파출소에서 경관이 왔다. 그들 이야기는 이북에서 선전물을 풍선에 띄워 보내는데 그 풍선이 터지면서 배터리 통이 떨어진 것이라고 했다. 얼마 전에 장충동에도 그런 일이 있었나고 했나. 흰 장갑으로 보였던 것은 찢어진 풍선 조각이었다. 배터리가 깨지면서 부서진 콜타르(?)가 방안 전체에 퍼져 떨어져 있었다.

애들을 나와 일보는 애에게 맡기고 형부가 전근을 한 조치원에 있던 언니는 급히 다음 날 아침에 올라왔다. 부슬비가 내려서 지붕이 무너진 내방은 말이 아니었다. 배터리 통은 경찰이 수거해갔지만 콜타르 같은 검은 액체가 사방에, 벽에, 책장에 떨어져있어 발을 드려놓지 못했다. 언니는 지붕을 고치고 정리가 되면 아버님 산소에 가자고 했다.

천사는 내가 자리를 빨리 비키라고 한 것 같다. 나는 아버님을 생각하고 레스링을 보려고 안방으로 들어갔다. 내가 안방으로 들어가지 않았다면 나는 어떻게 되었을까? 나는 아버님이 살려주셨다고 생각하고 있다. 삼팔선을 넘을 때 인민군 보초를 지날 때마다 달을 가려주던 구름은 어머님의 기도이고 내 생명을 건지게 되는 신비는 하늘에서 지켜주시는 아버님의 사랑과 천사의 도움이 아니었을까!

중학교 진학의 길과 가족들의 후원

이남에 와서 처음 보내는 미동초등학교 생활은 짧았다. 1년 동안이어서 친구들도 사귀지 못하고 졸업을 하게 된다. 곧 초등학교를 졸업하고 중학교에 입학하게 된다. 이때도 집안 경제 사정은 여학교에 갈만큼 넉넉하지 못했다. 큰오빠는 새 가정을 이루고, 작은오빠가 우리 식구들을 돌봐야 하는데 진학할 만한 상황이 아니었다. 지금 생각하면 나는 항상 가능하지 않은 시점에서 내 인생을 시작했던 것 같다. 나는 이때도 미련하게 진학하겠다고 떼를 썼다. 나의 미련한 성격을 받아주고 어려운 가운데서도 항상 최선을 다해 후원해 주신 가족들의 덕분이다.

내가 배화여자 중학교를 선택한 것은 초등학교 담임선생님이 중학교 몇 개를 내 성적에 맞추어 추천해 주셨는데 나는 그 중에서 배화의 교복이 예뻐서 배화를 선택했다. 그 시절 여학교에서 세일러(Sailor)복을 입은 학교가 몇 군데 있었지만 배화의 세일러복은 유난히도 내가 입고 싶도록 예뻤다. 이것도 나의 미련한 성격에서였다. 어려서라고 변명할 수 있지만 어려운 가운데 진학하면서 외관만을 생각했으니 말이다. 나의 세일러복에 대한 관심은 어렸을 때 언니가 짜준 세일러복도 은연중에 작용했을 것이다. 시골이라도 유행은 때가 좀 늦긴 하지만 새어 들어왔다. 지금도 그 당시의 영화를 보면 어린 남자애들도 여자애들도 세일러복이 유행하고 있었음을 알게 된다. 언니 역시 유행에 민감했던 것 같다. 진학에 대해서는 오빠들도 전적으로 학교 담임선생님의 뜻을 존중하셨다. 초등학교 과정을 제대로 거치지 못하고 진학하는 것을 너무나도 잘 아셨기 때문이다.

다행히 시험에 합격하여 1년 반을 그 예쁜 교복을 입는 기쁨을 누렸다. 2학년이 되었을 때 6. 25 전쟁이 난 후로는 세일러복을 입을 수가 없었다. 내가 중학교에 입학할 당시는 새 학기가 9월에 시작되었다. 1. 4 후퇴 때 부산에서 학교가 열렸지만 우리는 아무 것이나 여학생으로서 적당한 것을 입으면 되었다. 그리고 서울 수복 후에는 완전히 다른 교복으로 바뀌었다.

내가 세일러복을 좋아하는 것은 성인이 되어서까지, 아니 지금까지도 즐겨 입는다. 맞춤으로도 세일러 형식의 옷을 많이 입고 있다. 내가 좋아하는 형식은 로우 웨스트의 세일러복이다(1920년대, 벨 에포크 시대의 스타일). 언니는 어려서부터 나의 청이면 무엇이나 잘 들어주었다. 언니가 실로 세일러복을 짜준 것은 자주색 무명 털실로 짠 것이었다. 그 때 시골에서 양털실 같은 것은 볼 수 없었다. 그 때는 목화에서 실을 뽑아 몇 겹으로 두껍게 만들어 염색해서 뜨개질을 했던 것이다. 나도 뜨개질을 배울 일곱 살 때부터 무명실로 허리띠부터 좀 더 익숙해지면 양말, 장갑을 뜨면서 코가 빠지면 언니에게, 어머니에게 끼워달라고 하며 유년 시절부터 뜨개질을 하기 시작했다. 이렇게 어른의 생활을 흉내내는 생활 실습도 나에게는 어머니와 언니의 따뜻한 사랑 속에서 행해졌다. 지금도 그 습관은 계속되고 있다. 프랑스 여인들은 교수도 의사도 뜨개질을 생활화하고 자신이 떠서 입는 것을 보았다. 멋지게 뜬 털실 목도리를 자켓 속이나 겉에 두르고 나와 강의하는 프랑스 남자 교수에게서 따뜻한 가정을 상상하기도 했다.

세일러복

나는 지금도
피아노 소리를 들으면
늘 통학길에
피아노 소리가 새어 나오던
신문로의
빨간 벽돌집 앞을 걸어가며
깔깔대는 세일러복의 우리들을 본다.

나는 지금도 코스모스가 피는 계절이면
코스모스 행길 가에서
수동카메라를 든 서툰 솜씨에
깔깔대는 세일러복의 우리들을 본다. (1993년)

(통학길 신문로 주택가에는 유난히도 아름다운 붉은 벽돌 2층 집이 있었다. 아침부터 그 집에서는 피아노 소리가 들려왔다.)

30년이라는 기간을 한 세대로 친다면 나는 지금 두 세대를 넘어 살고 있다. 내가 거쳐 온 이 두 세대의 세계의 겉모습, 생각은 비록 지금 세대와는 다르지만 학교라는 세계는 청소년들의 미래의 꿈을 꾸게 하는 밑거름이 되는 곳으로 변하지 않고 있다. 내가 문학을 하고 그림을 그리고 불문학 교수로서, 화가로서 사회의 일원이 되었던 것은 배화의 교정에서 잉태되었다.

나는 중학교 때부터 불어를 배우고 싶었다. 60년 전 배화의 불어 선생님의 이름을 아직도 기억하고 있다. 불어 선생님이었던 안효식 선생님은 서울 문리대학교에서 불문학을 하신 분이었다. 중학교 3학년부터 불어를 배우기로 되었는데 불행하게도 6. 25가 나서 배우지 못하게 되었다. 왜 내가 불어를 배우려고 했는지 모른다. 그저 배우고 싶었을 뿐이다. 대학에 진학해서 저녁에 불어학원에서 불어를 배우게 됨으로 중학교 때 배우고 싶었던 소원이 이루어진다. 그리고 불어는 나의 삶이된다.

나는 중학교 1학년부터 소설을 탐독하는 버릇이 있었다. 공부시간에도 몰래 읽다가 주의를 받기도 했다. 그런 버릇이 열다섯 살 때 피난을 가면서도 속칭 약장수 가방이라고 하는 조그만 가죽가방에 괴테의 수설 <젊은 베르테르의 슬픔>을 갖고 떠났다. 주인공 베르데르가 약혼자가 있는 샤롯테를 사랑하는 애달픈 감정을 일기 형식으로 쓴 일인칭 소설이다. 나폴레옹도 전쟁 중에 이 소설을 가지고 전쟁터로 나갔다고 한다. 불가능은 없다고 소리치며 세계를 제패하려고 했던 그가 왜 의기소침한 한 남자의 시련의 슬픈 이야기에 빠져 있었을까?

소녀기에 내가 소설을 탐독했던 것은 세상에 대한 호기심에서였다. 특히 <젊은 베르테르의 슬픔>을 애독했던 것은 소녀기의 시기가 약한 사람에 대한 연민의 정, 특히 사랑에 눈이 뜨는 사춘기였기 때문이었을 것이다. 피난지에서 읽을거리가 없었던 나는 이 책을 읽고 또 읽었다.

프랑스 유학시절 나는 독일 여행을 하며 독일어를 모르면서도 독일어로 된 <젊은 베르테르의 슬픔>을 샀다. 그러고 보니 나는 그 소설을 여러 말로 된 것을 수집해 놓은 것이나 다름없다. 나의 서가에는 <젊은 베르테르의 슬픔>이 독일어로 된 것 외에 한국어, 일어, 불어, 러시아어로 번역된 것이 있다. 그 중 불어, 일어, 러시아어로 된 것은 이 세 나라 말을 배우면서 여러 번 읽어 외국어 공부에도 도움을 주었다. 1. 4 후퇴 때 피난지에서 읽을거리가 없었던 나는 <젊은 베르테르의 슬픔>을 아무 쪽이나 펼쳐서 읽었다. 이 책은 신수동에서 학교가 있는 필운동까지 걸어서 통학을 하던 때 아현동 고개 헌책방에서 산 것이다. 헌책방들이 있던 아현동 고개는 지금은 웨딩드레스 가게들이 대신하고 있다.

피난지에서 배화는 선생님들이 힘을 모아 학교를 열어 우리들에게 배울 기회를 계속하게 해주셨다. 부산 초량동에서 처음 열었던 배화는 2층 건물을 얻어 사용했는데 바닥이 시멘트로 되어 있어 가마니를 깔고 공부하는 곳이었다. 그러나 피난지에서 전쟁을 겪는 우리는 그런 환경에서나마 행복으로 생각하고 있었다. 교실이 2개 밖에 되지 않아 학년이 교대로 일주일에 두 번만 나와야 했다. 후에 송도에 가건물, 소위 바라크(바로크)식 건물을 짓고 수복 전까지 정상적인 공부를 할 수 있는 행운을 가졌다. 학교는 바다가 내려다보이는 언덕에 있었고 학교 근처에 있는 버스길 건너 산자락에 있는 서울 음대에서 음악연습을 하는 소리는 우리들을 불렀다. 우리는 보리밭에 보리가 햇빛에 반짝이는 봄, 우리의 가슴에 봄기운도 반짝이는 것을 스스로 어떻게 할 수 없어 음대생을 보려고 틈이 난 교실 판자 사이로 들여다보며 곡이 끝날 때까지 숨을 죽였다. 그리고 끝났을 때 누가 먼저랄 것 없이 모두가 박수를 쳐댔다. 음대생들은 웅성거렸다. 그 때 누가 “또 들려줘요”라고 소리쳤다. 그들은 우리에게 응답했다. 그들은 우리의 가슴도 마음도 우리의 나이도 넘치게 알아줄 수 있는 마음씨를 지녔던 것 같다. 하학 후 우리들이 방황할 곳은 송도에 여러 곳이 있었다. 바닷가, 등대도 우리가 방황하며 즐길 수 있는 곳이었다. 바닷가 높은 절벽 위에 있는 멋진 양옥은 모윤숙 씨 집이라고 했다. 그 집을 올라가는 계단은 꼬불꼬불 숲속으로 나있었다. 가끔 멋진 귀부인들 그리고 미군 장성들 등 외국인들이 들락거렸다. 우리들 피난민들과는 아주 거리가 먼 세상에서 사는 사람들로 보였다. 모윤숙씨가 집에 외국인 들을 초대했던 것은 국가를 위한 파티였을 것이다. 그의 작품 <병사는 죽어서 말한다>를 읽어봐도 그렇고 UN에서의 연설 등 그녀는 국가를 위해 많은 일을 했다.

부산의 피난민들의 생활은 비참했다고 생각한다. 시간이 지나면서 자리를 잡아 안정된 생활을 하는 사람들도 있었지만 대개가 어려웠다. 통학길이 쉽게 되고, 고 1, 2학년을 부산 시내에서 보내며 주말이면 집에 있지 않고 방황을 즐겼다. 집안이, 나라가 어떻던 나의 감성은 춤을 추고 노래를 하고 있었다. 수 십 년이 지난 지금도 가슴 뛰던 한 순간을 잊지 못하고 있다. 나는 어느 날 이북 고향의 옥점이 언니가 묵고 있는 가톨릭 기숙사에 들렸다가 언니가 정원에서 한 아름 꺾어준 라일락꽃을 안고 집으로 오는 길에 네 나이 두 베나 되 보이는 멋진 신사가 내게 다가와서 꽃을 한 가지 달라고 했다. 왜 나는 꽃을 건너 주고 얼굴을 붉히고 가슴은 떨렸을까? 그리고 나는 기뻐하기까지 한 것 같다. 그 순간을 늘 기억할 때 마다 그의 얼굴 윤곽도 그려보곤 한다. 그 때의 나의 감정을 글로 옮기기도 했다.

라일락

라일락
한 아름 안은 소녀는
파란 달빛 아래
봄의 웃음 지으며
라일락 향기에 취해 간다.
소녀의 얼굴은
라일락 내음에
취해
보랏빛으로 피어난다.

라일락 내음에
다가와 내미는 손
소녀의 마음을 흔든다.
한 가지 건네며 처다 본 소녀는

봄의 열병에 취해
가슴 뛴다.

라일락은
피고지고, 피고지고
긴 세월 같은 거름으로
오늘도 나의 정원에서,
이웃 담 너머에서
봄의 향기를,
그리움을 내보낸다.

(1993년, 피난지에서의 16세 때를 회상하면서)

다행히 고등학교 때부터는 수정동에서 송도로 통학해서 통학길이 멀지 않았다. 송도로 학교를 옮기기 전 초량동에 있는 학교를 가려면 범어사 입구에 있는 북면이라는 동네에 살고 있었기 때문에 새벽에 집을 나와 밤에야 집으로 돌아갔다. 나는 그때 어머니와 북면에 살고 있고 언니와 두 오빠들은 직장 때문에 부산에 살고 있었다. 우리 가족들은 몇 팀으로 나뉘어 살아야 하는 이산가족이었다. 범어사가 있는 북면에 살게 된 연유는 그곳이 유일하게 우리를 받아주는 따뜻한 가정이 있었기 때문이었다. 그래서 나는 역마살이 있다는 운명의 과정을 이곳에서도 쫓아가게 됐던 것이다.

북면에 깃을 드리울 때까지 얼마나 고된 피난길이었던가! 여자들만 피난길에 올랐고 두 오빠께서는 관공서에 계셨기 때문에 피난 명령이 나지 않아 서울에 계셔야 했다. 서울에서 가져갈만한 짐을 여자들이 이고 지고 해서 서강에서 나룻배로 몇 번에 걸쳐서 영등포까지 날라야 했다. 밤섬에 내리니 미군 병사들이 모래바닥에서 쉬고 있었다. 모두가 흑인 병사들인데 말없이 앉아 있는 그들 앞을 지나오려니 무서움 때문에 몸이 떨렸다. 총까지 들고 있는 그들은 정말로 무서웠다.

그들이 우리를 도우러 온 군인들이라는 생각은 들지 않고 그저 무서울 뿐이었다. 얼마 전에 BBC의 종군기자 시걸이라는 사람이 한국전쟁을 찍은 사진에 나오는 해설에서 흑인이 전쟁에 백인과 참전한 것은 한국 전쟁이 처음이라는 것을 알게 되었다. 흑인 병사들은 휴식 때 백인 병사들과 어울리며 보냈다고 하는데 그때 내가 목격한 장면에는 백인이 있었는지 기억이 나지 않는다. 흑인 병사들이 무서워서 떨고 있었기 때문에 흑인만 기억할 뿐이다.

그리고 또 한 가지 알려지지 않았던 한국전쟁에 대한 이야기로 최근에 알게 된 맥아더 장군에 관한 것이다. 맥아더 장군은 2차 전쟁 종전 후 한국을 중요시하지 않았다고 한다. 그래서 빠른 시일 내에 미군이 한국에서 철수하는 것에 힘을 기우렸다고 한다. 그는 일본에 머물러 있다 한국전쟁이 발발한 후 6월 27일 동경에서 나라와 지금 중앙대학교 자리에 국군이 진을 치고 있는 진지에 와서 서울을 바라보고 갔다고 한다. 미군 철수가 한국전쟁을 일으키게 했던 원인이라는 것을 그는 서울을 바라보며 어떤 기분이었을까. 한국에서 조속한 미군 철수를 그는 희망했었다. 조속한 미군철수에 관해서는 미 국방부와 군부의 마찰이 있었다고 한다. 국방부는 한국이 자주국방이 될 때까지 미군이 주둔해야 된다는 것이었으나 미 군부는 이에 반대를 하였다고 한다.

영등포에서 기차에 짐을 가득 실은 화물차 지붕 위에 올라가 출발한 지 20여일 만에 부산에 도착했다. 부산에 도착하기 전 20여 일간을 한 정거장에 도착해서 몇 시간, 며칠을 보내며 갔다. 정거장에서 쉴 때마다 김밥, 떡을 해 파는 장사들이 많아서 끼니는 그런대로 해결하면서 갔다. 옥천에 도착했을 때는 아침인데 오래 머물게 되었던지 모두가 기차에서 내려서 냄비를 들고 나와 쌀을 사 나뭇가지를 주워서 불을 지피고 밥을 했다. 아무 곳이나 빈터면 되었고 논두렁에서도 밥을 했다. 우리 큰 올케도 냄비를 들고 나와 우리 가족을 먹이느라 분주히 왔다 갔다

했다. 언니는 큰며느리로서 피난길에서까지 더 고생했다. 고인이 된 언니가 그때 냄비를 들고 서 있는 장면을 나는 <6. 25의 잔상(2)>이라고 이름 붙이고 그림으로 남겨 놓았다. 지금 이순간도 고생만 하시다 돌아가신 언니를 생각하며 가슴이 메어 오는 것을 느끼며 쓰고 있다.

지붕위에서 졸다가 떨어지는 가족들 때문에 여기저기서 우는 소리를 들었다. 왜관에서도 얼마를 머물게 되어 우리는 역무원 집에 들어가 몇 시간을 쉬게 되었는데 역무원이 누구인지는 모르지만 젊은이였다. 우리 가족 중에 친언니가 처녀였기 때문에 그 젊은이는 관심이 있었던지 언니를 밖으로 나오라고 했다. 우리 가족들은 수상하나 나가지는 못하고 서로 얼굴을 쳐다보고 있는데 곧 들어왔다. 언니에게 무슨 일이냐고 물었더니 아무 것도 아니라고 했다. 지금까지 나는 왜관에서 있었던 일을 잊지 않고 있지만 언니 자신은 그 일마저 잊고 있으리라. 우리 가족들은 하나 같이 궁금하고 의심스러워했던 일이었다. 고통스런 피난길에서 웃게 하는 한 사건이었다. 나의 궁금증을 더하는 것은 어떻게 역무원집에서 몇 시간이나마 따뜻하게 몸을 녹일 수 있는 행운을 가졌었는지 그것이 궁금하다. 그 젊은이는 총각이어서 처녀인 언니에게 호감을 갖고 자선을 베풀었던 것인가 싶다. 하여간 집을 떠난 지 아주 오랜만에 하느님의 덕분인지 언니 덕인지 방안에서 쉴 수 있는 행운을 가졌었다. 그 때의 영상을 떠올릴 때마다 영화 <여로>가 오버랩된다.

피난 보따리를 놓고 깃을 틀게 해준 아름다운 사람들

기차의 지붕위에 몸을 싣고 떠난 피난길은 부산에 20일 만에 도착하여 아름다운 사람들을 만나는 행운을 가졌다.

부산에 도착해서 먼 친척집을 찾았으나 일곱 명이나 되는 가족을 받아들이지 못하겠다고 일언지하에 거절당해서 북면으로 향했던 것이다. 동래온천에서 20여리 떨어진 범어사가 있는 북면에 피난 짐을 내려놓고 살게 된 것은 언니가 한강 다리가 끊어질 때 혼자 북면까지 내려왔다. 북면초등학교는 일선으로 차출되어 가는 장정들을 간단한 신체검사를 거쳐 군복을 입혀 일선으로 보내는 징집 장소라고 했다. 언니는 이곳 의무실에서 일을 하며 하숙을 해야 했다. 하숙하던 댁의 주인이 우리 가족을 받아들여 거처를 정하게 된 것이다.

언니는 6. 25가 터지기 며칠 전에 영등포에 계시는 큰댁과 큰오빠를 방문 중이었다. 6월 28일 한강 다리가 끊어질 때 큰댁에서 오빠 댁으로 갔으나 오빠는 이미 피난을 가버리고 없어 다시 큰댁으로 가 큰댁 식구들과 같이 피난길에 올랐지만 중간에 큰댁 식구들을 잃어버려 혼자 피난민 틈에 끼어 진주까지 갔는데 거기서 군인들에게 차출되어 북면까지 갔고 언니는 군대에서 민간인으로 의무실에서 일을 하게 된 것이다. 먼저 피난길에 있던 큰오빠는 부산에 와 계셨다. 큰오빠와 언니가 만난 것은 다른 피난민들처럼 부산 거리에 사람을 찾는다는 쪽지를 붙여놓고 찾아 다녔는데 오빠와 언니도 그렇게 해서 찾았던 것이다.

우리가족이 거처를 제공해 주신 두 부부를 우리는 친부모처럼 생각했다. 그들도 우리를 친 자식처럼 생각해 주셨다. 나는 몇 십 년 전부터 떠나가신 영혼을 위한 아침 기도에서도 북면 어머니 아버지라고 부르며 기도한다. 형제자매들이 다 미국으로 이민 가서 미국에서도 한 형제처럼 지내고 있다. 나보다 두 살 아래인 웅이는 캘리포니아에 있는 셀리스토스 시에 한국어 학교를 설립해 이사장으로 있다. 이곳에서의 성적은 대학에서도 인정되고 있다. 피난처의 복음자리에는 남희 언니, 옥자 언니, 진희, 선희, 포야, 웅이, 이들은 친형제 자매나 마찬가지로 지냈다. 진희는 나와 동갑이지만 나는 두 살 아래인 웅이와 친했다. 들로 산으로 다니며 놀았다. 그리고 집 앞 찻길로 나가 무엇이 즐거웠는지 우리는 많이 웃으며 놀았다. 웅이 한테 배운 말을 실습하며 재미있어 많이 웃으며 놀았던 것 같다.

웅이는 학교에 가지만 나는 학교가 열리지 않아서 웅이가 학교에서 돌아 올 때를 기다리기도 했다. 어머니와 나만이 북면에 있게 되어 나는 쓸쓸한 계절을 보내야 했다. 웅이가 가르쳐 준 말은 'ㅂ'을 부쳐서 하는 말이다. 아버지를 아바 버버 지비, 어머니를 어버머버니비로 하는 것이다. 이 런 말은 비밀리 말을 할 때 사용하고 있었다. 지금 웅이는 미국의 언니와 자주만나며 살고 있다. 전쟁이 준 아름다운 인연이고 하늘의 은혜라고 생각하고 있다. 언니의 딸 대인이는 토요일 웅이가 설립한 학교에서 한국어를 가르치고 있다. 이렇게 아름다운 인연은 대를 이어 이어지고 있다.

일생 동안 통학길이 멀었던 것은 피난지에서도 마찬가지였다

1. 4후퇴 때 북면으로 피난 온 우리 가족은 자리가 잡혀지자 두 오빠와 언니는 직장이 있는 부산으로 가고 어머님도 큰오빠 댁으로 가셔서 나 혼자 북면에 남아 있으면서 학교가 열리자 그곳에서 부산 초량동까지 통학을 하게 되었다. 북면에서 동래 온천까지는 15리가 넘는 거리다. 아침에 별을 보고 나와서 별을 보고 귀가해야 했다. 6km를 걸어 나와서 동래온천에서 전차로 서면까지 와 버스를 타고 초량동 학교까지 오는 것이다. 이러한 나의 어려운 통학길은 피난생활 때문이라고 돌릴 수도 있지만 나는 일평생 통학길이 먼 길이었다. 서울에서 배화여중에 통학할 때도 마포 신수동에 살았기 때문에 신수동에서

아현동을 거쳐서 서대문을 통해서 다시 신문로를 따라 필운동에 있는 학교를 다녔다. 전차가 마포에서 있었지만 전차를 타러 나가는 거리가 멀어서 걸어 다녔다. 수복 후에는 학교가 있는 근처인 사직동으로 이사해서 고등학교는 쉬운 통학길이었다.

졸업한 후 대학에 근무할 때는 어떠했나? 공주에 거처를 마련하고 있었지만 서울에서 공주를 오가는 생활이었다. 운명이란 정말 있는 것일까? 다른 것은 몰라도 내 운명에 역마살이 있다는 것은 지나온 내 생활을 돌아볼 때 운명에서 오는 먼 통학길, 먼 통근 길을 받아들여야 했던 것 같다. 그러나 나는 한 번도 나의 역마살을 고생이라고 생각하지 않았다. 주어진 운명을 받아들이는 것 역시 나의 운명일까. 아니면 내가 건강해서 고생이라고 생각하지 않았기 때문일까. 이러한 나의 통학길은 피난생활 때문이라고 돌릴 수도 있지만 나는 일평생 통학길이 먼 길이었다.

나의 통학길은 이화여자대학교를 다닐 때도 학교에서 돌아오는 길에는 차를 타지 않고 신촌고개를 넘어 사직동까지 영원이와 걸어서 다녔다. 우리는 버스비를 아끼기 위해 걷기 시작했고 청년기의 외로움을 잠시나마 친구와 같이 긴 시간을 같이 하는 것이 좋아서 그랬던 것 같다. 우리 둘 중 누구도 버스비를 아끼기 위해 걷자고 하는 말을 입밖에 내놓지 않았다. 나는 영화 보는 데는 용돈을 아끼지 않았다. 초등학교 때부터 시네필이 돼가고 있었던 것이기 때문이다. 몇 십 년이 흐른 후 우리는 처음으로 우리가 걸어 다닌 이유를 한 목소리를 내어 털어놓으며 웃었다. 그 웃음은 '우리는 그 가난의 고개를 잘 넘었노라'는 자신감에서였다.

삶이란 무엇일까?

삶이란 무엇일까?
나는
무수히
이 말을 되풀이하며 살아왔다.
프랑스에서도,
슬플 때
그리움이 사무칠 때
가난할 때
속박이 나를 조일 때
되풀이하는 말이다.

나는 지금
전시를 끝내고
뉴욕을 떠나
미네아폴리스 행 비행기에 있다.
삶이란 무엇일까 하는
상념에 잠겨 있다.

나는 희수가 쓴 소설, <아름다운 수의>의 주인공
영원을 만나러 가고 있다.
소설 속에서의 영원은 행복하지 않다.
그러나 졸업한지 40년이 지난 영원의 삶은
풍요 속에서
행복한 삶을 누리고 있다.
영원은 나의 고독을 안쓰러워하고 있다.
나는 고독을
향유할 수 있다고 외친다.
그리고 행복하다고

누가 무어라고 해도
나는 자유를 향유한다고 외친다.

나는 뿌리 뽑힌
자유의 가벼운 새털이다.
허공을 바람이 부는 대로
날고 있다.
이 자유를 아는가?
속박의
재갈에 물린
그대들은.

나의 생각은
해방된 나의 영혼
나의 말은
해방된 나의 영혼
그래서
나의 예술은
해방된 나의 영혼이다.

나의 고통은
해방된 나의 영혼,
나의 환희는
해방된 나의 영혼
그래서
나의 삶은 해방된
나의 영혼이다. 라고
외쳐 보는 자유의 소리다.

(1996년 뉴욕 전시를 끝내고 영원이를 찾아가는 미니아폴리스
행 비행기에서)

통학길의 기억은
6. 25 참상의 영상을 가져다주고

영원이와 걸어서 다니던 신촌 고개는 연세대 학생들이 자기들도 걸어 넘어 다니면서 '철학고개'라고 했다. 그들은 그 고개를 걸으며 인생을 논하고 세상을 논하게 되는 의미에서 '철학고개'라고 부른다고 했다. 그 길은 영원이와 같이 걸으면서 마음을 열 수 있는 우정을 쌓는 길이기도 했다. 나는 지금까지 병원을 모른다. 어려서부터 남자 애들과 같이 놀며 나무에도 오르는 등 힘찬 운동(야구)을 한 덕도 있겠지만 어쩌면 나의 통학길을 걸어서 다닌 덕이 아닌가 생각할 때도 있다. 버스를 타고 다녔다면 지금까지 과거의 그 많은 생각과 통학길의 영상이 남아 있지 않을 것이다.

나는 하루 두 끼를 먹어도 건강했다. 이렇게 걸어서 통학을 해도 피곤하지 않았다. 배고픔을 무한히 참을 수가 있었다. 나중에 안 것이지만 모유를 오랫동안 먹은 사람은 배고픔을 잘 참아낸다고 한다. 나는 여섯 살 때까지 모유를 먹었다고 한다. 몇 살 때인지는 모르지만 어머니가 젖을 빨지 못하게 하려고 젖에다 깅계랍(키니네)을 바른 것을 기억한다. 나는 얼마나 행운아였던가!

'철학고개'에서 아현동으로 와서 금화산에 올라 시내를 바라보고 쉬면서 우리는 노래를 같이 부를 때도 많았다. 산 밑자락에는 일제 강점기에 만들어 놓은 수백 명을 수용할 수 있는 방공호가 있다. 나는 9. 28 수복 때까지 어머니와 아버님 그리고 작은오빠 등 네 식구는 피난을 가지 못하고 서울에 있어야 했는데 UN군이 서울을 탈환할 때 격전이 벌어져 이 방공호로 피신을 했었다. 방공호는 수용인원이 초과되어 산소부족으로 모두가 숨을 헐떡이며 이틀을 보냈다. 바닥은 천정에서 떨어지는 물방울 때문에 질펀하게 젖어 있었고 비행기가 폭격을 할지도 모르는 절박감에 죽는다는 공포에 두려웠다. 이러한 절박한 순간에 그간 언니에게 못되게 했던 일 그리고 어머니와 아버지에게 잘못 했던 일들 때문에 죄책감이 밀려왔다. 살아서 그들을 다시 만나면 말을 잘 듣고 살겠다는 생각도 했다. 방공호문 앞에서는 한 남자가 흰 옷을 벗어들고 하늘을 향해 흔들었다. 머리 위 가까이에서 요란하게 소리를 내며 떨어지는 폭격 소리는 방공호까지 들리고 그 소리에 방공호가 무너지는 것 같기도 했다.

이 다급한 상황이 얼마나 지났을까 아마도 긴 시간이었던 것 같다. 아주 오랜 시간 어두운 굴속에서였기 때문에 시간이나 날짜 감각이 없었다. 그러나 어디서 무슨 소식을 들었는지 방공호 앞에서 여러 사람들이 만세를 부르며 몰려 나가고 있었다. 나도 떠밀려 밖으로 나오니 사람들은 모두 환희에 차 만세를 부르는 사람들, 식구를 찾는 사람들 모두가 기뻐서 날뛰고 있었다. 그러면서 내일 모레가 추석이라고 하는 목소리도 들려왔다.

인민군이 서울에 들어온 이후 내내 천연동 아주머님 댁에 나는 있었고 작은오빠는 월남인이라 다른 곳으로 가서 숨어 있었다. 방공호에서 나와 아주머님 댁으로 돌아오는 길에서 처음으로 인민군의 시체를 보았다. 그는 군복 위에다 어디서 구했는지 남색 치마에 흰 저고리의 여자 한복을 입고 쓰러져 있었다. 머리는 농립모를 썼는데 모자가 벗겨져 옆에 있었다. 신발은 인민군 군화인데 국방색 헝겊으로 된 농구화 모양이었다. UN군에 쫓기는 극한 상황에서 어떻게 그렇게 변장을 할 수 있었을까 하는 것이 지금도 의문이다. 그는 북한 인민군으로 퇴각하며 민가에 들러 변장을 하고 도망가다 유탄에 맞아 죽은 것으로 생각하고 있을 뿐이다.

2002년 개인전에서 이때의 목격과 전쟁의 참상을 <6. 25의 잔상(1)> 이라는 제목으로 그린 작품을 전시했다. 6. 25의 전쟁을 그 인민군도 나도 체험했다는 뜻으로 병사의 얼굴에 나의 눈을 합쳐서 쓰러진 그의 얼굴에 네 개의 눈을 그렸다. 그가 쓰러진 주위는 전쟁으로 불타고 있는 장면을 묘사했다.

천연동 아주머님은 추석 때 떡을 해야겠다며 대문을 들어섰는데 뒤에서 어떤 사람이 천연동 아저씨가 돌아가셨다고 하며 들어왔다. 서울에 공산군이 들어왔을 때 공산당에 협조하며 빨갱이 노릇을 해서 UN군이 들어오자 놀라서 졸도로 돌아가셨다고 했다.

이와 같이 일제시대부터 6. 25 전쟁의 참상이 쌓인 방공호가 있는 산 위에서 영원이와 나는 대학에서 돌아오는 길에 앉아서 노래를 하며 청년의 환희보다는 무언가 비어있는 외로움을 달랬다. 우리가 가끔 쉬어가던 산은 금화산이며 금화산과 연희동 뒷산이 연결된 곳이다. 6. 25 때 방공호에서 나와 이 산에 올랐을 때 미군들의 시체를 많이 봤다. 그 때 우리 병사의 시체보다 이들이 더 안됐다는 생각이 들었다.

천연동 아저씨가 돌아가셨다는 소리에 신수동에 계시는 어머님과 아버님의 생사에 초조한 생각이 들었다. 곧장 서대문으로 나오니 적십자사 주위의 모든 건물들이 허물어지고 군데군데 시체들이 있었다. 폐허가 된 땅위에는 미군기가 뿌린 삐라가 여기저기 떨어져 있었다. 내용은 유엔군이 서울에 들어왔으니 서울 시민은 안심하라는 맥아더 장군의 말이었다. 나는 이때의 감동과 고마움으로 맥아더장군을 좋아하고 존경을 하고 있다. 아현동 고개까지 오니 큰 길이 막혀있어 모두가 큰길가 높은 위치에 있는 주택가를 통해 신촌을 거쳐 마포로 가지 않으면 안 되었다. 주택가로 오니 집들은 모두 폭격에 쓰러지고 집집마다 폭격으로 사람들이 죽어서 통곡소리만 들렸다. 그 가운데를 지나야 했다. 신촌까지 가는 길은 전부 이런 상태였다. 신수동까지 와서는 나는 골목을 돌지 못했다. 골목을 돌면 우리 집이 있는데 만약 집이 폭격을 맞았으면 어떻게 하나 하고 한참 동안 멀리 서 있었다.

집은 그대로였다. 어머님도 방금 중림동 약현 성당에 피신했다 돌아왔다고 하셨다. 그런데 재봉틀이며 국수기계 등 쓸만한 것들을 다 도둑맞았다고 하셨지만 아무것도 아쉬워 할 것이 없었다. 그러나 이 재봉틀은 싱거미싱으로 우리 생계를 돕고 있던 귀중한 수단이었다. 이것들은 외할아버님이 외국에서 사 오신 것들이다. 그리고 싱거미싱은 외할아버님이 알래스카 여행 때 사 오신 거라고 어머님이 여러 번 되풀이 하시는 것을 들었다. 나를 만나는 순간 어머님은 도둑맞은 것은 아무 것도 아니라는 듯 안도하시는 것 같았다. 어머님은 단체로 주문을 받아 야구 복, 기타 양복 등을 멋지게 만드셔서 소문이 나 있었다. 나는 국수 기계로 동네 사람들에게 국수를 만들어 주며 비록 피난민이지만 다른 사람이 갖지 못한 기계를 가졌다는 자만심에서 공짜로 국수를 해주면서 자랑스러워했다. 어머님이 월남하면서 안내인에게 들고 오게 했던 물건들이다.

미군들이 영등포에서 한강에서 폭격을 여러 날 하고 탱크들이 강을 건너 집 앞으로 달려왔다고 한다. 금년 60주년 6. 25 전쟁을 돌아보는 프로그램에서 안 일이지만 서울 탈환 때 제일 어려운 진지가 연희 고지였다고 한다. 나는 어리석게도 어머니를 찾아갈 때 아현동을 거쳐 가면서 시체를 보고 갔었기 때문에 돌아올 때는 산으로 오면 시체가 없을 것 같아서 산으로 올라오니 군인들의 시체가 더 많았다. 그렇다고 다시 산을 내려가서 시내로 갈 수도 없었다.

유엔군이 영등포에서 서울에 들어올 때까지 2주가 걸렸다는 것을 알았다. 폭격이 심해서 아버님과 함께 모두 서대문 쪽으로 가는 사람들 틈에 끼어서 약현 성당으로 피신해 계셨으니까 내가 피신했던 금화산 밑 방공호와 어머님이 피신하셨던 약현 성당과는 불과 1 킬로미터 거리에 있었다. 어머님은 이때의 심정을 글로 옮겨 놓으셨다.

하늘을 찌르는 소리

하늘을 찌르는 소리
폭격하는 소리에도
아랑곳하지 않는 저 수녀들은
놀랍기만 하다.
믿는 마음 강한 마음
평화로운 저 모습들
부럽기만 하구나.

내 아이들은 어디에 있을까?
강 건너 살던 큰 아이 내외
핏덩이 안고
어디로 갔을까?
오래비네 간
큰 년 어디로 갔을까?
수녀 됐더라면
이 걱정 안할 것을
숨어서 눈물 섞어 마시는 물도
목에 걸린다.

이 강산 두 동강난
허리도 모자라 박살나는구나.
종각에 달린 달을 보니
추석이 가까웠구나.
수녀들의 기도 소리에
내 아이들 생각 더 나네.

(1950년 9월경 UN군이 서울 입성할 때 어머님은 심한 폭격을 피해 서대문에 있는 약현(중림동) 성당에 피신하여 느꼈던 심정을 쓴 것)

대학생활 그리고
영문과에서 불문학으로
대학원 진학

어느 학자가 말했듯이 "친구가 있고 공부를 하니 더할 나위 없는 생의 즐거움이다."라는 말을 실감하면서 한국외국어대학교 대학원에서 아카데미에 푹 빠져 있을 수 있는 행복을 가졌다. 또한 프랑스에서 공부하던 시기가 나의 두 번째의 행복한 삶이다. 처음 내가 아카데미의 즐거움과 행복을 느꼈던 것은 나가던 학교를 그만두고 29세에 대학원 공부를 하던 시기였다. 대학원에서 이화여자대학교 영문과에서 같이 공부하던 친구를 외국어대학교 대학원에서 다시 만나 같이 공부하게 되었다. 그 친구(최영자)는 대학 2학년을 다니고 결혼을 하게 되어 이화여대를 계속 다닐 수 없어 외국어대학교에서 학부를 마치고 대학원에서 공부하고 있었다. 나는 비록 과는 다르지만 그 친구를 만나서 대학원 공부가 더욱 즐거웠다. 그 친구도 나이 들어 공부를 계속하는 것이었고 나 또한 그랬던 것이다. 그 친구는 영문학을 하고 있었고 나는 불문학으로 바꿔 공부했던 것이다. 내가 불문학을 하게 된 것 또한 철들어 내 의사에 의해 결정한 것이어서 열정을 더할 수 있었다.

이화여자대학 영문과는 우수한 학생들이 오는 학과라는 것을 대학입학을 하고서 알게 되었다. 과연 대부분의 학생들이 우수한 학생들이었다. 그러나 나는 학교생활에서 성취감에 대한 갈등일까 대학 생활 한 구석에 무언가 비어있는 기분이었다. 그것은 나에게 주어진 자유로운 많은 시간을 성취감으로 채우지 못한 데서 오는 것이었다. 나의 갈증은 불안하기까지 했다.

나는 대학에서 교양과목으로 불어 공부를 열심히 했다. 중학교 때부터 배우고 싶었던 불어이기에 흥미도 더했다. 내가 외국어를 처음 듣고 몇 마디 지껄였던 언어는 러시아어로 1945년 해방되자 이북에 들어왔던 소련군으로부터 들은 것이었다. 그러나 91년대 초 러시아어를 정식으로 배우면서 어렸을 때 들었던 몇 마디는 러시아의 표준어가 아니라는 것을 알았다. 러시아 국민을 이루고 있는 어떤 민족이 사용하는 방언일 것이라고 러시아 선생님은 말했다. 코흘리개 때 소련군을 남자애들과 몰려다니면서 듣고 지껄였던 말을 러시아어로 알고 있었다.

낮에는 대학에서 영문학을 밤에는 불어학원(C. E. F)에서 불어를 공부하다

사람들은 처음 경험하는 것에 흥미를 갖게 되고 그 흥미가 강해지면 열정으로 변한다고 하는데 어려운 환경에서 대학에 진학하고서도 대학에서 흥미를 갖지 못하고 언제나 부족한 기분으로 다른 것으로라도 채워보려고 방황하고 있었다. 불어를 깊이 해보려고 대학 2학년 2학기부터 명동 진고개에 있는 불어학원 쎄프(C. E. F. Centre d' Etude Française)에 나가서 불어를 배우기 시작했다. 학원에서 끝나면 '쎄씨봉(C'est Si Bon)'이라는 뮤직 카페에서 친구들을 만나고 데이트도 하는 것은 즐거운 일이었다. 낮에는 대학교에서, 밤에는 불어학원에서 공부하는 것이 대학 1년 반 동안 계속되었고 졸업 후에도 3년을 다녔다. 그러니까 불어학원을 4년 반 넘게 다닌 셈이다. 쎄프에서는 대학에 계신 유명한 불문학 교수님들로부터 불어를 배웠다. 그곳에서 불 단편소설도 많이 읽을 수 있었다. 이화대학 영문과에서 나의 불행한 학교생활은 2학년부터 불어공부를 병행하면서 그런대로 성취감으로 바뀌기 시작했다. 불어 이외에 일어를 부산 피난 시절 중3부터 다시 공부하기 시작했다. 일본에서 들어오는 잡지들이 무수히 있었고 그것을 읽고 싶었다. 사전이 있는 것도 아니어서 언니와 오빠에게 물어가면서 읽었다. 집에는 일본 패션 잡지도 있었다. 그 책도 일어 공부를 위해 읽었다. 집에는 작은오빠가 좋아하는 일본 작가 나츠메 쇼세끼의 <와가 하이와 네꼬데아루>라는 책이 있어 읽으려 하니 어려워서 읽지 못했다. 마가렛 미첼의 <카제토 토모니 사리누, 바람과 함께 사

라지다>를 읽을 수 있었다. 피난지에서 중학교와 고등학교 2학년을 보내면서 일어를 배웠다는 것이 보람이라고 할 수 있을 것이다.

대학에서 오직 하나 성취한 영어로 쓴 단편소설 <Father's Son 아버지의 아들>

영문과 때 보람이라고 한다면 영어로 쓴 단편소설 <Father's Son 아버지의 아들>이다. 이화여자대학교 영문과에서는 3학년이 되면 영어 연극을 하는 것이 전통이 되었다. 연극을 하게 되는 학생들은 선발되어 연극을 하는데 나는 뽑히지 못해서 더욱 영문과에서 뒤에 처져 있는 기분이었기 때문에 내가 쓴 영어 단편소설은 긍지의 성취감을 가질 수 있었다. 한 학기 동안 영문과에 강사로 나오셔서 창작을 강의하셨던 고려대 영문과 교수였던 김용익 교수로부터 계속 써보라는 격려와 칭찬을 받았다. 김 교수님은 내가 쓴 작품에 계속하라는 말을 쓰시고 영어로 꽤 긴 평을 해주셨다. 이 작품은 내가 영어로 쓴 한학기 동안의 결과물인 숙제였다. 영어권에서 생활한 적도 없는 사람이 학교에서 배운 영어로 작품을 쓴다는 것은 어려운 일이었다. 솔직히 고백한다면 나는 몇 권의 영어 소설을 읽으면서 표현들을 이용해서 줄거리를 만들어냈다. 내용은 나의 이야기를 기반으로 허구를 가미했던 것이다. 제목이 <Father's Son 아버지의 아들>인데 세상에 아버지의 아들이 아닌 사람이 어디 있겠는가. 아버지의 말에 순종한다는 뜻에서 아버지의 아들이라는 이름을 붙인 것이다. 남자 주인공의 아버지는 아들이 사귀는 여자 친구를 반대한다.

감정을 쉽게 뺏기는 여 주인공은 한 남자에게 반해 버린다. 형제자매가 없는 남자 주인공은 사촌 동생이 있다. 이들은 여자 주인공에게 다 같이 우정 이상의 감정을 갖고 있다. 남자 주인공 아버지의 판단은 지극히 이해될 수 있는 과거시대의 사고에서 오는 것이다. 줄거리는 극히 평범한 것이다. 다만 페이소스를 가미하려고 노력했다. 그리고 주인공의 아버지는 물리학자다. 이 작품을 쓸때 소련에서는 스푸트닉 발사로 우주과학에 뒤진 미국은 교과과정을 바꾸어 수학 교육을 강화한다. 나는 물리학을 하는 아들과 물리학자인 아버지가 미국이 우주과학에 뒤진 문제를 토론하는 장면도 소설에서 다루었다. 펄벅의 소설이 비교적 쉽게 되어 펄벅의 소설에서도 표현을 빌렸다. 김 교수님은 표현들을 빌려와 변용해서 쓴 것을 모르시고 칭찬을 했던 것일 것이다. 그러나 나는 기뻤다. 초등학교 때도 중고등학교 때도 글쓰기를 많이 했고 칭찬을 받았다. 대학에 들어와서 오직 성취한 것이 이것이기 때문이다. 자랑할 것 없는 나는 졸업 후에도 YWCA에 속해 있는 영어로 말하는 모임에서 만나는 남자들에게 이것을 자랑했다. 불행히도 이것은 돌고 돌며 실종되었다. 나의 어리석은 자만의 끝이 대학 생활에서 성취한 오직 하나뿐인 나만의 자랑거리를 잃게 되는 결말이 되었다.

과거의 이미지들을 추억한다는 것은 행복의 하나이다. 비록 이미지들이 유쾌한 것이 아니더라도 많은 시간이 흘러간 후에 추억한다는 것은 행복한 마음에서 비롯된 것이라고 할 수 있다. 이화여자대학교 영문과 4년 동안 작은 사건이 입학 초부터 괴롭히고 있었다. 나는 영문과 합격을 발표 전에 미리 알게 되었다. 여학교 영어 선생님이 미리 합격을 알고 오셔서 알려주셨는데 그러면서 영문과 어떤 선생님이 내 인상이 나쁘다고 하셨다는 것까지 전해 주셨다. 그 선생님은 면접에 어떻게 하고 갔느냐고 물으셨다.

대학 입학시험 때 입은 나의 옷과 대학 1학년 때 입은 비로드 치마는 교수님의 눈에 나고

입학 후에 내 인상이 나쁘다고 하셨다는 교수님을 영어 선생님으로부터 알게 되었다. 그 교수님은 나를 못마땅해 하는 것 같았다. 그 교수님은 스피치 시간에 읽으라고 하고서 내가 잘못 읽었는지 너는 그것도 제대로 못 읽느냐고 야단을 치셨다. 그날 귀가 길은 흐린 날씨여서 더욱 기분이 우울했다. 계속 야단을 맞는다거나 매를 맞거나 하는 불운의 연속은 당사자에게도 원인이 있다. 반항하거나 대꾸를 계속하면 미움을 사는 불운이 계속된다.

나는 그 교수님께 아무 대꾸도 반항도 하지 않았다. 그렇다고 따질 생각은 있을 수 없는 일이다. 게오르규의 소설 <25시>의 주인공 모리츠를 떠올리게 되었다. 그는 운이 없어 오랜 동안 불행한 삶을 살게 된다. 모리츠는 아무런 죄도 없이 영문도 모른 채 이리저리 끌려 다니면서 속박의 생활을 하게 된다. 얼마나 억울한 운명인가.

내가 겪었던 수모의 이유는 단순히 인상이 나쁘다는 이유일까? 면접고사 때 입었던 옷차림 때문이었을까? 나는 살아오면서 인상이 나쁘다는 말은 들어본 적이 없다. 인상이 나쁘다고 차별 대우를 하는 것은 말하는 사람의 자유일지 모른다. 한 개인의 가치를 피상적으로 파괴하는 판단은 판단자의 어리석은 행위이다. 나는 초등학교, 중학교, 고등학교 때 성적이 우수한 학생은 아니었다. 그러나 그림, 노래, 연극, 글짓기 등 대표로 활동해서 내 나름대로 긍지도 갖고 있었다. 대학에서 뒷전에 자리하고 있다는 것을 자각하고 있었다. 그래서 상처는 오래 계속되었다. 그 교수님 주위에는 항상 우수여고 출신들이 있었다. 아마도 대담한 나의 성격 깊숙한 곳에 여리디 여린 성격의 가느

다란 줄기가 흐르고 있었기 때문일 것이리라. 그렇지만 영화 <하버드 대학의 공부벌레들>을 보고 미국이라는 나라에서 수업 시간에 개인적인 모욕을 주는 교수가 있다는 것을 알았더라면 그렇게 마음 아파하지 않았을 것이다. 프랑스도 마찬가지다. 수업 시간에 특히 한국 학생들의 이상한 질문에 무한히 인내하는 교수가 있는가 하면 교실에서 나가라는 교수도 있다. 세계적으로 알려진 불어학자인 뻬따르 교수 같은 사람은 학생에게 자기 강의에 들어올 자격이 없으니 나가라고 한다. 그래서 어떤 학생은 다른 학교로 옮기는 것도 보았다.

대학 진학은 참으로 어려운 경제적 집안 사정에도 두 오빠의 성원으로 이루어진 것이다. 두 오빠께서는 1946년 월남하셔서 자리를 잡고 우리 집안을 이끌어 오시며 나를 대학까지 보내주셨다. 작은오빠께서는 공무원으로 계셨고 큰오빠께서는 해운공사에 계시다가 9. 28 수복 후에는 친구 분들과 합자해서 일본에서 물품을 수입하는 작은 회사를 경영하고 계셨다. 그러나 1952년 이승만 라인이 설립되면서 회사는 문을 닫게 된다. 내가 대학에 입학할 시기는 집안 경제 사정이 좋지 못했다. 나는 학교생활에 충실하지 못하고 영문과에 대한 흥미를 갖지 못해서 두 오빠께 늘 미안한 생각이었다.

대학에서 교수가 학생의 신상에 대한 혹평을 하고 옷차림까지 나무라는 그런 대학 시절을 보냈다. 나는 연속해서 또 다른 교수님으로부터 나의 옷차림에 대해 강의실에서 야단을 맞은 적이 있다. 비로드(vervet) 치마를 입고 가서 수업을 받을 때 그런 치마를 입지 말라고 해 수업시간에 여러 학생들 앞에서 무안을 당했다. 나는 옷을 입는 방법, 즉 때와 장소에 따라 무엇을 입어야 하는지 대학생이 될 때까지 전혀 몰랐다. 우리 네 남매는 어머니가 일본 잡지에서 본을 뜨던가 아니면 자신의 창의에 따라 옷을 만들어 입혔다. 그래서 옷에 대한 관심과 감각은 어려서부터 키워졌다. 내가 대학에 다닐 때만 해도 직장에서도 한복을 입는 사람이 많았다. 대학 1학년 때 개교기념일을 위해 배꽃 무늬가 있는 치마저고리를 학교에서 단체로 주문하게 하여 개교기념일에 입게 했었다. 개교기념일 후에도 학교에 입고 오는 학생들도 있었다. 그러니까 한복은 학교에도 입고 오는 학생들도 있던 시절이었다. 나는 매일 같은 옷을 입는다는 것이 진력이 나서 갈아입는 것이 취미였다. 언니의 비로드 치마를 입음으로써 기분을 바꿔보려 한 것이었다. 요즘은 자주 과거의 우리의 모습들을 TV를 통해 돌아보는 장면들이 많이 있다. 50년대에 비로드를 입은 여인들을 보여주며 비로드라는 것을 강조하고 있었다. 교수님이 입지 말라고 하신 것은 비로드가 사치스런 것이기 때문에 그러신 것 같다.

우리 형제들은 유난히 옷에 대해서 관심이 많다. 그것은 어머님으로부터 유래된 관심이다. 어머님은 옷 만드시는 것이 취미이기도 했다. 오빠들이 입는 야구복이며 Y셔츠, 양복바지 등내가 입는 옷 모두가 어머님이 만들어 주셨다. 시골에 어떻게 들어오는지는 모르지만 가끔 간단후크(간편한 옷이라는 일본말인데 원피스를 일컬음)와 모자를 사주시기도 했지만 내가 입는 옷은 대부분 어머님이 만들어 주시는 것으로 충당했다. 학교가 바로 집 근처에 있어서 점심을 집으로 먹으러 갔다. 점심 먹으러 와서 어머님이 만드신 옷을 입어보라고 하면 그걸 입고 학교로 갔다. 그러니까 하루에도 두 번씩 갈아입는 경우도 있었다. 그래서 나는 하루에도 몇 번씩 옷을 갈아입는 습관이 생겼다. 어머님의 옷 만드는 취미는 언니와 나에게 그대로 전습되었다. 옷이 작품이 될 때는 기쁨을 느끼고 있다. 특히 폐품으로 창의적인 옷이 만들어졌을 때의 통쾌함은 표현할 수 없는 쾌락이다. 그러고 보면 나는 어려서부 터 영화 이외에 팝 아트에도 물들어가고 있었던 것 같다. 옷을 입는 것은 자기를 어떻게 멋있게 표현하는 작업이라고 생각한다. 자기를 예술품으로 만드는 일종의 예술행위라고도 생각하고 있다. 대학 시절 옷이 많지 않았던 나는 매일 같은 옷을 입고 다니는 것이 싫어서 가끔 언니의 치마를 입고 갔던 것이다.

고등학교를 졸업하자 하루 빨리 보기 싫은 교복을 벗어버리고 싶었다. 6. 25전쟁 이후 배화의 교복인 세일러복은 바뀌어 평범한 투피스였다. 밋밋한 칼라의 윗도리와 치마는 플레어(Flare)치마였다. 졸업하자 윗도리 칼라를 동그랗게 변형 시키고 플레어 스커트는 타이트로 만들었다. 미리도 언니에게 고데기로 손질해달라고 하고 내가 변형시킨 윗도리 안에는 언니의 노란 블라우스를 받쳐 입고 다녔다. 시험을 보러 가는 날도 이런 차림이었다. 시험을 보러 온 학생들은 졸업을 했지만 시험을 볼 때까지 단정하게 교복차림으로 시험에 임하는 학생들이 대부분인데 내가 타이트스커트에 머리까지 고데를 하고 나타난 모습을 본 교수님들은 각자의 주관대로 상상을 했던 것일 것이다.

수십 년이 흘러간 뒤
이모부님과 나는 입학시험 때 입었던
각자의 모습을 떠올리며 웃어댔다

대학을 졸업하고 상처도 이젠 옛 이야기, 옛 추억의 그리움으로 생각힐 수 있는 마음이 되었을 때 나는 이모부님께 면접고사 때의 나의 옷차림을 이야기하게 되었다. 그때 이모부님도 중학교 입학시험 때의 옷차림을 이야기해서 우리는 자신들의 과거의 모습을 떠올리며 웃어댔다. 이모부님은 서울에 있는 배재중학교 입학시험을 위해 황해도 평산에서 바지저고리를 입고 가셨다고 했다. 중학교 교사들은 대부분 일본사람들이고 그때는 운동장을 뛰는 시험이 있었는데 바지저고리를 입고 뛰는 학생은 이모부님 단 한 사람뿐이어서 무척 부끄러웠다고 하시며 아마 바지 저고리 때문에 중학교를 떨어지신 것 같다고 생각하셨다. 나는 이모부님이 바지저고리를 입고 양복 입은 학생들 틈에 끼어서 뛰시는 모습을 생각하고 웃어댔다. 이모부님도 자신의 모습이 우스웠던지 같이 웃으셨다. 그리고 분명히 바지저고리 때문에 불합격한 것 같다고 하는 사람은 내 주위에 또 있다. 내가 아는 A대학 K교수는 연세대학에 바지저고리를 입고 가서 시험을 치고 면접고사에도 바지저고리를 입고 갔는데 면접 고사장에 들어가자마자 "자네 옷차림이 그게 뭔가?" 하는 교수님의 핀잔을 들었는데 그도 바지저고리 때문에 대학을 떨어진 것 같다고 했다. K교수는 시골에 산 것도 아닌데 왜 바지저고리를 입고 시험을 보러 갔는지 모른다. 그가 대학에 입학 할 때는 50년대 후반인데 왜 교수들은 한복 입은 것을 탓했는지 모른다. 이모부님과 K교수가 바지저고리 때문에 학교를 떨어졌다면 나는 나의 옷차림이 눈에 났지만 대학에 합격했으니 행운이라고 해야 할 것이다.

나의 대학 시절에는 교수의 눈에 나는 잘못을 하면 연구실로 불려가는 일이 있었다. 동기인 S는 채플카드에 붙여야 하는 사진 대신에 연필로 어린애가 그린 그림같이 사람 얼굴을 그려서 연구실로 불려갔었다. 나는 그가 연구실에 들어가 있는 동안 복도에서 기다리고 있었다. 그는 후에 <아름다운 수의>라는 소설을 써서 작가로 데뷔하게 된다. 2년 전 미국에서 전화로 친구들과 대학 때의 여러 이야기를 하면서 채플 카드 이야기도 하며 웃었다. 다시는 돌아가지 못하는 젊은 날의 이야기이고 언짢았던 일도 그리움으로 기억되는 관용의 계절에 우리가 있는 이유일까. 우리는 젊은 날의 향수에 젖어 장시간 수다를 떨었다. 지루한 시간이든 고뇌의 시간이든 시간이 많이 쌓인다는 것은 얼굴에 주름을 짓게 하지만 바다와 같은 넓은 마음을 잉태하게 한다. 시간이 흘러 대학에서 있었던 상처가 아문지 오래다. 이제는 내가 초래한 성장의 유치한 단계에 지나지 않았던 일들이라고 생각할 뿐이다. 면접 때의 K교수님은 돌아가실 때까지 여전히 단아한 한복차림이셨다. 프랑스에서 돌아와 대학에 있으면서 모임에서 자주 만나 뵈었다. 내 인상이야 그대로 있을 터이지만 처음 뵈었을 때는 많은 세월이 흘러서 알아보지 못하셨다. 그저 반갑게 대해주실 뿐이었다. 그리고 나의 비로도 치마를 나무라셨던 김옥길 총장님이 70년대 다른 곳에 가시는 도중에 파리에 오셨을 때 재불 이화 동창들이 총장님을 모시는 모임을 가졌다. 자기소개를 할 때 나는 비로드 치마 이야기를 했다. 총장님은"아 그랬나?" 하시며 껄껄 웃으셨다. 내가 좀 더 대학 생활을 잘해서 인상에 남는 학생이 못되었다는 것만 다시 느끼게 되었다. 스승이 있고 제자가 있다는 것은 삶에서 행복한 것이다. 나는 그래서 김옥길 총장님이 파리에 오셨다고 해서 브장송에서 기차로 달려갔던 것이다.

세월 저 너머에 있는 아름다운 계절의 영상들

나는 지금 특강 초청도 끊긴 채 화가로서만 활동하고 있다. 나는 공주대에서 교수를 하는 동안 미술대학을 나왔다. 그리고 현대 미술을 강의하기도 했다. 그리고 오래전부터 화가로서 활동을 하고 있는 것이다. 미술에 대한 또 하나의 길은 대학시절 전공에 대해 게을리 하면서 불안한 마음에 내가 관심을 갖고 있는 것에 열정을 쏟고 싶었다. 대학교 1학년 때에 공허감을 달래는 방법으로 하던 그리기 습관이 또다시 발동했던 것이다. 방에다 이젤을 준비해 놓고 그리고 싶은 것을 그려 빈 벽에다 붙여놓고 즐거워했다. 스케치 북이 있는 것도 아니었다. 아무 곳에나 그리면 됐다. 데생을 튼튼히 해야 한다는 말을 들어서 시저, 히폴리트의 토루소를 사다 진열해 놓고 데생 연습을 했다. 그 토루소들은 내 방에 장식품이었고 마치 내가 화가인 듯 느끼게 하는 것들이었다.

연습한 인체의 부분 중 손을 본 영원이는 손의 표정이 힘든데 잘됐다고 도 했다. 영원은 그림에 대해 나보다 많은 것을 그때 알고 있었다.

미술에 대한 관심은 어려서 작은오빠께서 그리는 것을 보고 그리기 시작해서 초등학교 때부터 그림을 좋아하게 되었다. 문학에 대한 관심도 작은오빠께서 셰익스피어 이야기, 괴테의 파우스트, 연극, 문학 이야기를 여학교 때 이야기 하시곤 했다. 그리고 결혼을 하시기 전에는 책을 사모아 서가를 갖고 계셨다. 앞에서도 언급했지만 연극은 해방 이후 북에서 청년 연극단이 형성되고 작은오빠께서 연출 하시는 것을 보고 자랐다.

대학 졸업 후 방황과 절망의 계절 속에서도 거듭 말하고 있지만 대학 때부터 나가던 쎄프(C. E. F)를 계속 나가서 불어를 공부했다. 대학 때부터 옆에 있던 친구는 서로 위안이 되었고 힘이 되었다. 그러나 더 나갈 수 없는 제한된 조건에서 미래를 생각하지 않았다. 그저 각자의 길을 가기 위해 정열을 쏟았다. 나는 배고픈 자의 허기처럼 책을 읽어 댔다. 불어 공부가 끝나면 즐거운 만남은 계속되었다. 우리들 젊은 날의 만남의 장소는 대개 연탄불을 피우는 다방이었다. 연탄불이 있는 다방에 대한 그리움은 우리 시대의 연인들, 친구들을 아늑하게 안아주는 고향이었다. 그곳에는 가난한 자들의 낭만이 깃들어 있고 거창한 미래를 꿈꾸며 지금처럼 이념에 혼을 빼앗기며 다투지 않아도 되는, 오로지 젊음을 나누는 환희가 있었다. 기역 자 모양으로 매듭지어 젊은 연인들의 편지가 하얗게 꽂혀있는 메모판, 이것은 이제 구시대의 유물이다. 집집마다 전화가 없던 시절 소통의 수단이었고 약속을 못 지킬 때 변명을 도와주는 구원자였다. 나는 그 구원자를 몹시 그리워하고 있다. 그리고 멀리 가버린 세월의 연인들을 그리워하고 있다. 광화문 우체국 옆에 있던 흑장미 다방은 옛 친구가 가고 새 친구를 다시 만나게 되면서도 그곳을 애용했다. 지금도 나는 그곳에 가면 발을 멈추고 기억과 가슴에만 잔존해 있는 '흑장미 다방'을 찾고 있다. 그 자리는 멀리 있는 연인들의 환영을 찾아 헤매는 늙은 여인이 된 나의 모습을 더욱 슬프게 하고 있다.

흘러간 사람들, 과거의 이야기를 아무리 시간이 많이 흘러갔다 해도 어떻게 잊을 수 있을까! 나는 과거에 대한 생각에서 헤매는 시간이 많다. 그 생각이 나의 가슴을 흔들어 주면 펜을 들거나 붓을 든다. 그리고 시를 쓴다. 내 글을 읽고 나를 잘 아는 나의 친구 영원이는 지구를 떠나기 전에 시의 주인공에게 전해주라는 권고를 했다. 주인공을 찾아가는 길이 복잡했지만 복잡한 경로를 따라서 몇 년 전에 내 시의 주인공이자 청년기에 봄을 나눴던 주인공에게 전해졌다. 이 시가 그에게 도달하기 전 2002년 서울 갤러리에서 연 개인전에 그가 다녀가기도 했다. 전람회에 온 손님을 전송하고 들어와서 방문 록을 보니 그가 다녀간 것을 알고 뛰어나갔으나 보이지 않았다. 서울갤러리에서 전시를 알리는 현판은 커서 지나가는 차속에서도 알 수 있었다. 그는 광고를 보고 들렀던 것 같다. 그날은 관장이 하루 종일 샹송을 틀어주고 있었다. 갤러리 관장은 내가 불문학을 했기 때문에 샹송을 찾아서 트는 것이라고 했다. 이날은 저 멀리 뒤에 있는 봄의 계절에 가슴이 뛰는 하루였다.

4월이 오면

4월이 오면
다시 살아나는 그림을 그린다.
서로가 가슴을 보이지 못하고
수줍어만 했던
계절을 그린다.

4월이 오면
들에도 담장에도
바이올렛은
또 피어난다.
보랏빛 아련한
나의 계절이 피어오른다.
보랏빛 바이올렛은
뿌리 째 뽑히어
하얀 편지지에서
수줍어
고개 숙여
말 못하고 있다.

4월이 오면
환희의 나의 계절은
다시 피어오른다.
고뇌와 고통의 시간이
서로를 갈라놓았지만
바이올렛 계절이 오면
다시 환희의 계절은
피어오른다.
세월이 두껍게 벽이 된
저 너머에
아직도 그는
아름다운 계절의
한 章이 되어 있다.
그는 지금
고목이 되어 있으리라.
그러나 4월이 오면
보랏빛 환상 저 너머에
언제나

청년으로
미소 짓고 있다.

4월이 오면
바이올렛을 찾아
들로 나간다.
그리고
멀리 뒤에 둔
세월을 찾아 헤맨다.

세월의 영상은
아직도
나에겐
물오른 푸른 계절의
나를 지탱해 주었던
외로운 날의 사랑의 계절이다.

(1996년 공주 夏雲房에서, 그는 1955년 4월 16일 편지를 보내왔다. 편지에는 바이올렛을 뽑아 동봉해 있었다.)

쎄프에서 4년 여간 불어를 배운 것은 대학 불어과에서 배운 양과 질이 결코 떨어지지 않는 것이었다. 쎄프에는 프랑스 선생님, 그리고 모든 선생님들이 대학에 계시는 교수님들이었다. 지금은 고인이 되셨지만 대학원에 진학했을 때 방곤 교수님을 다시 만나는데 이미 방곤 교수님의 강의는 쎄프에서 받았고 후에 대학원 때 프랑스 유학을 하기 전 많은 조언을 해주셨다.

77년 친구 유인형 교수가 연극단을 이끌고 유럽 순회공연을 하기 위해 파리에 와 있을 때 나는 유 교수를 만나기 위해 파리에 있었다. 이때 방곤 교수님도 캐나다에서 있었던 세계 번역가 대회에 참가 후 브장송을 가시기 위해 파리에 머물고 계셔 나는 파리에서 방곤 교수님을 뵙게 되었다. 방곤 교수님은 1년간 브장송에 계실 때 관계가 있던 그곳 지방지(L'Est Républicain)에 계시는 분과 약속이 있어 브장송으로 내려가기 위해서 캐나다에서 파리로 오셨던 것이다. 교수님은 내가 불문학을 공부하는 과정에 많은 도움을 주신 분이시다.

학문의 길을 결정하는데 도움을 주었던 책

대학 때 학문에 심취하지 못했던 나는 다시 진정한 대학 생활을 하고 싶었고 불문학을 하며 아카데미에 젖고 싶었다. 그래서 대학원에 진학을 했다. 대학 졸업 후의 나의 생활에 대한 회의가 생겼던 것이다. 대학원에 진학하기 전까지의 고등학교에서 가르치는 직업에도 만족을 하지 못했다.

대학 졸업 후 서울 YWCA에 속하는 영어토론 클럽에 들어가 8년을 생활했다. 일주일에 한번 회가 열리는 것으로 발표 또는 강사를 모셔서 강의를 듣고 토론을 하는 것이었다. 강의와 펠로우십 나이트(Fellowship Night)가 격주로 진행되었다. 회원은 직장인 들이었다. 회원 중에는 1950년 3월 25일 북한에서 비행기를 몰고 남한으로 온 이건순 중령도 있었다. 그리고 군인 중에는 라공건 해군 중령, 라 중령은 박정희 대통령 때 해군 소장과 대한 석유공사를 설립하는 초창기 임원이 된다. 12. 12사건 이후 그는 미국으로 가서 목사가 되었다. 이와 같이 각계에서 일하는 사람들, 교수, 교사, 회사원 등 다양한 사람들의 모임이었다. 많은 사람을 만나서 친교를 갖게 되었고 유익한 것이 많았으나 나는 대학 생활을 충실히 하고 학문에 빠지고 싶었다. 이런 가운데 이종사촌 오빠로부터 선물로 받은 노먼 필의 <적극적인 사고방식(Way of Positive Life)>은 나의 미래를 결정하는 촉매가 되었다. 내용 중 '마음이 결정되면 곧 행동으로 실천하라'는 이 문구에 자극을 받고 실천을 했다. 나는 속히 변화를 갖고 싶었다. 내가 이 결정을 한 것은 2월이었다. 그래서 가을학기에 진학하려면 시험공부를 해야 하기 때문에 나가던 학교를 그만 두고 각 대학의 불어과에 전화를 걸어 대학원 코스가 있는지를 확인했다. 그 중 한국외국어대학 대학원에서 친절하게 대답을 해줘 외국어대학 대학원을 선택했다.

졸업 후 7년이 지나서 다시 시작하려는 공부는 즐겁지만 입학시험이 걱정되었다. 나의 불안을 해결하는데 친절을 다했던 사람은 불어과 출신인 외대대학원에 근무하는 무슈 홍이었다. 그는 불문과 교수님과 랑데부도 주선해 주었다. 나의 랑데부를 허락해 주신 교수님은 박은수 교수님으로 한국에서 출판된 불문학사와 프랑스에서 나온 불문학사(Gustave Lançon, Histoire de la Littérature Française)를 읽으라고 권하셨다. 나는 6개월 동안 다 읽고 시험에 임했다.

대학원 2년은 마음을 다해 공부한 시절이었다. 대학원에서 지도교수님이었던 서정철 교수님으로부터 새로운 분야인 누보로망에 대한 지식을 갖게 되었고 오늘의 나의 전공을 확고히 하는 동기가 되었다.

감정의 旅路는 계속되고

대학원 시절은 행복한 시간이었다. 같이 공부한 친구 최영자(한국외국어대학교 영문과 명예교수) 외에도 가까이서 공부를 격려했던 친구 J. H. Kim이 있어 행복하게 공부를 했다. 이 친구도 <Father's Son>의 주인공처럼 물리학을 전공하고 J대학에서 가르치고 있었다. 대학원 진학을 더욱 격려했던 친구다. 우리는 공통된 분야에 있지 않았다. 나의 분야에 깜깜한 그를 나의 감성으로 들어오라고 하는 것 보다는 내가 그의 분야를 이해하는 것이 대화를 활기차게 할 것 같아서 과학에 대한 지식을 쌓으려고 노력했다. 그는 과학의 기초 서적이라며 읽으라고 권한 조지 가모(George Gamau)의 <To Infinitif>를 읽기도 했다. 그리고 동아일보에 화요일마다 게재되는 과학 정보를 스크랩하며 과학 지식을 쌓아갔다. 그는 H대학의 K교수와 공동으로 오랫동안 루비 레이저(LASER) 광선을 만드는 실험을 하고 성공했다. 이 당시 Y대학에서도 외국인 학자와 루비 레이저 광선을 만들고 있던 때였다. 우주과학은 레이저 광선의 발달이 큰 역할을 한다는 것도 들었다. 다른 교수와의 공동 레이저 광선의 실험이 성공한 것은 루이 암스트롱이 달에 갔다 온 직후로 생각한다. 나는 레이저 광선에 대한 그의 논문과 책을 읽기 시작했다. 또 이 친구에게 빠져 들고 있었다.

나는 그의 논문을 몇 편 가지고 있다. 수학적인 공식들이 나열 되어 있는 것이 마치 예술작품 같다. 그래서 논문을 큰 글자로 복사해서 두 개의 캔버스에 부치고 나의 가슴 속에 살아 있는 영상들을 꼴라주했다. 내 마지막 전시에 내 놓으려고 한다.

내가 남자에게 구하는 것은 나와 다른 힘과 지성 특히 과학, 무엇을 만들고 고치고 하는 것에 끌린다. 거대하고 예술적인 건축물을 볼 때마다 나는 남자의 능력을 우러러 본다. 세계를 움직이는 것이 남자가 아닌가. 남자가 여자보다 월등한 것을 확인하고 인정한다. 그렇다고 감성적인 남자들에게 매력을 느끼지 않는 것은 아니다. 오히려 어려서부터 그런 유형의 남자들에게 매료되어 내 감정을 아파할 때가 흔했다. 나는 지금도 감정을 열어 보이고 마는 주책의 실수를 면치 못하고 있으며 내 감정을 아파하는 것은 이 나이에도 여전하다. 그리고 그 감정에 희생되는 旅路를 계속하고 있다. 그것을 운명이라고 변명하고 감정의 포로의 행위를 스스로 위로하고 있을 뿐이다. 이런 나의 성격도 운명적일지 모른다. 나는 29살 때 사촌 올케가 점을 보러 가는데 따라간 적이 있다. 나도 봐달라고 했다. 그는 명동에 나처럼 건강한 사람이 없을 것이라고 하면서 내손은 왕비가 될 손이라고 했고 24시간 연애를 하는 운명이라고 했다. 그 후 이 말이 무슨 말인지 이해하지 못했지만 이해하려고도 하지 않았다. 언제부턴가 나는 그 말의 의미를 생각하기 시작했다. 그리고 나름대로 그 말을 변명으로 하고 있다. 나는 감정을 쉽게 뺏기고 아파하고 있다. 이런 나의 감정의 여로가 나의 삶이었다는 것을 자각하고 운명에다 핑계를 대고 있다.

대학원 공부를 하는 중에 아버님이 돌아가셨다. 학위 수여식에서 이 사실을 아신 박술음 학장님은 아버님이 서거를 맞는 어려운 환경에서도 학위를 끝냈고 뒤늦게 시작한 공부를 극찬해 주셨다. 모두가 분에 넘치는 아름다운 말씀이었다.

대학원 생활을 즐겁게 했던 것은 그때만 해도 대학원생이 많지 않았기 때문에 타과 학생들과도 친교를 많이 가질 수 있었던 것이다. 불어과 외의 타 과는 국어과, 영어과, 독일어과 그리고 기타 학과 학생들이 얼마 있었다. 어문계 학생들과는 아주 친하게 지냈다. 영문과 박문식 씨는 특별히 더 친하게 지냈다. 82년 1월 12일 뜻밖에 박문식 씨의 발인이 오전 5시라는 전갈을 받았다. 내 인생에 그런 친구가 주위에 있다는 것은 훈훈한 생활을 하게 하는 것이라고 생각했었다. 어느 초겨울 외대 캠퍼스에 눈이 내리던 오후였다. 박문식 씨는 내게 영어로 장문의 편지를 주었다. 거기에는 자신의 미래의 계획과 우정의 한계를 넘고 싶어 하는 글이었다. 자신도 불어를 열심히 해서 나와 같이 불어로 이야기 할 수 있게 노력하겠다고 하는 마치 어린 소년과 같은 모습을 보였다. 내가 대답을 했더라면 그렇게 하는 것이 그로서는 충분히 가능했을 것이라고 생각한다. 그는 독문학 박사와 신학 석사 학위를 갖고 있던 사람이었다. 소아마비로 목발을 하고 있어야 했다. 그래서 60년대 부담을 준다는 이유로 대학에서 정규 교수로 임명이 되지 못하고 여러 곳에서 강의를 하고 있었다. 그러던 중 서울에 있는 K

대학에서 정규교수로 임용되어 새 학기부터 강의를 앞두고 심장마비로 세상을 떠났다. 나는 귀국 후 그를 다시 만나 우리는 변함없는 우정을 나누고 있었다. 그의 석사학위 논문 제목처럼(Romantic Idea of Immorality-Natural Platonism in the Poetry of Wordsworth, Coleridge and Shelley) 불멸의 낭만을 소유했던 사람이다. 박문식 씨 외에도 그 때의 대학원 남학생들은 모두 낭만과 맑은 훈훈한 감성을 갖고 있었던 것 같다. 동기였던 중공 문제를 전공하고 있던 무쓔 조(최영자와 나는 무쓔 조라고 불렀다)를 프랑스 유학을 떠나는 비행기에서 만났을 때 그는 국회에서 일을 한다고 하면서 홍콩에 출장을 가는 중이라고 했다. 그도 나도 동경에서 각자 다른 비행기를 타야 했다. 그는 기내에서 팔고 있는 아주 큰 병의 샤넬 No. 5 향수를 선물로 사서 주고는 자기 자리로 갔다. 귀국 후 세상을 떠났다는 슬픈 소식을 들었다. 그들도 나와 같이 지금 지구상에 남아 있다면 멋진 우정을 나누는 윤기 있는 생활을 할 수 있었으리라.

프랑스 유학, 예술을 만끽하다

브장송은 학문의 성장을 만들어 준 고향이다

프랑스 정부로부터 노티피까시옹(통지서 Notification)을 받을 때는 가을의 정취가 절정인 74년 10월 14일이었다. 흥분과 앞으로의 나의 미래가 어떻게 전개될지 모르는 두려움 속에 10월 한 달을 바삐 보냈다. 종합 청사로 외무부로 이화여자대학으로 외대로 필요 서류를 준비하기 위해 그리고 도불인사로 분주하게 다녔고 희망에 차 있었다.

74년 11월 28일 김포공항을 떠나 다음날(파리 시간 11월 28일 새벽) 파리에 도착했을 때의 흥분은 떠날 때보다 더했다. 새벽에 내려 파리로 들어올 때는 출근 시간이었다. 출근하는 거리의 여자들의 아름다움에 나는 매료되었다. 늦은 가을 날씨였지만 거리의 여자들이 눈길을 끌었던 것은 야생동물의 털로 만든 반코트에 치마, 긴 부츠 차림의 여인들이 멋있었다. 나는 그 후 프랑스에 있는 동안 늘 진열장만을 보며 야생 털 반코트를 구경하며 입고 싶은 마음을 누르곤 했다.

파리에 도착한 아침은 부슬비가 내리는 잿빛 날씨였다. 이미 나는 영화로 그리고 많은 소설을 읽으면서 프랑스의 날씨를 알고 있었다. 이제 실제로 그 환경에 나는 들어가 있었다. 미술을 공부하러 오는 서울대학 미술과 출신 안옥성 선생님과 동행이어서 파리에 도착하기까지 같이 행동하고 실수도 같이하며 그 실수를 함께 낄낄거리며 웃을 수도 있었다. 하네다 공항에서 출구를 잘못 찾아 밖으로 나가는 출구로 나가려고 서있었다. 공항 사무원은 여권을 보며 목적을 물어서 리써치(연구 Research)하러 온다고 하니 2시간 동안 무슨 리서치냐고 해서 출구를 잘못 찾아온 것을 알았다. 이것이 외국에서 처음 저지른 실수였다.

그때만 해도 에어프랑스가 파리-서울 직행이 없어서 동경까지 대한항공으로 가서 에어프랑스로 갈아타야 했다. 공항에서의 어려움 같은 것은 동행인이 있어 같이 해결하면 되는 일이기 때문에 외국 나들이이지만 걱정이 되지 않았다. 동경에서 비행기를 갈아탈 때도 프랑스에서 유학하고 동경에 와 있던 변기룡 씨(프랑스에서 천주교 수도사로 있다가 동경에 계셨고 그 후 한국에서 교원대학 교수로 있다 퇴직)가 공항에 나와 프랑스에 도착해서 할 일을 자세히 설명해 주셨다.

오를리 공항에 프랑스 외무성에서 안내자가 안내할 것이라는 것은 안내서에는 있었지만 그럴 리가 없었다. 새벽에 도착하는데다 어떻게 나올 수 있겠는가. 우리는 프랑스 정부 장학생이더라도 대단한 인물도 아닌데.

파리에 먼저 와서 공부하고 있던 변정덕 씨의 학생 숙소에 짐을 두고 우리는 파리 주불 대사관에 가서 신고를 했다. 이렇게 하는 것이 그때의 외국 유학생이 해야 할 교과서적인 의무였다. 모든 것을 제약받고 있던 시절의 공식이었다.

안옥성 선생님과 나는 변정덕 씨의 숙소에 짐을 풀어 놓았지만 저녁이 되어서야 변정덕 씨 그리고 김영심 씨를 만날 수 있기 때문에 근처에 있는 뤽상부르 공원으로 나갔다. 초겨울 날씨, 파리지앙들은 겨울옷을 입고 있었다. 지금이야 우리나라에서도 계절 없이 꽃을 볼 수 있지만 초겨울 공원에 아름답게 피어있는 1년생 화초들이 우선 눈에 띄여 계절 없는 아름다움에 놀랐다. 색색으로 장식을 한 조랑말을 끌고 와서 돈을 받고 어린애들을 태워주는 광경은 환상적인 풍경이었다. 잊을 수 없는 풍경이었다. 프랑스는 신구(新舊)가 공존하고 있다는 것을 감지하게 되었다. 우리나라는 옛날 것이면 다 버리고 새것으로 바꾸는 것이 발전으로 생각하고 그래서 유행이 되는 환경에서 살아온 나는 놀랄 수밖에 없었다. 이 광경을 고국에 있는 어머니와 가족들에게 보여주지 못하는 것이 아쉬웠다. 파리에서 처음 만나는 흑인 여인들의 모습에 매혹되었다. 아름다운 얼굴이며 매혹적인 자태에 놀랐다. 이후 나는 미인은 흑인이라고 단정하게 되었다.

저녁은 학교에서 돌아온 김영심 씨와 변정덕 씨가 해 준 밥을 먹으며 오랜만에 회포를 풀었다. 저녁 후 안옥성 선생님은 친구 숙소로 가고 나는 목적지인 브장송으로 다음 날 가야 하기 때문에 변정덕 씨 숙소에서 묵기로 했다. 그러나 변정덕 씨가 묵고 있는 학생 기숙사는 소르본느 근처에 있는 외국 여학생 기숙사(Rue de Prince de Foyer Pour les Etudiantes Etrangeres)인데 학생들이 많아 방을 두 학생이 같이 쓰고 있었다. 변정덕 씨는 캄보디아 학생하고 같이 쓰고 있는데 내 짐을 갖다 놓으니 그 학생은 네 친구는 파리에 친구가 너밖에 없느냐고 불평을 해서 나는 바로 음악 공부를 하고 있는 정옥순 선생님 방으로 옮길 수밖에 없었다. 이로서 나는 부풀었던 희망과 흥분 등이 삽시간에 무너지는 아픔과 두려움을 갖게 되어 파리 도착 첫날 밤 잠을 이룰 수가 없었다.

11월 29일 나의 목적지인 브장송으로 떠나야 했다. 이화여대 영문과 동기 친구인 최인수 선생의 부군인 정병휘 박사님이 파리에서 연구 중이어서 친구도 같이 와 있었다. 나는 짐도 있고 길도 서툴고 해서 무조건 정 박사님께 도움을 청했다. 정 박사님은 내 친구를 동반하고 차로 내가 머무는 곳까지 오셔서 내 짐을 싣고 리용역(Gare de Lyon)에서 짐을 부치는 수속 등 모든 절차를 해주셔서 핸드백만 하나 들고 홀가분히 브장송에 내릴 수 있었다.

브장송에 연구차 1년 계셨던 방곤 교수님은 브장송에 내려서 할 일을 자세히 노트를 해 주신 그대로 했다. 우선 브장송 역에 저녁에 도착하면 택시를 타고 한국 학생들 숙소가 있는 쁠라누와즈(Planoise)에 데려다 달라고 해 거기서 아무 학생에게나 한국 학생이 있는 곳을 알려달라고 하라고 하셨다. 나는 내려서 처음 만나는 학생에게 물으니 그는 나를 데리고 한국 학생이 있는 아파트로 갔는데 가는 곳마다 없었다. 서울에서 방곤 교수님도 저녁에는 집에 없을 것이라고 했다. 미국에서 공부하는 유학생들은 5분을 쪼개며 생활했다고 해서 저녁이면 기숙사에 없다고 하는 말을 듣고 의아해 했다. 나중에 이해하게 된 것이지만 이 당시 미국 유학생은 학비 때문에 일을 하며 공부를 해야 해서 시간을 쪼개서 살아야 하는 것이었다. 프랑스는 학비를 국가에서 부담하기 때문에 대학원 학생들은 시간적 여유가 있다는 것을 알게 되었다. 대부분의 학생들이 주말에는 학생 식당에서 저녁식사를 하고 카페에 가거나 모임에 갈 것이라고 하셨다. 한국과 프랑스의 시차는 프랑스가 8시간 늦기 때문에 목요일에 떠났어도 파리에 도착한 것은 여전히 목요일이었다. 파리에서 하루를 보내고 브장송에 도착했을 때는 금요일이어서 주말이라 주말을 즐기려고 영화관 또는 모임에 가고 있어 기숙사는 저녁에 비어 있었던 것이다. 샹파뉴(Champagne)가의 기숙사에는 한국 학생으로 마담 남열호, 김욱용 교수님, 박옥줄 교수님, 조우현 교수님이 먼저 와 계셨다.

나를 안내했던 이스라엘 의과대학생인 아지즈는 우선 자기 아파트에서 기다리라고 안내했다. 아파트는 다른 나라의 학생 넷이 쓰는 곳이다. 아지스도 저녁에 썽트르(시내)로 나가려던 차에 나를 만나서 돕고 있던 것이다. 나는 이때의 아지스의 친절을 그가 학위를 끝냈을 때 축하 케이크로 보답을 했다.

마담 남은 나를 보자 껑충 껑충 뛰며 반겨 주었다. 그리고 밥을 지어 줘서 먹고 나니 여행의 피로도 파리에서 가졌던 불안도 다 사라졌다. 마담 남은 다음 날 인도 학생과 오토스톱으로 스위스로 카메라를 사러 간다며 새벽 일찍 떠났다.

월요일이 되어 짐을 찾는 것은 김욱용 교수님이 도와주었고 크루스(CROUS)에 가서 수속하는 것은 박옥줄 교수님, 김욱용 교수님이 동행하셔서 도와 주셨다. 기가 막히게 좋았던 것은 9월에 도착하기로 되어 있어 장학금을 9,10,11월분을 한꺼번에 받은 것이다. 크루스에는 9월에 오기로 되어 있었고 외무성에서는 내가 여름방학 동안에 어학연수가 필요하지 않아서 노티피카시옹을 10월에 보냈던 것이다. 대학에 가서 수속하는 일만 남아 있었다. 성인 축일이 주말과 겹쳐 있어서 며칠 후에야 학교가 시작되기에 학생아파트 관리소에 가서 방만 배정 받으면 되는 것이었다. 학생 기숙사도 종류가 여럿이 있는 것이 특징이다. 내가 배정받은 숙소는 샹파뉴가에 있는 현대식 아파트인데 F5(거실과 방 네 개가 있는 아파트) 로 이곳은 장학금을 많이 받는 외국 학생과 부모님이 세금을 많이 내는 학생들이 들어가는 기숙사였다. 내 아파트는 인도, 말레이시아, 하이티 학생과 살도록 되어 있었다.

이제부터는 학생으로 돌아가서 공부를 하는 일만 남아 있어 불안하지만 한국에서부터 알던 선생님들이 계시고 어려운 점을 도와 주셔서 일단 공부를 시작하기 전 며칠 동안은 편하고 흥분된 분위기에 들떠 있었다. 이 들뜬 마음은 7년간 브장송에 있는 동안 많은 어려움과 개인적인 갈등에서 오는 고통도 있었지만 학문과 예술을 알아가는 데는 여전히 들뜬 마음과 흥분이 계속되었다. 수십 년이 지났지만 브장송은 나에게 학문의 고향이고 각국에서 온 학생들과 친구들을 만들 수 있었던 소중한 곳이었다. 브장송에서의 나의 생활을 글로 많이 썼다. 그리고 귀국 후에도 나는 늘 브장송의 영상 속으로 들어갈 때가 많다.

나의 브장송

나의 브장송
그리움이,
환희가, 슬픔이
교차하는 곳.
나의 브장송,
실향은 누구에게나 있는 것
그래서,
성숙이, 철학이, 예술이, 그리움이
잉태하게 되나 보다.

나의 진정한 고향은
내 어린시절을 보낸
북녘 땅이 아니라
나를 젊게, 그리고 어리게, 황홀하게,
슬프게, 즐겁게 했던 곳,
철학을 하게 했던 곳,
예술을 알게 했던 곳,
나의 브장송이다.

어둠이 짙어지면
안개가 나를 아늑하게 안아주던 곳
그리움으로 가득하다.
나의 브장송!
그대는 지금도
우정과 사랑과 자유를, 관용을
싣고 두강을 흐르겠지.

예술을 이야기 하고
예술을 마시고

예술을 만끽했던 곳,
나의 브장송
스틱스(Styx)에서
나의 혼마저
필름에 바치던
그리운 브장송
지금은 아득히
나의 가슴을 울렁거리게 하고 있다.

뽕 바땅을 흐르는
두(Doubs) 여!
뽕 까노를 흐르는 너!
나의 브장송을
아늑히 안고 있는 너!
나는 네 옆을 철학을 하며
유유히 다시 걷고 싶다.

어슴프레한 저녁
가로수에 깃든
비둘기들이
까노를 지나는 나의 머리위에
마음 놓고 싸대는
너의 똥에도 나는 즐거웠다.

나의 고향 브장송!
언제나
너는 손들어
나를 부른다.
아 비엥또!
나의 브장송.

(1983년 5월 29일)

학교생활을 시작하기 전 스탕달을 찾아서

학교에 제출해야 할 서류는 학교에 이미 도착해 있고 내가 직접 해야 할 수속은 학교에 가서 하면 되었다. 아직도 학교가 시작하기까지는 10여 일이 남아 있어 나는 여유 있게 시내를 구경하고 배회할 수 있는 시간이 충분했다. 앞에 잠깐 언급했지만 내 짐을 찾는 것도 김욱용 교수님이 찾아주셨고 학교와 크루스에서의 수속은 박옥줄 교수님과 김욱용 교수님이 동행하여 도와주셔서 모든 것이 편하게 시작되었다.

샹파뉴가는 시내에서 떨어진 외곽으로 새로 형성된 신도시였다. 물론 새로 지은 건물은 현대식으로 프랑스인들이 싫어하는 건물이다. 아파트도 현대식 아파트다. 버스도 버스 기사도 내게는 아름답게만 보였다. 가라앉는 짙은 오렌지색의 버스, 실내는 카펫이 깔려있고 문 밑은 솔이 달려 있어 열고 닫을 때마다 먼지를 쓸어내리도록 되어 있었다. 버스 색깔과 조화된 색깔의 유니폼을 입은 기사들도 하나같이 멋있게만 보였다. 시내에 들어서자 좌우로 늘어선 회색 석회암으로 지어진 고딕 건물은 정말 내가 딴 세계에 와 있구나 하는 것을 실감나게 했다. 시내는 하나같이 돌로 지어진 고딕 건물들이었다. 건물에 장식으로 조각해 놓은 인물상, 천사의 상, 어린애들의 조각상이 많았다. 이 조각상들은 석회암으로 된 것인데 만들 때는 돌이 연해서 조각하기가 쉽고 시간이 갈수록 견고해 진다는 것을 알았다. 이탈리아의 화강암도 이렇기 때문에 조각하기가 아주 좋아 조각이 많이 발달되었다고 한다. 돌기둥에 여러 인물의 형상이 조각되어 있는 것 역시 새로운 구경 거리였다. 밖은 저녁에 온 비로 보도는 물기가 아직도 남아있어 햇빛에 반짝이고 있었다.

학교 바로 앞에는 그랑벨(Grand Bel)공원이 있다. 그 공원 밖 한 모퉁이에 있는 카페 유리문으로 들여다보이는 풍경 또한 즐겁게 했다. 그곳에 사람들이 모여 차를 마시며 담소하는 모습 또한 즐거운 모습이었고 나에게는 새로운 풍경이었다. 대부분의 사람들은 각국에서 온 유학생들이었다. 차안에서 보이는 그랑벨 공원에 있는 좌상의 조각은 검은 우산을 쓰고 있어 놀랐다. 이것은 장난꾸러기가 우산을 씌운 것이었다. 이 조각은 빅토르 위고 상이다. 빅토르는 장군이었던 아버지가 잠깐 브장송에 머물렀는데 그때 이곳에서 탄생한다. 유적이나 옛 조상들의 업적을 보존해 놓기로 유명한 프랑스인들은 어찌된 일인지 빅토르 위고의 생가를 국가의 기념물로 보존해 놓은 것이 없다. 다만 관광 안내서에 짧게 몇 번지가 작가가 탄생한 집이라는 것 외에는 아무 것도 없다. 그때의 집은 개인이 소유하고 있었다.

브장송은 서기 300년부터 스페인의 도시였다. 수세기 동안 전쟁으로 도시는 폐허가 되고 다시 형성되고 하는 동안 시내 중심가와 옛 건물은 모두가 고딕 형식의 건물들로 지어졌다. 회색빛의 돌들은 수많은 세월에 검게 변색되어 참으로 고색창연한 고도임을 더해 주고 있었다. 1950년 후반부터 프랑스 문화성의 정책으로 너무 오랜 세월에 검게 변색한 건물들이 우울하다는 뜻에서 때를 벗기는 작업이 진행되었다고 한다.

시내 한가운데를 두(Doubs)강이 흐르고 있어 도시를 더 아름답게 그리고 낭만을 더하고 있었다. 거리에는 나와 같이 새로 온 학생들 그리고 각국에서 몰려온 유학생들, 프랑스 정부 초청 장학생들로 들끓고 있어 마치 인종 전시장 같았다. 인구 14만의 작은 도시에 시내는 비종뗑(브장송 토박이)보다 외국 학생들이 더 많은 것 같았다. 나는 눈이 끌리는 대로, 발길 닿는 대로, 마음 가는대로 시내를 배회했다. 책방에 들러 스땅달의 <적과 흙>을 샀다. 소설의 배경이 된 장소에서 그 책을 산다는 것은 감동을 갖게 하는 것이었다. 어머님은 내가 목적지가 브장송이라고 하니 <적과 흙>에 그 지방이 나오는 것 같다고 하셨다. 어머님은 지루하게 여기셨던 말년을 독서를 많이 하시면서 시간을 달래시는 것 같았다. 언니 집에 있는 한국문학전집이며 내 서가에 있는 읽으실만한 것은 모조리 몇 번씩 읽으셨다. <적과 흙>을 사들고 나오면서 공항에 나오셔서 감정을 억누르고 계시던 어머님의 노쇠한 작은 모습이 눈에 떠올랐다. 이 모습이 어머님의 영원한 마지막 모습일 줄을 상상하지 못했다. 오후부터는 비가 내리기 시작했다. 비라고 해야 안개비로 그냥 맞아도 아무렇지 않았다. 9월이면 비가 오기 시작해서 다음해 3월까지 비가 오는 프랑스에서 비오는 풍경은 프랑스적인 분위기를 맛보는 첫걸음이다.

브장송에는 <적과 흙>의 주인공 줄리앙 쏘렐이 다니던 신학대학이 있다. 지금은 브장송 대학의 남학생 기숙사로 사용되고 있다. 나는 가끔 친구들을 만나기 위해 그곳에 들를 때마다 삐걱거리는 조각 마루의 복도를 걸으면서 어머님과 소설의 주인공 줄리앙 쏘렐을 생각하고 있었다. 단풍이 떨어진 마당을 통해 복도로 들어갈 때 어머님을 생각했었다. 단풍이라는 말을 영어로 메쁘루 라고 하시는 것도 들었다. 어머님은 일본식으로 메쁘루(Maple)라고 하셨다. 이 말도 영어를 모르시는 어머니가 책에서 읽고 하시는 말씀이었다.

나는 친구가 있는 삐걱거리는 세미나르 복도마루를 소리 내지 않고 걸으면서 어머님께서 가르쳐 주신 또 다른 말도 떠올리곤 했다. 어머님께서 어른들이 낮잠을 주무실 때는 마루를 소리 내지 않고 걸어야 한다는 것을 가르쳐 주신 것은 아주 어려서다. 그래서 여름 어른들이 마루에서 낮잠을 주무실 때는 뒤축을 들고 조심해서 걷던 때를 떠올리며 뒤에 두고 온 그리운 사람들 그리고 내 유년의 모습도 줄리앙 소렐이 밟았을 마루를 걸으며 감회에 잠기곤 했었다.

힘든 학업의 시작

브장송에 도착해서 흥분하며 열흘을 보냈다. 성인 휴일이 지난 후 학생으로서의 생활을 시작했다. 자국에서 불어를 가르치는 사람들이 거쳐야 하는 불어를 가르칠 수 있는 자격 과정(DEPF)을 시작하는 것으로 1년을 끝냈다. 이 과정은 일주일 내내 하루 종일 강의를 듣는 수업이다. 같이 공부하는 학생들은 고등학교에서 가르치고 있는 불어 교사들, 대학에서 가르치고 있는 교수들이었다. 각국에서 온 학생들로 많은 친구를 사귈 수 있었고 따라서 여러 나라에 대한 문화를 알게 되었다. 1년을 참으로 힘들게 그러나 많은 것을 배운 한 해였다. 때로는 비가 오는 날 늦게 끝나서 학생 식당에서 저녁을 먹고 다음 날 숙제 때문에 나와 같은 과정을 밟지 않는 외국 친구들과 카페에 들러 시간을 보내지 못하고 집으로 돌아와야 하는 부담스런 날도 많이 보내야 했다. 크루스에서 주관하는 프랑쉬꽁떼 지역의 명소와 이 지역에 인접한 나라, 스위스, 벨기에, 네덜란드, 독일 여행도 같이 공부하는 외국 학생들과 여행할 수 있었다. 프랑스 정부가 장학생들에게 주관하고 있는 것으로 각 지역 대학생 관활 국에서 하는 행사다. 브장송 지역은 추운 고장이고 눈이 많이 오는 곳이라 겨울 스포츠도 즐길 수 있었다. 스위스 국경까지 크로스 컨트리를 했고 스키노 브상송에 있는 동안 즐길 수 있는 기회를 가질 수 있었다. 브장송에서 공부하는 기회가 겨울 스포츠를 즐길 수 있는 행운도 가져다주었던 곳이다. 그리고 또 좋은 것은 지방대학의 분위기가 많은 친구를 사귈 수 있는 여건이 되기도 했다. 나는 외국 친구들도 많이 사귀고 프랑스 친구들도 많이 사귀었다. 캄보디아에서 온 마리보 깜은 중국인 아버지(金)와 캄보디아 출신 어머니에게서 난 친구였다. 브장송 체류 7년 간 아주 친하게 지내며 많은 도움을 받았다. 깜은 유치원부터 고등학교까지 프랑스 학교에서 공부했기 때문에 불어가 서툰 나에게 언제나 옆에 앉아서 도와주었다. 1년 후에 분야가 달라서 같이 강의를 받지 못했지만 아주 가깝게 지냈다. 75년 캄보디아가 크메르루주에 함락되자 귀국하지 못하는 깜은 학교에서 박사학위를 하던 스페인 친구와 같이 학위를 끝내고 스페인으로 가서 결혼하고 교직에 있다.

내가 친구를 많이 사귀고 있어 한국에서 오신 교수님들을 놀라게 한 일도 있다. 나는 브장송에 도착한지 몇 달되지 않아서 생일을 맞게 되었다. 같이 사는 아파트에 영국에서 공부를 한 인도친구 레베카는 언제나 숙녀였다. 레베카는 처음 같이 아파트에 살게 되면서 생일을 묻고 있었다. 나는 내 생일인 줄도 모르고 아침 아직 자리에 있는데 나와 같이 사는 세 명의 학생들이 문 앞에서 생일 축하 노래를 불러 일어났다. 그들은 꽃과 선물을 준비하고 있었다. 나는 감동했다. 이국에서 얼마나 감동할 일인가! 이 감동은 가만히 있을 수가 없어 저녁에 붐(La Boum 파티)을 하기로 했다. 저녁 붐에 캠퍼스에서 사귄 미국 남자애도 초대했다. 어느 날 캠퍼스에 있는데 내게로 오며 "안녕하세요, 부제트 꼬레엔느(한국 사람이지요?)?"라고 했다. 그는 베트남전에서 한국 사람들을 많이 만났다고 했다. 자기 이름은 프랭크라고 하며 아틀란타에서 왔으며 스트라스부르 대학에서 정치외교 학을 하기 위해 이곳 어학원에서 1년 공부하고 있는 중이라고 했다. 프랭크로부터 스트라스부르대학에 세계적으로 유명한 청치외교학 교수들이 있어 세계각처에서 몰려온다는 것도 알았다. 붐에 프랭크가 문을 열고 들어오자 한국 교수님들은 매우 놀라는 눈치였다. 자신들보다 훨씬 후에 그리고 온지 몇 달밖에 안된 내가 코쟁이 남자 친구를 초대한 것에 놀라워했다. 나는 그와 만난 후 카페에도 같이 가서 이야기를 여러 번 나눴기 때문에 친한 사이였다. 지방대학의 분위기, 아니 프랑스가 가슴을 열도록 이끌어주는 분위기가 아니었던가. 로브-그리에의 소설

<미로>의 주인공, 군인을 나는 이 프랭크와 동일하게 생각할 때가 있다. <미로>를 읽을 때 이 프랭크가 오버랩 되기 때문이다. 처음 만났을 때 국방색의 긴 군인 오버코트를 입고 있었기 때문이었을 것이다. <미로>의 주인공은 군인으로서 겨울 군인 오버코트을 입고 눈 오는 거리를 친구의 소재를 찾아 헤매고 있다.

사고(Accident)는 계획을 무너뜨리고

처음 1년을 설레는 마음으로, 불안한 마음으로 시작한 한 해를 그래도 많은 친구를 사귀고 새로운 학문을 익혀가며 이 나라 문화도 배우며 필수 과정을 끝냈다. 학위과정으로 들어가기 전 여름방학을 미국에 다녀오기로 작정했었다. 그러나 미국에 있는 친구로부터 답이 오지 않아 계획을 변경하고 한 달간 남프랑스 엑스로 연수를 떠났다. 나는 미국에 있는 친구에게 3월에 편지 보내기를 내 주소인 샹파뉴 7번지의 7자를 프랑스에서 습관대로 7자 중간에 점을 찍어 보냈다. 그 친구는 7자를 9자로 오인하고 샹파뉴 9번지라고 답신을 보냈는데 우체 부는 9번지로 가서 내 이름이 없으니까 편지함 위 선반에 놓고 갔다. 9번지에 사는 한국 남자 선생 K는 내게 온 것임을 알고 내가 없으니까 사기서가 옆에 꽂아 놓있는데 그 방을 찾아온 J대학 C교수가 그 편지를 보고 올드미스 연애하는 것이나 보자고 편지를 뜯어보았다고 했다. 여름방학은 학생들을 한데로 모아야 하기 때문에 이사를 하면서 분실했다고 했다. 자신들의 행동을 연수에서 돌아왔을 때 곧 알린 것도 아니고 6개월이나 지난 후에 귀국하면서 궤도를 벗어났던 자기들의 행동을 이야기 했다. 그리고 기억하는 편지의 내용을 이야기 했는데, 글씨체는 B교수처럼 못 쓰는 글씨였고 미국에 온다고 부도수표만 날리느냐고 했다는 것이다. 나는 기가 막혀 말이 나오지 않았다.

이렇게 되어 그 친구와는 영 만나지 못하고 나는 새로운 세계에서 공부 때문에 그리고 바뀐 환경이 과거를 잊게 하고 있었다.

76년 어느 가을 안개가 자욱한 아침 샹파뉴가 내 숙소를 나오는데 여행 가방을 들고 내 숙소로 향해 오는 남자가 미국에 있는 내 친구처럼 생겨서 나는 그가 나를 찾아오는 줄 착각하고 달려갔다. 그도 내가 달려가니 내 앞으로 달려왔다. 우리의 행동은 안개 속에서의 착각의 반응이었다. 그는 시리아 대학의 미술과 교수였고 이름은 따리프였다. 2002년 나의 개인전에 그에 대한 생각을 <빵쎄(생각)>라는 제목으로 30호에 그려서 전시했다. 그가 파리로 가기 전 브장송에서 어학연수를 하는 동안 가까이 지냈다. 내가 연구하는 작가 로브-그리예가 브장송에 왔을 때는 동석해서 내 작가의 초상화를 많이 그려 주었다. 그를 생각하는 그림 <빵쎄(생각)>은 그를 생각할 때마다 떠오르는 그와의 춤, 그의 생활, 그의 고향, 시리아의 모스크, 건물들과 우리들의 춤과 오버랩했다. 30호의 화판의 이미지들은 유화이지만 파스텔조의 색감으로 나타냈다. 오랜 시간이 지난 지금 아련한 생각만이 남아 있기 때문이다. 우리들의 춤의 운동감을 나타내기 위해 노란 색의 원형을 여러 개 구성했다. 흰색의 작은 원들은 그가 가톨릭 신자였기 때문에 예수님의 영성체로 표현했다. 장식적인 부분은 춤의 기쁨과 작품으로서의 구성을 위해서 표현했다. 빨간 지붕들은 브장송의 건물들의 지붕이 빨간 색이기 때문에 우리가 머물렀던 공간을 나타내기 위한 것이다. 화판에 여러 인물들의 얼굴을 구성해 놓았다. 그가 늘 그리워하던 사람들이다. 화판 맨 위에는 달 속에 샤또(城)를 그려 넣었다. 달이란 닿을 수 없는 곳이고 성이란 옛날 영주들의 거처다. 흘러간 시대의 것이기 때문에 상징적으로 나타낸 것이다. 화판 왼쪽 하부에 춤추는 얼굴 없는 인체를 그렸다. 남자는 어깨만 보이고 여자는 나체의 뒷모습만 그렸다. 이렇게 그림으로 표현하고 싶을 만큼 각인된 브장송의 내 모습이었다. 따리프가 미술 교수였기 때문에 그의 주위에는 자연히 그림을 하는 사람들이 있었다. 터키에서 온 미술대학 교수인 타메르도 우리와 함께 했었다. 그는 커피 잔 점을 봐주는 것으로 우리를 즐겁게 해주곤 했다. 화가로서 미술 이론, 미술사에 대한 지식이 해박해서 나에게 많은 양식을 주었다. 그들과의 어울림은 편지 사건의 쓴 아픔을 잊고 싶은 마음에서 방황하고 있을 때의 귀중한 친구들이었다.

78년 3월 29일 타메르 집에서 커피 점을 보았다. 커피 점을 세 번 보았는데, 첫 번째-생각을 너무 많이 하고 과거 속에서 헤매고 용기가 없고 자신이 없어 한 발짝도 내 딛지 못한다고 했다. 모든 것은 내게 달렸으니 용기가 필요하다고 했다. 두 번째-내가 한발 내디딘 격, 용기를 가지고 2, 3일 후에 편지가 오겠다고 한다. 두 남자가 나를 포옹하고 있는 격. 한 남자는 일이 많고 바빠서 편지를 쓸 시간이 없단다. 오래지 않아 먼 여행을 할 격이고 이미 내가 결정한 격. 장애가 없이 같이 여행을 하게 되나 내가 찾아가야 한다고 한다. (일기 중에서)

나는 타일랜드 대학 교수인 송스리와 타메르 집에서 점치는 것이 재미있어 자주 저녁 식당 후에는 몰려가곤 했다. 타메르도 같이 있을 때는 터키의 뒷골목 이야기, 우리가 모르는 재미있는 이야기로 우리를 즐겁게 해주는 마음 좋은 친구였다. 미술에 대한 이야기는 송스리와 같이 있을 때는 많이 할 시간이 없었지만 어느 날 나와 타메르와 나눴던 미술 이야기 중 현대 미술에 대해 "칸딘스키"는 하니까 그는 먼저 "현대 예술은 아무 것도 표현하는 것이 아니다"라는 말을 했다. (Kandinsky dit que l'art moderne ne signifie rien) 이후 수 십 년이 지났어도 현대 미술을 이야기할 때 마다 타메르가 떠오른다. 그러나 칸딘스키의 이 이론은 과거의 이론에 지나지 않는다. 현대 예술, 즉 50년대 이후 뉴욕이 중심이 된 뉴요커들의 미술의 개념은 전하는 것이 있어야 하고 이야기가 있어야 하고 관람객을 느끼도록 유도해야 하는 다양한 의미가 있어야 하는 개인적인 미술을 주장하고 있다.

훈훈한 프랑스 친구 아니(Annie)에게 편지 사건의 이야기를 했다. 아니는 도불 첫 해부터 사귄 친구로 해마다 신년에 나를 시골 부모님 집에 초대해 줘서 같이 신년을 보내는 사이였다. 지금까지도 소식을 주고받는 오랜 포도주와 같은 친구다. 아니의 집에서 신년을 보내면서 프랑스인들의 명절을 보내는 풍습도 알게 되었다. 제야의 밤을 보내고 신년 초하루는 늦게 일어나서 12시부터 식사를 하며 대개 6~7시간 식사 시간을 갖고 이야기하고 소화시켜 가면서 즐기고 있다. 옛날 우리가 명절을 위해 엿을 고고 강정을 만들고 하느라 몇 달 전부터 준비하듯이 프랑스인들도 시골에서는 음식을 미리 다 준비해 놓고 제야부터 즐긴다.

아니는 나의 편지 사건 이후 내가 혼란스러워하는 것을 위로해 주려고 노력했고 논문의 문법을 수정해 준 친구다. 그녀는 프랑스에 대해, 자신에 대해 많은 것을 주려고 했다. 그리고 프랑쉬꽁떼 지역의 명소를 늘 같이 산책하기도 했다.

76년 11월 20일, 아니와 그랑벨을 산책하다(일기 중에서) 74년 11월 파리에 처음 도착한 첫 날 산책한 잊을 수 없는 뤽상부르 공원의 깊은 인상을 아니에게 말했더니 아니는 금방 출시되어 유행하고 있는 조 닷생의 <뤽상부르 공원> 음반을 크리스마스 선물로 사주었다. 돌아오는 길에는 쎙 피에르에 있는 옷 가게에 들러 거금을 주고 망토를 샀다. 어릴 때 어머님의 고동색 망토가 생각나서 고동색으로 샀다. 어머님의 망토는 물자가 귀할 때 멋을 부리고 싶어 하는 작은오빠의 요구에 어머니가 점퍼로 만들어서 이젠 아물거리는 영상으로만 존재한다. 고동색 망토는 안은 황금색 공단으로 된 것이었다. 나는 겨울 망토를 입은 어머니와 같이 있을 때 그 망토 속으로 들어가는 것을 재미

있어 했다.

편지의 주인공은 이 당시 스탠포드 대학에서 학위를 하는 중이었다. 나는 96년 스탠포드 대학 캠퍼스를 회한과 그리움을 안고 거닐었다. C대학 근무할 때 일요일 수학 한 문제를 푸는데 몇 시간이 걸리고 하루가 걸려도 풀 수 없을 때가 있다고 했다. 수학 문제가 풀리면 우리는 코스모스 길을 산책했다. 리모트 콘트롤로 비행기를 워커힐 앞 백사장에 나가 날리는 것도 그의 취미였다. H대학에서 K교수와 레이저(LASER) 실험을 성공한 후였다. 안경을 써도 밤에는 불이 없으면 보지를 못했다. 어느 날 비행기를 날리고 돌아오는 밤에 불이 없어서 그의 손을 붙잡고 와야 했다. 빈 스탠포드 대학 캠퍼스에서 나의 마음은 그로 가득 차 있었다. 하지만 나는 같이 공부하던 한국 남자들의 무례 이후 그의 소재를 찾아보려고 하지 않았다. 공부에 시달리고 있었던 때문일까? 세월이 너무 많이 지나서 다가갈 수 없는 조건이 되었을 것이라는 것을 두려워해서였을까? 해맑은 얼굴은 마음까지도 맑았다. 어느 날 집에 타임지가 배달되었다. 그가 읽고 있기 때문에 소통을 위해 같이 읽어야 된다는 것이었다.

조국의 홍보를 위해 한국 학생들이 '한국의 밤'을 개최하다

브장송에서의 나의 생활은 아픔, 가난, 낭만, 즐거움, 공부의 어려움과 즐거움이 있었다. 그러나 얻은 것이 많았다. 그것으로 나는 수 십 년간 살아왔다. 그래서 지금도 프랑스의 생활은 나의 가슴을 나의 생각을 꽉 잡고 있다. 프랑스 유학시절 우리 한국 학생들이 나라를 위해 기여한 것이 있다면 아주 미미한 것이지만 큰 효과를 거둔 것이 있다. 75년 대사관에서 브장송에 있는 한국 학생들을 만나러 온다는 소식을 받고, 대사관 사람들이 올 때 한국에 관한 홍보물을 가져다 줄 것을 부탁했다. 대사관 사람들이 오는 것은 해외 유학생들이 반정부 활동을 하고 있어 미연에 막기 위한 방책으로 학생들에게 식사 대접을 하는 관례였다. 나는 한국의 전통문화를 소개하고 싶었다. 특히 리틀엔젤스 공연을 본 외국 학생들이 감명을 받았다고 하는 소리를 들어서 그것도 가져오기를 바랐지만 대사관에 준비된 것이 없다고 했다. 리틀엔젤스를 본 외국 학생들은 프랑스에서 본 것이 아니라 순회공연을 할 때 다른 나라에서 본 것이다. 프랑스에서는 리틀엔젤스 공연이 이루어지지 않았다. 프랑스에서는 리틀엔젤스의 공연 훈련이 예술을 위한 것이 아니라는 뜻에서 공연 신청을 받아들이지 않았다. 연습 훈련이 예술 행위에서 벗어난다는 이유에서 예술이 아니라는 것이다. 독재국가에 대한 반감이 있어 프랑스는 늘 한국을 혹평하고 있었으니까 그런 것으로 알고 있었다. 그러나 북한의 곡예사들의 연습은 리틀엔젤스보다 더 혹독했다. 이렇게 논리에 맞지 않는 프랑스인들의 궤변에 제한을 받지 않은 북한의 서커스는 곡예사가 흰 저고리에 검은 짧은 치마를 팔랑거리며 파리 한가운데서 공연을 했다. 그래서 리틀엔젤스를 대사관에 특별히 부탁했던 것이다. 후에는 프랑스 TV로 리틀엔젤스 공연을 보여 주었다.

대사관에서 온다는 것은 특히 독일에서 반정부 운동을 하는 학생들이 많았기 때문에 사전에 방지를 위하여 한국 학생들을 파악하고 식사하는 것을 목적으로 오는 것이기 때문에 우리가 원하는 것에 별로 무게를 두지 않았다. 독재와 가난한 나라로 알려졌기 때문에 선전용의 개발 현황을 담은 영화를 가지고 왔다. 브장송에 남아 있던 신현숙 교수님, 김욱용 교수님, 김명숙 교수님, 마담 남 그리고 내가 한국의 밤 구성을 했다. 우리는 크루스에 '한국의 밤'을 개최하겠다는 것을 알리고 장소는 외국학생들에게 온갖 친절을 보이고 있었던 프랑스 신부인 질 신부님께 도움을 청해 성당을 빌렸다. 리틀엔젤스 공연 영상을 가져오지 못한다는 전갈을 받고 학생들이 한복을 입고 노래를 부르기로 했다. 그리고 그림을 잘 그리는 신현숙 교수님이 광고를 그리고 복사해서 여러 곳에 붙였다. 한국 홍보물이 전통 문화에 관한 것은 아니었지만 많은 학생들이 왔고 크루스 관장도 와서 보고 고맙다고 인사를 했다. 우리가 행한 한국의 밤 행사를 계기로 크루스 관장은 다른 나라 학생들에게도 국가별로 행사를 치를 것을 정식으로 요구해서 그 후 각 나라의 행사가 행해졌다. 우리들의 홍보활동 행사는 한국 정부에 대해 솔직하게 비판하는 말을 해서 오해를 받고 있던 모 교수가 귀국 후 여기저기로 불려 다니는 일을 당했을 때 우리들이 행한 이 행사를 대사관에서 본국으로 보고한 것이 있어 그것으로 무사했다고도 했다. 그 교수는 스위스 여행 중에 카페에서 정보부 요원인 줄 모르고 자리를 같이 하고 술 마시며 한 말이 요주의 인물로 낙인찍혔다고 했다. 그리고 귀국시 러시아를 경유하는 비행기를 탔던 것에 의혹을 사게 했던 것 같다고 했다. 70년대 당시 유학생 중에도 정보부 역할을 많이 하며 동태 파악을 위해 맡은 지역을 여행하는 일이 있었다. 알지도 못하는 사람이 와서 자리를 같이 하자고 하는 이들이 대부분 동태를 파악하러 온 사람들이었다. 그리고 요주의 인물이 있는 곳은 정기적으로 파악하러 다닌다고도 했다. 낙인찍힌 사람이 브장송에 있어서 우리는 낯선 손님을 맞이해야 하는 일이 여러 번 있었다. 이런 사람들 중에는 귀국을 포기하고 영원히 우주를 방황하는 고장난 우주선 같은 운명의 생활을 하고 있다.

브장송에 온 북한 사람을 보고 떨다

분단국가, 독재라는 조국을 가진 유학생들은 밖에서 오히려 더 쓰라린 웃지 못할 아픔을 가져야 했다. 브장송에는 스위스 시계회사인 '리쁘'라는 공장이 있다. 브장송은 18세기 후반에 시계공장이 설립되어 브장송 시계로도 유명한 곳이다. 이곳에는 각국에서 기술을 배우러 오는 엔지니어들이 많았다. 북한에서도 시계 기술을 배우러 1975년 8월에 8명이 왔다. 이들은 혼자서 다니지 않고 반드시 2명씩 다녔다. 이들 8명은 내가 사는 학생아파트 단지에 4명씩 아래, 위층으로 나누어 살고 있었고 식사는 밖에서 하지 않았다. 이런 그들의 상황은 그들이 브장송에 도착해서 얼마 후에 알게 된 것이다. 어느 날 남열호 선생님이 외출에서 돌아와 우리들을 자기 숙소로 오라고 하더니 흥분한 어조로 걱정하는 말을 했다. 그 이유는 시내에서 동양 사람이 말을 걸어왔는데 그 사람들이 북한 사람 같았다는 것이다. 귀국 후 잡혀갈 것을 걱정해서 우리를 불렀던 것이다. 나도 바로 그날 시내 슈마(Super Marché 수퍼)에서 어떤 동양 사람이 나를 유심히 바라보고 서 있는 것을 베트남 사람인가 했었다. 그런데 그들의 말씨로 바로 북한에서 온 사람들이라는 것을 깨닫는 순간 아찔한 현기증이 나며 쓰러질 것 같았다. 그래서 속히 숙소로 돌아와 한참동안 머리가 아파서 누워있었다. 우리가 이런 현상을 느끼는 것은 설명할 필요가 없다. 그만큼 우리는 정보부라는 것에 공포를 갖고 살아왔기 때문에 해외에 있으면서 우연히 돌발적인 북한 사람을 만난다는 것 자체에도 떨어야 하는 나약한 바보로 만들어져 있었다. 우리들은 이들이 북한의 간첩이라고 첫 만남에서 직감했기 때문에 공포에 떨었다. 이들을 만나고 시간이 지나 북한 사람들이 리쁘회사에 시계기술을 배우러 온 기술자라는 것을 알게 되었다. 그들에 대한 공포가 가라앉은 어느 날 아파트 단지에서 이들 중 두 사람과 마주쳤다. 안녕하세요? 했더니 그들 중 한 사람이 동폽니까? 하고 물었다. 그렇다고 하니까 그는 곧 통일이 돼야 할텐데 라고 대꾸해, 나도 그러믄요 했더니 그는 통일을 원합니까? 해서 그러믄요 했다. 그는 다시 남의 나라 사람이 빨리 나가야 할텐데 라고 했다. 그리고 이곳에서 뭘 하느냐고 해서 학위를 한다고 하니까 학위가 뭐냐고 물어 공부한다고 다시 고쳐 대답했더니 나이가 많은 것 같은데 라고 했다. 이렇게 말이 오가는 내내 한 사람만이 이야기를 하고 있었다.

이들은 브장송에서 많은 화제를 뿌리고 다녔다. 아침 산책에서는 여덟 명이 두 줄로 서서 산책하는 것도 화제 거리였다. 그리고 말을 걸어도 대답을 하지 않는다고 했다. 나와 친분이 있는 사회주의 한 학자는 그들과 이야기를 하고 싶어서 초대를 했다. 그들은 초대에 응한다고 하고 오지를 않아 그들이 있는 숙소로 가서 문을 두드려도 대답을 하지 않았다고 했다. 나는 그가 북쪽에만 관심을 갖고 있는 것을 알고 주불 대사관에 홍보 책자를 보내 달라고 했더니 몇 킬로 그람이나 되는 대형 책을 보내와서 그에게 주었다. 그는 아무 말도 하지 않고 조선업에 대해서만 이야기했는데 미국 기술자들이 주도하고 있지 않느냐고 물어 나는 그렇지 않다고 대답해야 했다. 냉정하고 이성적이라는 프랑스 지성인들도 북쪽이나 일본에 치우쳐 있는 사람들이 많다. 그들이 독재국가라는 비웃음 속에 사는 나로서는 그들은 분별없는 교만의 스노브라고 생각되었다. 이들은 무조건 일본을 찬양하고 미국을 우습게 생각하고 경멸하는 감정을 갖고 있는 것이 일반적이었다. 미국을 경멸하는 내면에는 시기가 깔려 있었다. 오랜 역사적인 문화를 갖고 있다는 것이 그들의 자랑이다. 역사가 짧은 미국이 자기들만 하겠냐는 것이다. 산업의 규모가 대형주의의 미국에 비해 그들의 주의는 상대적으로 소규모적이다. 태생적으로 소규모주의(스몰-스케

일리즘 Small-Scaleism)에 있는 자신들의 의식구조가 대형주의 스케일에 놀라서 시기하는 것이라고 생각되기도 했다. 미국의 발전은 대형주의(Big-Scaleism) 의식구조에서 응용과학의 발달로 그들의 독특한 문화를 창조해 놓은 것이다. 응용과학도 순수과학을 응용해서 발전한다면 순수과학의 원조 역시 프랑스라는 것을 의식하며 자만에서 경멸하는 것인지도 모른다. 하여간 한국과 같이 2차 세계대전 후 그들도 미국으로부터 수혜를 받은 국가였다는 것을 그들은 깡그리 무시하고 있다. 그들은 자기들보다 못하다고 경멸한 자로부터 수혜자가 되었다는 것은 수치라고 생각하고 있는 것 같다. 프랑스는 미국보다도 많은 식민지를 갖고 있다.

2차 대전에서 프랑스는 미국의 도움으로 독일로부터 해방이 되고 한국이 일본으로부터 해방되는 같은 상황이었고 전쟁 후 마샬 플랜으로 굶주림을 해결하는 상황도 같다. 그러나 그들은 미국의 영향에서 벗어난 사람들이다. 그에 비해 한국은 그렇지 못하다. 한국을 그들과는 다른 미 식민지로만 생각하고 있었다. 우리들의 서양화된 사고나 행동도 미국이 망쳐놓은 것이라고 하는 학생들도 있었다.

일본 것을 좋아하고 일본인들의 생각을 비판 없이 따르는 언론도 있었다. 77년 일본 신문에 한국의 수출 아이템이 산부인과에서 나오는 신생아의 태반도 수출품목이라고 비아냥대는 기사를 그대로 인용해서 쓰면서 우리의 경제 수준을 경멸하기도 했다. 심지어 한 경제 비평가는 한국의 경제를 반짝이는 진열장 같아서 돌을 던지면 깨질 수 있는 정도라고 했다. 그랬을지도 모른다. 기반 없이 발전했을 수도 있었을 터이니까. 그런데 파리에서 공부하고 있던 차영구(육군 준장으로 예편) 씨를 만났을 때 그는 개발도상국의 경제를 강의하는 교수가 한국의 경제는 기하급수적으로 발전하고 있기 때문에 구분해서 강의를 하고 있었다고 했다. 한국 신문은 보릿고개도 넘었고 쌀 막걸리를 먹게 되었다고 했다. 나는 이 기사를 읽고 경제가 나아졌으면 외국으로 입양되는 한국의 고아들은 우리가 해결해야 되지 않겠냐고 글을 써서 조선일보의 선우 휘 논설위원에게 보낸 적이 있다. 한국 입양 고아들은 프랑스에 코스모스 만큼 널리 퍼져 있었다. 입양 고아도 우리로서는 부끄러운 문제였고 수치였다.

선우 휘 선생님

조선일보를 통해 선생님의 '이제 우리는 자신이 있다'라는 글을 읽었습니다.

브장송은 인구 14만의 작은 도시입니다(프랑스의 5대도시 빼고 대개가 14, 15만의 작은 도시입니다). 이곳에 한국고아 아닌 기아가 10여 명 있습니다(정확한 숫자는 더 있으리라고 생각됩니다). 거리에서 또는 이들을 입양한 가정에서 볼 때 한국인으로서 자신감보다는 부끄러움 내지 수치를 느끼고 있습니다. 6.25가 끝난 지 30년이 다 되어가고 있습니다.

이곳에 입양된 애들은 전쟁 때의 고아가 아닙니다. 대개 기아들입니다. 입양아들은 갓난애서부터 10세 미만의 애들입니다.

지난 4월 말 르몽느지의 기사에 한국경제 성장도를 크게 평가하면서 그 기사를 쓴 기자는 한 옆에 특별난을 만들어 일본 신문에 기사를 인용해서 한국의 수출품목에는 어린애 태반도 끼어 있다고 쓰고 있습니다. 한국기아의 외국입양은 한국정부가 해결할 수 없는 것인지요? (이하 생략)

1978년 3월 1일 조병옥

한국이 어느 정도 자신이 생겼으면 기아들도 해결해야 하는 것이 아니냐는 편지를 냈다. 답은 홀트양자회가 83년까지 한국에 있기 때문에 그 후 자연히 해결될 것이라는 소식을 받았다. 그러나 홀트양자회는 지금까지도(2000년 현재) 한국에 존재해 있다.

한국에서 일어나는 엄청난 일로 얼굴을 못 들게 하는 일은 왜 그렇게도 많은지. 한국에서 생긴 이해할 수 없는 일이 신문이나 TV에 난 다음 날 학교 식당에 가면 자리를 함께 한 학생들은 그 이야기를 꺼내고 있었다. 하다못해 미국에서 박동선 씨의 로비 사건이 신문을 도배한다고 방금 미국에서 도착한 정치외교학을 공부하는 아프리카 태생인 흑인 학생도 처음 만나자마자 하는 소리를 들어야 했다.

판문점 미루나무 도끼 사건, 익산에서 화약열차 폭발사건, 갖은 의혹을 자아내는 KAL 여객기의 민스부르크 불시착, 박정희 대통령 시해사건, 광주사태 등 사건이 터질 때마다 인사를 받아야 했다.

민주주의가 실행되지 않는 나라는 무조건 멸시하는 프랑스인들이었다. 경제가 발전한 나라래야 그 나라 문화에도 관심을 갖는 법이다. 우리는 가난에서 벗어나려고 몸부림치고 있었고 민주주의가 실행되지 않는 나라였다. 언론이 한국을 개발도상국이라는 격상된 아름다운 이름으로 불러주고 있었지만 미국에 속한 힘없는 가난한 나라라고만 보고 있었다. 고등학교 교과서에는 한국인들은 가난해 쇠고기를 먹지 못하고 대신 개고기를 먹는다고 하는 것을 배웠다고 프랑스 친구는 말했다.

주 프랑스 미국영사관 하급 관리의 불쾌한 태도에 미국에 대한 생각을 달리하다

나는 해방 후 미국의 후원, 6.25 때 미국에 의한 서울 탈환 등, 이런 것들로 미국에 대한 감사의 마음으로 가득 차 있었다. 그리고 다른 사람들과 같이 나도 미국의 것을 좋아했고 그들의 것을 다 쫓아가고 싶었다. 베트남이 몰락할 때 미국에 대한 생각이 달라지기 시작했으나 여전히 반미감정까지는 갖지 않았다. 나는 프랑스에서 미국과 관련된 남미 국가들의 상황을 자유롭게 알 수 있었다. 그리고 반미 감정을 갖고 있는 사람들 속에서도 반미 감정을 갖게 될 정도로 미국에 대한 생각이 변하지는 않았다. 그러나 파리에서 미국의 하급관리로부터 경멸을 당한 후 나는 한국의 위치를 다시금 생각하게 되었고 그 순간 일본의 지배하에 있었던 우리나라 사람들의 수모를 생각하기에 앞서 왜 먼저 영국의 지배하에 있던 인도 사람들을 떠올렸는지 모른다. 학위를 끝내고 개학이 3월이기 때문에 시간이 많아서 미국을 들러 친구들을 만나고 귀국하려고 파리 미국 영사관에 비자를 신청하러 갔다. 영사관에서는 다음 날 다시 오라고 해서 다음 날 갔다. 담당했던 사람이 바뀌고 아주 젊은 사람이 안 된다고 해서 어제 담당했던 사람의 이야기를 했다. 그는 무엇 때문에 프랑스에 오랫동안 있었느냐는 어이없는 질문까지 했다. 그래서 나는 프랑스 정부 장학생이라고 하며 이야기를 계속하려고 했다. 내 답도 다 끝내기 전 그는 전화를 들고 경비를 불러 내쫓으라고 했다. 나는 말로 대항하려고 했지만 경비에게 붙들려 쫓겨나는 형국이라면 마치 범죄자 같은 수모를 겪어야 할 것 같아 대꾸를 중단하고 스스로 나왔다. 비자를 안주면 그만이지 경비를 시켜 쫓아내려는 그 미국 관리는 한국을 우습게 보고 마치 식민쯤으로 생각하고 있다고 깨달았다. 이민족에게 가장 관대한 나라, 프랑스

의 수도 파리에서 '어글리 어메리칸'을 나도 처음 대하는 순간이었다. 그리고 미국과 우리나라의 관계를 생각했다. 미국을 벗어나는 길은 힘이라고 생각했다. 미국과의 관계가 힘이 있다고 벗어날 수 있는 것이 아니라는 것을 잘 알면서도 힘이 있다면 이렇게까지 한국인을 무시할 수는 없다고 생각했기 때문이다.

캐나다 관리에게서도 미국 관리와 같이 좋지 못한 인상을 받았다. 그들은 해적의 후예가 아닌가? 학생 때 프랑스에서 캐나다로 가기 위해 주불 캐나다 영사관에서 받은 그들의 인상은 건방졌다. 돈을 얼마를 가지고 캐나다를 가려고 하느냐고 물었다. 내가 갖고 있는 액수를 말할 때 그것을 가지고 어떻게 여행을 하느냐는 것이었다. 나의 여행 목적은 친척을 방문하는 것으로 되었었다. 토론토에서 파리로 돌아오는 비행기 탑승 날짜를 변경하려고 캐나다 에어 라인에 갔을 때 여 직원은 죄인 다루듯 하는 어투였다. 그래서 나는 곧 불어로 대꾸 했다. 그랬더니 불어를 하는 직원을 불러서 일을 처리했다. 캐나다에 와 있는 한국이민이 많이 있어 그들은 무조건 무시하는 경향이 있는 것 같았다. 캐나다 인들이 한국 이민을 무시한다는 것은 들어서 알고 있었다. 파리 캐나다, 캐나다 파리 비행기에서 나는 영어를 하지 못한다고 일부러 불어로 승무원에게 이야기해서 나에게 오는 승무원은 불어를 하는 승무원이 왔다. 불어를 어디서 배웠느냐고 개인적인 질문을 하는 친절한 승무원도 있었다. 일반적인 캐나다인들은 캐나다에 퍼져 있는 이민자들의 생활을 그들은 알고 업신여긴다. 한국인들의 이민 중에는 낮에는 일을 하고 좀 더 돈을 벌려고 화장품원료로 쓰는 지렁이를 잡으러 밤에 전등을 들고 나간다고 하는 이야기를 들었다. 그리고 캐나다에서 수의과를 나온 후배의 남편은 한국에 돌아와 수의사로 일을 할 환경이 아직 조성이 되지 않아 캐나다로 돌아와 병원을 차리고 풍족하게 살며 집과 자동차 등 일류의 생활을 해도 그들은 이민이라는 하나만으로도 무시를 당하고 산다고 했다. 이웃과 인사를 하려고 해도 외면을 할 때가 많다고 했다. 프랑스 사람들은 얼마나 관대한 의식을 갖고 있는 사람들인가! 적어도 그들은 행동으로 이민족을 무시하는 나라는 아니었다. 80년대 이후 프랑스가 경제가 나빠지면서 민족주의자들이 생기기 전까지는 그야말로 똘레랑스가 세계에서 가장 두드러진 나라였다.

나는 미국에 대한 나의 의지는 공산주의를 대적하기 위해서만 미국편에 있을 뿐이라고 다짐하게 되었다. 나는 그들을 미국문학이나 영화를 통해서 뿐 아니라 미국을 자주 드나들면서 미국을 알아가고 있다. 우리는 국력이 있고 자랑할 문화가 있어야 된다. 얼마 전 프랑스의 국영 방송에서 한류(La Vague Coréenne)라는 제목으로 2시간 동안 한국에 대해 보여 주었다고 한다. 냉정하고 까다로운 프랑스인들이 한국에 대해 관심을 가졌다는 것은 한국의 위상을 염두에 둔 것이다. 서울 올림픽을 통해서 한국을 달리 보는 것이라고 생각된다.

지금쯤 미국인들은 우리를 어떻게 보고 있는지 모른다. 무식한 사람이 유식한 사람보다 더 많은 세상에 그들도 마찬가지 일 것이다. 유식한 사람들은 우리를 전리품쯤으로 생각하고 있고 무식한 사람은 유색인종으로 생각하고 있지나 않나 생각한다. 오바마 대통령은 아메리카 인들에게 작년에 이어 올해도 한국을 격찬하고 한국을 배우라고 말했다고 한다. 미국을 격려하는 것이고 한국을 격려하는 소리이다. 30여 년 전 내가 파리에서 미영사관에서 당했던 것과는 격세지감을 느낀다. 이것이 우리의 힘일까? 그러나 그들의 말은 외교적인 발언이다. 국익을 우선으로 하는 그들은 언제 미소를 보냈냐는 듯 얼굴을 바꾼다는 것을 우리는 잊지 마라야 할 것이다.

몇 년간 소식이 없다가 우리 올림픽을 보고 한국을 재인식하고 있는 유럽 친구들은 소식을 주며 올림픽 개회식 폐회식에서 받은 감동을 알리려고 전화했다. 그렇다. 나도 역사의 순간을 맞으면서 감격했었다. 88서울 올림픽은 우리의 문화와 힘을 과시해 줘서 우리도 놀랐고 감격을 주었다. 한동안 소식이 끊겼던 프랑스 친구도 올림픽을 보고 편지를 했다. 스페인에 있는 친구도 전화를 했다. 그들은 나를 한국 사람이라는 것만 알았지 한국을 모르고 있었다. 한국의 비극적인 사건만을 알고 있던 그들은 한국을 재인식했던 것 같았다. 미국 하급 관리로부터 수모를 당한 경험이 있는 나는 더 기뻤다. 세계적인 비디오 아트의 창시자인 백남준도 런던에서 서울 올림픽의 성공을 걱정하고 있었는데 개막식을 보면서 이젠 됐구나 하고 안심을 하며 기뻤다고 했다. 올림픽 개막식 전 행사로 한강에서 한 쇼는 참으로 감동적이었다. 강에서 쇼를 하던 배는 그대로 올림픽 장으로 들어가는 광경은 마음까지도 설레게 하고 있었다.

백남준은 한국이 IT강국이 된 것을 목격하며 한국에 대한 과거 미국이 우리를 보는 시각을 미술 잡지에서 술회하기도 했다. "우리나라는 6. 25때만 해도 아무도 거들떠보지 않았어요. 1910년 한일 합방 당시도 신문에 한국을 이야기하는 기사는 아무 것도 찾아 볼 수 없었습니다. 노벨 평화상을 탄 루즈벨트가 한국을 일본에 주었는데, 그의 전기에 그런 사실을 쓰지 않았어요. 을사보호조약에서 우리나라의 외교권을 뺏길 때 제일 먼저 철수한 공관이 미국이었고, 미국 타임지에 이승만이 한 번도 나온 적이 없었는데 짧은 기간에 굉장히 발전한 거지요. 전쟁 때 우리나라가 무시당한 것은 말도 못합니다."

이승만 대통령은 해방 후 귀국마저도 못하게 방해를 당했는데 그것은 공산주의자이며 간첩이었던 알 저 히스라는 프락치 역할을 하는 사람이 미국에 고위직으로 일하며 방해를 해 왔고 UN 사무총장이 되고 난 후 이승만 대통령은 UN에서 연설을 하기로 되어 있는데 이것마저 알 저 히스는 취소하게 만들었다고 한다. 이승만 대통령은 미국에서부터 알고 있던 맥아더 장군이 도와서 귀국을 했고 귀국 후에도 알 저 히스는 소련을 위해 일하면서 이 대통령을 각 방향으로 방해를 했다고 한다.

나는 감격에 올림픽 게임에 대한 기사를 전부 스크랩하고 장면들을 전부 녹화해 놓았다. 그리고 감격해서 시도 썼다.

서울 올림픽

서울올림픽은,
88올림픽은,
역사의 순간이다.
역사의 순간을 경험하는
행운이다.
기쁨을, 즐거움을 경험하는
순간이다.
역사의 행운을 경험하는
순간이다.

집안에서 잔치는
기쁜 날이었다.
흥분된 날이었다.
밖으로 나가
기쁨을 알렸다.
잔치를 알렸다.

서울에서 잔치가 벌어진다.
우리의 서울에서
잔치가 벌어진다.
나의 기쁨이다.
우리의 기쁨이다.
잔치의 풍선을 띄우자. (1988년 8월)

나는 학위를 받고 파리에서 미국에 있는 친한 친구를 만나고 귀국하려던 것을 이루지 못하고 학위를 끝낸 지 10여 년이 지나서야 미국을 보았다. 아래의 미국에 대한 시는 파리에서 가졌던 미국인에 대한 반감이 남아 있을 때여서 차창 밖에 보이는 미국인들의 모습이 감정에 치우친 묘사인지도 모른다.

프랑스 정부 장학생으로서 프랑스 체재는 당당한 것이었고 자존심이었다. 그러나 미국의 하급 관리가 자기 나라도 아닌 남의 나라에서 그 나라 장학생의 체류에 대해 말할 자격이 없음을 그들은 알지도 못했다. 그저 그들의 자만의 눈으로 힘없는 우리를 깔보고 있었다.

유럽인들이 그들을 무시하는 것을 그들은 알고 있는지, 미국인들은 몇 년간을 같이 지내도 친구가 될 수 없었다. 유럽인들은 끈끈한 정이 우리와 같아 우정을 나눌 수 있었다.

창밖의 아메리카

창밖의 아메리카는 미쳐 있다.
아메리카 사람들은 미쳐 있다.
기름진 음식,
기름진 살덩어리들의 움직임,
그것은 그들이 낳은
지혜는 아니다.
그들의 지능이 만들어낸 과학의
가공의 먹거리에
미쳐버린 탓 일게다.

우리의 할아버지 그 할아버지의 할아버지
우리의 할머니 그 할머니의 할머니
수 천 년을 경험해 우리의 조상들의 지혜의 과학으로

창조한 먹거리를
자연을 존중한
우리의 먹거리를
아메리카 인들은 알기나 하는가?
그들은 자만으로 깡그리 우리를 깔보고 있다.

살찐 짐승도
저렇게
추하지는 않다.
그러나
살찐 아메리카 인들은
추의 극치다.

가끔
몸매 나는 아메리카 인을 만나면
머리 숙여 존경한다.
나도 깨닫는다.
나의 아름답지 못한 몸매는
나의 수치다.
나의 죄다.
그래서 속죄한다.

하느님의 아름다운 창작을
파괴한 죄다.
하느님을 위해서
나를 위해서
걷자.
달리자.
하느님의 아름다운 창작의 부활을 위해서. (1992년)

학위 논문 준비 과정의 어려움과 즐거움

프랑스의 박사 과정, 즉 데. 으. 아(D. E. A)라는 것은 박사학위 논문에 들어가기 전 밟아야 하는 소정의 연구 과정으로서 세미나에 참석하고 강의도 들어야 하며 지도교수에 의해 연구 범위를 지정받아 연구를 하며 최종 논문을 써서 그 논문이 통과되어야 학위 논문을 쓸 자격을 갖게 된다. 프랑스의 데. 으. 아는 지도교수에 따라 많은 차이가 있다. 데. 으. 아 통과 후부터는 자기가 정한 논문의 주제를 정하고 지도교수의 승인을 받으면 논문을 위한 연구에 들어가게 된다. 나는 데. 으. 아를 1년 만에 끝내고 논문을 준비하기 위하여 3년을 책을 읽으며 연구했다. 이 기간 나는 참으로 즐겁고 행복했다. 많은 책을 읽고 알아가는 기간이었다. 새로운 지식, 알고자 했던 지식을 해결하게 되는 기쁨, 그리고 많은 지식을 얻었다는 그 기쁨은 학위를 끝내는 것 못지 않게 환희를 갖게 했다. 이 기간 동안 장학금을 받으며 공부했기 때문에 생활을 걱정할 필요 없어 공부가 더욱 즐거웠다.

내가 하는 연구가 누보로망(Nouveau Roman)으로 1950년대에 생긴 새로운 유파의 소설 분야이다. 그래서 거기에 대한 비평 서적이 수 없이 쏟아져 나와 그것들을 다 읽는다는 것은 어려움도 있었지만 새로운 것을 알게 되는 기쁨은 기쁨 중의 기쁨이었다. 비평학 역시 50년대 이후 새로운 비평이라는 학문이 다양하게 대두되어 여러 유파의 비평학이 쏟아져 나왔다. 이 학문을 이해하는데도 많은 시간을 보내야 했고 어려운 점도 많았지만 비평학을 알아가는 것도 큰 지식이었다. 어디 그뿐인가. 대부분의 누보로망 작가들 중 미술가가 많았고 내가 연구하는 작가 로브-그리에(Alain Bobbe-Grillet)는 농업엔지니어에다 프랑스에서 최초의 팝 아티스트 그리고 영화감독이며 소설가이다. 그가 보는 문학관, 예술관, 세계관이 전통 소설가들과는 다르기 때문에 여기에 맞추어 연구하지 않으면 안 되었다. 그리고 누보로망이라는 것이 우연히 파생된 분야가 아니고 1950년대 예술계, 미술계와 연관되어 있는 영화, 누벨바그, 현대 미술과 팝 아트 등도 연구하지 않으면 안 되었다. 비평 서적에 등장하는 누보로망과 관계되는 새로운 철학 용어는 그 당시 사전에도 나오지 않는 것이어서 알 길이 없었다.

나는 철학에서 나오는 새로운 용어 레이피카시옹(Réification)이라는 말을 알 수가 없어서 오랫동안 애를 썼다. 지금은 철학 사전이나 프랑스 국어사전에 나와 있다. 지도교수가 까다롭기 그지없고 지도교수와의 면담(랑데부 Rendez-Vous)을 신청해야 하는데 나의 지도교수는 학장을 맡고 있어 랑데부 신청을 편지로 자세히 써서 비서에게 전하고 답을 기다려서 랑데부가 성사되지만 그것도 한 10분 정도로 끝나게 된다. 그러니 책을 읽으며 모르는 말이 있다고 지도교수에게 물을 용기가 나지 않았다. 그러던 중 내가 방학동안 일하던 룹시안느(Louvcienne)에서 그 용어를 발견하게 되는 행복한 사건이 생겼다.

방학동안 파리를 탐닉하며 일을 하다

나는 장학금 기한이 끝난 후 방학 동안에 일을 해야만 했다. 룹시안느에 있는 호스피스(Hospice)에서 일을 했다. 룹시안느는 파리 서쪽에 위치해 있는 곳이다. 파리 생 라자르 역에서 기차로 한 시간 거리에 있으나 지금은 급행철도(RER)가 있어 아주 빠르게 다닐 수 있는 파리 근교에 위치한 풍광이 좋은 곳이다. 이곳에 룹시안느 성(城 Château de Louveciennes)이 있다. 17세기 후반에 지어진 것이다. 프랑스의 인상파 화가들 일부는 이곳에서 그림을 그림으로써 인상파들의 산실이 되기도 한 곳이다. 이 성은 이제는 일반인에게 넘겨져 호스피스로 사용하고 있다.

프랑스의 호스피스는 우리나라와 운영 방식이 다르다. 우리나라는 큰 병원에서 운영하며 회복이 불가능한 환자가 임종을 기다리는 마지막 정착역이다. 프랑스의 호스피스는 노인들의 요양원, 또는 잠시 머무는 곳이기도 하다. 예를 들어 휴가를 떠날 수 없는 노인들이 가족들이 휴가에서 돌아올 때까지 머물기도 하는 곳이다. 내가 일하던 샤또는 100여 개가 넘는 방이 있다. 이 성에는 아파트처럼 방이 여러 개로 되어 있는 것도 있다. 프랑스에서 여자로서 처음으로 자동차를 운전했다는 한 마담은 남편이 죽고 그곳에 들어와 있었다. 그녀는 아파트에 단독으로 사는 것 같았다.

내가 하는 일은 아침 7시에 일어나서 일하는 사람들과 함께 책임자인 가정부(Femme de Ménage)와 함께 주문한 식사를 방마다 가져다주고 식사 후에 다시 방마다 들러서 식사도구를 회수해서 부엌까지 가져가는 것이다. 부엌은 각 구역(빠비용)마다 따로 있다. 그리고 가정부가 식기 세척기로 설거지를 하는 동안 나는 방마다 신문, 편지 등을 배달하고 다음 날 아침, 점심, 저녁 메뉴를 주문 받아 오는 것이다. 획일적인 것을 싫어하고 다양성을 존중하는 프랑스인들은 이곳의 대규모 단체생활에서도 각자의 식성대로 음식을 만드는 것에 놀랐다. 어느 마담은 닭고기 중에서도 날개를 달라고 하거나 빵도 자기가 원하는 종류의 것을 주문하는 것이다. 100개가 넘는 방에 부부가 같이 있는 방도 많아서 인원수는 엄청나다. 이 많은 사람들의 주문에 맞추는 것이 오히려 당연한 것으로 생각하고 있다. 대규모 식구의 식사를 준비하는 주방은 넓은 공간에서 열 명이 넘는 요리사가 일한다. 큰 건물을 구역별로 나누어 구역(내에서는 빠비용이라고 부른다)마다 주방이 따로 있고 식기류가 구비되어 있으며 설거지 기계가 설치되어 있다. 각 빠비용을 담당하는 가정부가 따로 있다.

아침 식사 후 우편물을 돌리고 난 다음에는 레위니옹 출신인, 에브린느 라는 애와 함께 우리가 속한 빠비용의 창문 등을 닦았다. 같은 식으로 점심식사를 돕는 일을 끝낸 다음 1시부터 5시 30분까지는 자유시간이다. 나는 이 자유 시간에 파리 시내로 나가 산책을 하거나 전시장에 들르곤 했다. 주로 세느강변에 있는 부키니스트를 들르는 것도 나의 일과였다. 그곳에서 필요한 책을 발견하는 재미도 행복 중의 하나였다. 나는 이곳에서 일하는 동안 같이 일하는 애들, 프랑스 애들은 물론 주로 프랑스 식민지에서 온 애들로부터 강의실이나 책에서 배우지 못하는 불어를 배우고 이들의 생활이나 사고를 경험하는 것도 즐거운 이득이었다.

파리 마치에서 마침내 찾은 문제의 철학 용어

내가 담당한 구역의 한 마담은 내가 학생인 것을 알고 몇 년간 구독했던 파리마치(Paris Match)를 읽으라고 주었다. 분량이 많아서 수레에 싣고 방으로 가져왔다. 파리마치에서 내가 찾던 레이피카시옹의 의미를 1960년대 파리 마치에서 알게 되고 누보로망에 대한 토론이나 기고문들을 발견할 수 있었다. 비평이나 서적에서 언급하지 않는 귀중한 자료를 발견하게 된 것이다. 파리 마치에서 로브-그리에가 프랑스에서 초기 팝아트 화가였다는 것도 알게 되었다. 어느 책에서도 그가 팝아트 화가였다는 것을 언급한 책은 없었다. 그 후 꼴로크 드 스리지(Colloque de Cerisy)에서 운 좋게도 그 자신이 팝 아티스트였다고 말하는 것을 듣는 기회를 가졌다. 나는 내가 60년대에 프랑스에 살지 않았기 때문에 그 시대의 잡지를 우연히 얻어서 읽을 수 있다는 것 특히 누보로망에 대한 글과 내가 알고자 하던 새로운 용어, 그때까지 사전에도 실리지 않은 말의 의미를 알게 된다는 것은 큰 행운이고 축복이었다.

1976년 9월 3일(….) 어제는 빠비용 2층에 갑자기 배치되었다. 귀찮은 일이었다. 그러나 나를 사랑하는 어떤 큰 힘에 의한 것 같아 신비하다. 30호의 마담이 넘겨준 1956년대부터 60년대 5월 7일까지의 주간지 '파리 마치', 우연히 퐁피두 회관에서 열리고 있는 팝 아트의 미술에 관한 기사 그리고 미술과 문학에 있어서 터닝 포인트가 되었던 1950년대의 로브-그리에에 관한 많은 기사와 '레이피카시옹'의 의미 발견은 참으로 신비한 일이었다. 내가 미술과 문학을 막연하게만 연결시키고 연구했던 것이 이제 확인이 되었다. 팝 아트와 현대 미술을 좀 더 폭넓게 연구해야 한다. 로브-그리에가 프랑스에서 초기의 팝 아티스트라는 것도 새로운 지식이다. 로브-그리에와 더불어 뼁제, 끌로드 시몽, 베르나르 노엘 등 대개의 누보로망 작가들이 미술가이다. 어제 내가 2층으로 배치되었던 것이 신비한 일이다. 어제도 오늘도 나는 파리에 나가지 않고 파리 마치를 읽는데 골몰해 있었다.

프랑스는 앙드레 말로가 문화부 장관이 되면서 문화의 민주화를 내걸고 문화 정책을 펼치면서 지방에서도 문화 예술을 향유할 수 있어 아쉬운 것이 없었다. 그러나 파리는 알아야 할 것이 많고 감성을 자극하는 경험도 많은 곳이다. 나는 룹시안느에서 일하는 동안 파리를 탐닉했었다. 그리고 파리가 지닌 또 하나의 고달픔도 체험했다. 내가 좋아하는 누보로망작가 로베르 뼁제가 말하는 파리를 아직 체험하지 못했다. 그는 "파리에 대한 어떤 샹송에서는 저속한 것들이 있다. 파리는 나에게 있어서 세계에서 가장 지적인 도시 중의 하나이다. 파리가 환대하는 곳이 아니었다면 지적 모든 사람들을 알지 못했을 것이다. 그러나 파리의 사람들은 무관심한 것 같다. 뉴욕이 인간적이고 친절한 것에 비하면 프라하는 지적이지만 친절하지는 않다. 로마는 어떤가, 아름답다. 파리도 아름답다." 나는 뼁제가 말하는 파리를 생각하며 파리를 탐닉하려고 애썼다. 그리고 파리를 그렸다.

파리의 연정

파리는 우울을,
고통을,
가난을,
비련을, 실연을,
사랑을 먹으며 살아도
즐거운 곳이다.

파리는
공허한 가슴을
끌어안으며
손짓해 주고 있는 곳이다.
석고 같은 냉담한
얼굴에
낯설어 할 필요가 없다.
냉냉한 파리지앙들의
가슴속에는
똘레랑스가 자리하고 있다.

세느는
두 팔로 파리를 안고 흐르고 있다.
많은 시인들이
많은 화가들이
세느를 그리고 있다.
아폴리네르도,
사강도,
세느를 말하고 있다.
사강은
고독에 몸부림치면서도 결혼이란
세느강의 물결만도 못하다고 했다.

세느는
두 팔로 부키니스트들을 안고
유유히 흐르고 있다.
세상살이 중에
가장 검박하지만
지고한 삶을 살고 있다.
그들은 한 조각의 행복을 팔고 있다.
봉사하는 마음으로,
그들의 주름진 얼굴에
웃음 가득히 내보이며
어제도 오늘도, 내일도
한 조각의 행복을
팔고 있다.

휴일
깊은 잠에 빠진 파리의 새벽
일을 나가는 하루살이의 고독을
나는 안다.
거리의 악사들,
지하철의 악사들의 고독도 삶도
나는 안다.
휴일 새벽
헐렁한 버스 안에,
헐렁한 지하철 안에
자리한 사람들은
이민자, 가난한 유학생, 망명자,
이들의 삶과 고독을 나는 안다.

휴일
잠든 파리의 새벽,
고독은 아픔이다.

그러나
나를 부르고 있다.
파리는
나의 옷자락을
잡아당기고 있다.
파리에는
무관심의 똘레랑스가
관심의 똘레랑스가 있기 때문이다.

룹시안느에서 오전 일을 끝내고 파리로 나가지 않는 날은 방에서 공부를 했다. 아르바이트를 하는 학생들을 위해 방에 책장과 책상, 스탠드 라이트가 구비되어 있다. 공부를 할 수 있는 여건이 구비되어 있고 휴가 간 사람들을 대신해서 일을 한다는 뜻에서 정규직이 받는 일당의 급료보다 높다. 이런 복지제도도 이곳을 통해서 알게 되었다.

파리에 나가지 않는 어느 날 창문으로 들려오는 정구공 소리는 나를 창문으로 이끌어 갔다. 하얀 운동복의 힘찬 남자들의 모습은 그리움이었고 다가갈 수 없는 한계의 슬픔이었다. 나는 담배를 물고 침대에 누워서 창문을 통해 파란 하늘을 즐기고 있었다.

담배 연기 너머

담배 연기 너머
창문 밖 파란 하늘에
흘러가는 구름을 보노라면
잊고 있던 생각들이
구름처럼 떠오른다.

담배를 들고
무심히 있노라면

한순간이나마 편안하다.
그래서
모두가 잊으려고, 기억하려고
담배를 사랑하는 것일까?

흘러가는 구름 위엔
어머님의 얼굴이,
또 다른 그리운 얼굴이
흘러가고 있다.
이제, 올해 들어
두 번째의 어머님의 편지
기억이 몽롱해지시는 것일까?
앞뒤의 논리는
어디로 갔을까?
마치 어린애가 쓴 편지 같다.

구름도 담배 연기도 사라진
파란 창문엔
눈물이 흐른다. (1977년 8월 룹시안느에서)

작은오빠께서는 집안 소식을 보고하듯 자세히 전해 오셨다

어머님은 김동길 박사님의 강의를 기다리시고
김옥길 총장님은 나에게 따뜻한 격려의 편지를 보내오시다

며칠 전 직장으로 보낸 편지 잘 받았다. 혜온에게 보내온 편지도 큰 오빠를 통해 전달됐다. 지금쯤 어머님이 보낸 편지 받았을 줄 안다. 집에 무슨 일이 있는 것 같이 걱정을 하는데 걱정하지 말아라. 이곳

세 집 다 편안하다. 어머님은 노인학교 방학이라 우리 집에 계신다. 2월 개학이 되면 다시 수유리로 가실 것이다. 우리 집, 불광동 큰집 이렇게 왔다 갔다 하신다. 한집에만 머물면 지루하실 것 같아 그렇게 하기로 했다. 양력 설날은 전통적 의식으로 아버님 영전에 차례를 드렸다. 모두 기독교를 신봉한다고하나 가정에서 의례는 호랑이 같은 작은오빠 앞에서는 어느 누구도 반대를 하지 못한다. 특히 네가 동양의 의식이 아름답다는 글을 보내와 아직까지도 그랬지만 앞으로도 그럴 것이다. 아버님 산소에도 큰오빠와 성묘를 하고 한 송이 꽃을 바쳤다.

영숙이는 고모가 대성하면 무엇이 되느냐고 지껄인다. 윤노는 하루 집에서 쉬고 어제 귀대했다. 아마 별도로 편지할 것이다. 내일 수유리에 가서 타진하고 어머님을 우리 집에 모실 예정이다. 한 집에만 계시면 지루하실 것 같으니까. 잘 있어. 조금도 걱정하지 말아라.

(1977년 1월 17일 오빠)

3월 14일 어머님 노인학교를 졸업하셨다. 약 70명 중 유일하게 개근상을 타시고 대인 엄마는 하루도 빠지시 않고 어머님을 모시고 다녔다고 효행 상을 한 아름 탔다. 그뿐 아니라 이 사실이 알려져 서울 신문에 사진과 함께 보도되었다. 당일 졸업식에는 기독교 방송국에서 졸업식 광경을 찍고 대인 엄마와도 일문일답 인터뷰한 것을 며칠 후 방송되었다. 이날은 세 집 식구가(애들은 빼고) 모두 졸업식에 참석하고 축하 기념사진을 찍고 회식으로(축하연) 하루를 즐겼다. 어머님은 늘 하시는 말씀이 김동길 박사님의 강의가 제일 좋아 기다린다고 하신다.

졸업 후에도 주 1회 모일 날을 마련하여 노인들을 즐겁게 할 모양이다. 이 날은 교장 선생님인 이화여자대학교 총장이신 김옥길 박사가 손수 졸업장, 개근상, 효행상을 수여하셨다. 그리고 축사를 알기 쉽고 노인들 구미에 맞게 해주어 우리나라 아니면 볼 수 없을 흐뭇함을 느꼈다. 요즘 우리나라에서는 부모님 또는 노인들을 모시는 운동이 벌어져 지금이야 비로소 마치 한국민 재발견 운동이라도 전개하는 것 같다. 네가 하는 과정이 어느 정도인지 궁금하다.

지난 3월 16일은 아버님 제삿날이여서 불광동에 모여 아버님 모습을 되새겨 보았다. 물론 우리 풍습대로 잔을 치고 두 번 절하고 승노를 시켜 우리말 축문을 읽도록 하여 하루를 경건하게 보냈다. 큰오빠 사업이 회복되고 큰언니도 같이 일하고 있다. 희망이 보이니 아무 걱정하지 말아라. (1977년 3월 22일 오빠)

병옥에게

이국에서 얼마나 고생하오.

어머님을 생각하는 그 마음에 한자 적으려고 붓을 들었나이다.

어제는 부활절이였지. 그전에 예수님은 십자가에 달리셨지. 십자가상의 아픔과 멸시와 조롱을 받으면서 그가 하신 일곱 마디 말씀 중 하나가 사랑하던 제자에게 자기의 어머님을 부탁했었지.

병옥이나 형제들이 어머님을 사랑하고 모시고 형제의 우애를 더욱 깊게 하는 것은 무엇보다 소중한 것으로 아나이다.

건강하여 열심히 공부해서 어머님께 더 큰 기쁨 드리기를 빌면서

김옥길 (이화여대 총장, 1977년 4월 11일 자)

병옥에게

나는 지금 불광동 큰오빠 집에 있다. 일 년 동안을 네 언니 집에서 노인학교에 다니느라고 있었다. 졸업식하고 임진각에 갔는데 그 날은

아침부터 눈비가 와서 일기가 불순했다. 네 언니가 몸이 아파서 윤노모가 나를 데리고 갔었다. 날이 추워서 차안에서 점심을 먹고 있는데 오후 한시쯤 여선생이 와서 할머니 모시러 왔다고 통지 하더니 네 작은오빠가 차 안으로 들어와 그만 가자고 하기에 따라 나와 보니 회사차를 몰고 왔더라. 그 차를 타고 곧장 아현동으로 갔다. 거기서 두어 달 있다가 불광동에서 오라기에 네 큰오빠 집에 있은 지 수삭이 되었다.

네가 보낸 편지들을 모두 큰언니가 가져왔다더라. 팔월 이십오일이 음력으로 칠월 십일일 큰오빠 생일인데 이 날 보았다. 이곳은 언니 내외와 용오, 혜온 내외 모두 별고 없다. 수만리 이역에서 홀 홀 단신 의지할 것이 어디 있겠니. 전지전능하신 천주님만을 의지하고 간구하고 기도하라.

세상 아무 것도 믿을 것이 없으니 항상 기도하고 인내와 지혜를 구하라. 폐인이 된 네 어미도 자녀들의 건강과 축복의 길로 인도하시기를 간구한다. 서울 신문기자가 잘못 알고 내 나이 칠십 구세를 칠십오세로 신문에 냈더라. 병든 모서

(….) 원대한 생각을 가지고 너의 노력 끝에 우리 고향에서 온 사람중에 단 한명 불란서 유학이라 고향 사람들, 또 나를 아는 사람들, 직장 동료들이 무척 부러워한다. 잡념 갖지 말고 그 꿈 실현에만 몰두하면 좋겠다. (1978년 2월 27일, 오빠)

네 번째 소식 잘 받았다. 이 곳 세 집 식구도 별고 없이 잘 지내고 있어. 네 건강이 안 좋은 것 같은데 건강이나 해야지.

각별히 건강 주의해라. 이곳 생활은 날이 갈수록 바쁘다. 애들이 크면 좀 한가할 줄 알았는데. 더 생활이 바쁘기만 하다.

하루에 세 시간 수면밖에 못해도 건강하다. 동기 때문에 항상 새벽

밥이야. 지독한 노력파이지. 그래도 성적은 뚜렷하지 않아. 두뇌에 한계가 있나봐. 아직도 공장이 궤도에 오르지 못해 인건비를 줄이려고 온 가족이 공장에 매달려 있어. 좀 나아지는 것 같아. 큰오빠가 고생이지 혼자 어려운 일은 다하고 있으니까. 지금도 생각하면 기적 같다. 어머니가 편치 않으신데 공장 일, 저녁에는 어머니 시중드시랴(밤을 새다시피 했으니까 기적이야) 큰오빠 많이 늙었어. 하루속히 공장이 번창해야 하겠는데. 용오는 삼부토건에 취직했어. 한 가지씩 풀리는 것 같아. 혜온이는 해산날이 가까워와. 건강하고 순산을 해야 하는데. 윤노도 제대가 얼마 남지 않아 무사히 군생활을 끝내는 것 같아 마음 놓인다. 어려서 군에 가는 것을 두려워 했는데. 대인이가 마지막 등록을 하고 취직 준비를 하고 있어. 건용이가 아르바이트를 해서 조금 보탬이 된다. 동기 등록도 해주었어. 대견하드라. 애들 용돈도 대줘. 건강 주의해.

서울에서 언니(1978년)

학위 수여 전
어머님의 부음과 큰오빠의 부음

78년 여름 모두가 바캉스 아니면 고향으로 떠나고 같이 공부하던 외국 친구들이 학위를 끝내고 귀국한 빈 브장송에서 논문 마무리를 하느라 남아 있었다. 룹시안느에서 일하며 친하게 지냈던 프랑스 친구 루시는 고종 사촌인 숙자가 룹시안느로 보낸 편지를 나에게 보내왔는데 거기에는 지난 4월에 외숙모 장례식에 학교일로 참석하지 못했다는 소식이 있었다. 어머님이 가신지 4개월이 지나도록 몰랐던 것이다. 슬픔이 극도일 때는 감정을 표현할 수가 없는 것이다. 눈물도 마른 채 멍먹하게만 느껴졌다. 극도의 절망, 극도의 고독이었다. 아파트를 같이 쓰고 있던 옆방의 이란 학생에게 초를 사다 달라고 했다.

그리고 어머님의 사진을 놓고 촛불을 켜놓았다. 한복을 입고 절을 올려도 보았다. 이것은 나의 슬픔을 달래보는 몸부림이었다. 집에 있는 시간에는 촛불을 켜놓기를 2주 동안 계속했다. 어머님은 프랑스로 처음 보내는 편지에 이미 유언을 하셨다. 제한된 시간 속에서 사신다고 생각하시고 그러셨던 것일까?

편지 보았다.
홀홀 단신으로 이역만리에 갔으나
객고가 극심하지 않음을 알았다.
하고 싶은 말은 항상 같이 하시고
마음을 감찰하시는 천주님께
거듭 간구하고 감사하라.
답답할 때에 간구하라.
내게 지혜와 인내 주소서 라고 간절히 간구하라.
위안을 얻었을 때에 감사하라.
내 할 말은 이것뿐
앞날이 요원치 않으니
이것으로 유언이 돼도 좋다.

(십이월 십육일 모 평신, 1974년)

대인이가 보낸 편지에는 내가 프랑스로 떠나던 날 공항을 나와 5분마다 뜨는 비행기를 보며 그것이 내가 탄 비행기인가 하고 가족들은 손을 흔들었다고 했다. 할머니는 손을 흔들지 않았는데 우셨어.

내가 떠날 시기인 70년대는 김포비행장에 환송하는 사람들을 위한 송영대가 계단식으로 있어 거기에 앉아서 떠나는 비행기를 바라 볼 수 있었다. 그러나 내가 떠날 때는 비행장을 보수하느라고 송영대에서 타고 가는 비행기를 바라볼 수 없었다. 그래서 출구에서 가족과 헤어진 다음 가족들은 밖에 나와서 5분마다 떠나는 비행기를 바라보며 손을 흔들었을 것이다. 떠나는 사람도 보내는 사람도 다시 만난다는 것을 지워버리고 있었기 때문 헤어지는 슬픔을 갖고 있었다. 나는 어머님의 모습이 가슴에 새겨져있어 가슴이 아파오는 것을 늘 느끼며 살고 있다.

승노가 보내온 편지에는"할머님은 내 편지를 받은 날 오후에도 편지함을 또 열어 보시니 귀국을 했다가 가면 좋을 것 같다"고 했다. 나의 사정을 모르는 어린 조카의 생각이다. 돌아갈 비행기 표는 있지만 돌아올 때의 표는 어디에 있나. 이 당시 우리 형제들은 파산들을 하고 모두가 곤경에 처해 있었다. 우리 형제들의 파산 소식은 멀리 있지만 늘 가슴을 무겁게 했다. 편지함을 열어 보시고 힘들게 계단을 올라가셨을 어머님을 생각하고 우울했다.

어머님의 부음

1978년 7월 11일, 숙자에게서 온 편지는 어머님이 서거하셨다는 말… 무어라 표현할 수가 없다. 병상에서 아득히 떨어져 있는 나를 그리며 애타하셨을 어머님! 영정 앞에 촛불을 밝히고 밤을 지내다. 어머님! 하늘나라에서 편히 계시옵소서! 그리고 저의 일에 대해 마음을 놓으시옵소서…

1978년 7월 12일, 어머님 영정 앞에 계속 촛불을 밝혀 놓았다. 눈이 부어 알리에게 초를 사다 달라고 했다. 촛불이 꺼지면 마치 어머님의 숨이 끊기는 기분이어서 계속 촛불을 밝히고 있다. 한복을 입고 절도 해보았다. 그것이 무슨 소용인가 마는 한 가닥 지금 내가 할 수 있는 한의 자책이다. 어머니! 어머니!'

1978년 7월 22일, 오빠로부터 편지가 오다. 어머님은 4월 10일 오후 8시 20분 서거하셨다고 한다. 불안도 공포로 바뀐 기정 사실. 주여 어머님 아버님에게 강복하소서…

1978년 8월 2일, 어머님이 74년에 보내신 편지의 사실대로 유언이 되었다. 쎙 삐에르 성당에서 묵주신공을 드렸다.

오늘 앙뗀느 3에서 장발장(레미제라불)을 방영해 어머니를 더 생각하게 했다. 어머니는 어디서 구해서 <불상한 사람> 또는 <장발장>이라고 하며 <레미제라불>을 읽으시고 이야기 했던 것일까?

어머님의 서거에 대한 작은오빠와 언니로부터 온 편지

뜻 밖에 숙자편지 받고 어머님이 서거하셨다는 소식 듣고 슬픔에 잠겼을 줄 알고 있다. 알리고 싶어도 알리지 않았던 나를 용서하여라.

그 책임은 전부 나에게 있다. 전 가족을 대표해서 내가 책임을 진다. 무슨 말을 하여도 달게 받겠다. 알리지 않은 한 가지 이유는 모처럼의 기회를 어머님을 여인 슬픔으로 포기할 것 같아서 내가 앞장서서 못 알리게 했다.

수유리 지연이가 언젠가 어머님의 병환을 전한 것이 사실이었고 그 후 여러 차례 내가 낸 편지는 어머님에 관한 건 전부 거짓말이다. 어머님이 세상을 뜬 것은 금년 4월 10일(음력 3월 3일) 오후 8시 20분, 나의 손을 잡고 가족들의 울음 속에서 영원히 세상을 떠나셨다. 떠나시는 그 순간은 단 2분, 참으로 선하고 아름답게 깨끗하게 천국으로 떠나셨다. 중병으로 대, 소변을 받아 내기를 6개월, 온 가족이 병환 간호에 수고를 하였다. 산소는 여러 가지 생각 끝에 아버님과 합장으로 모셨고, 묘역도 좀 아름답게 손질하였다. 내일이 어머님 가신지 꼭 100일이 되는 날(18일)이다. 온 가족이 산소에 갔다 저녁에는 불광동에 모여 예배를 보기로 했다. 어머님이 세례를 받았기 때문에 기독교, 유교 혼합식으로 영결식을 거행했다. 3일이 되는 날, 49일이 되는 날, 5월 5일, 여러 차례 가족들이 산소를 찾았고 그 외에도 내가 단신 4, 5회 묘소를 찾았다. 다만 죄스러운 것은 좋은 묘소를 하나 선택 못한 것이 마음에 걸리지만 생존시 아버님과 어머님 관계 등을 생각해서 천국에서나마 같이 지내시고 또 가족들이 찾기가 편리하게 그렇게 결정했다.

장례식 날은 그래도 찾아주는 손님들이 많아 쓸쓸히 지내지는 않았다. 사실을 알리려고 붓을 드니 눈물이 흐르고 가슴이 답답해서 쓸 수가 없다. 차츰 여러 차례에 걸쳐 그동안 경위를 소상히 적을 작정이다. 어머니 가신 직후부터 발병, 아직도 약을 복용하고 투병하고 있다. 그러나 곧 회복되겠지.

오늘은 이만… 어머님이 평안히 가시고 뒤도 잘 처리되었음을 거듭 쓴다. (1978년 7월 17일 오빠)

어제는 자세한 이야기를 쓸 정신이 없어 몇 마디 사실만 알렸으나 마음이 개운치 않아 다시 붓을 들었다. 이 편지를 쓰고 난 후에는 바로 묘소를 찾을 예정이다. 어제도 알렸지만 오늘이 어머님 돌아가신지 꼭 100일이 되는 날이다(18일). 낮에는 묘소를 찾고 밤에는 불광동에 모여 100일 추도식을 거행할 준비가 끝났다. 어머님이 세상을 떠나시기 전 특별한 유언은 없으셨다. 다만 평소 병환 중에 좋아하시는 찬송가를 불러달라고 하셨고 아직 교회에 나가지 않는 나와 큰오빠, 대인이 아버지 세 사람이 빨리 교회에 나갔으면 하는 소원만을 늘 말씀하셨다. 그래도 장례식도 70% 목사님 모시고 기독교식으로 거행하였고 다만 문상을 받을 때만 유교식으로 하였을 뿐이다. 어머님이 작년 7월 28일 우리 집에서 불광동으로 가셨다. 가신 이유는 여름 방학 동안 어머님이 거처하시는 문간방을 뜯고 수리를 좀 하기위해 방학이 끝나고 다시 모셔 올 예정이었으나 집을 바꾸기 위해서 방학이 끝났으나 바로 모셔 오지 못하고 있던 중 9월 1일 집이 팔리고 수일 후 지금 있는 상도동 집을 계약하였다. 이왕이면 이사를 한 후에 모시려고 이사 준비만 하고 있었으나 이때도 건강은 그리 나쁘지 않으신 편이었다.

10월 22일 현주소로 이사를 하기 직전 원래의 중풍증세가 악화하여 불광동에서 병석에 누우셨다. 차차 병세가 악화하여 11월 하순부터는 대소변을 받아내야 할 만큼 악화하였다. 약도 써보고 물리치료도 해보았으나 허사였고 이제는 체념할 수밖에 없었다.

이사한 집을 구경도 못하실 것 같아 20일 동안 병세를 관찰 하였으나 도저히 재기하기 곤란하다는 판단을 하였다. 식사는 여러 가지 곡류로 만든 죽으로 계속하였고 몸은 허약하여 누어만 계시어 온 몸이 쑤시고 간혹 아프시다는 뼈저린 비명만을 연발하시었다. 내가 계속 돌아가실 때까지 모실 각오였으나 아버님 때도 그러했고 어머님마저 작은 아들 집에서 돌아가시게 할 수 없다는 가족들, 큰오빠 등의 의견으로 12월 31일 불광동으로 다시 모셨다. 이때가지 거동을 못하였으나 어머님 정신력만은 깨끗하셨다.

식사는 우리 집에서 마련하여 2,3일 마다 한 번식 운반하여 드렸다. 아마 우리 집 죽이 맛있었든 모양이다. 그 후 돌아가실 때까지 수유리 언니, 나, 세 집식구가 거의 매일 찾아뵙고 병간호를 하였다.

좋아하시는 찬송과 기도 등 그것이 일과였다. 나는 어머님 손을 만져드리는 것이어서 내가 가면 늘 손을 내밀곤 하셨다. 계속 손을 만져드리고 9시에 형이 돌아오면 형과 같이 저녁식사를 하고 헤어졌다.

이 기간 동안 너에게 무수히 거짓말 편지를 던졌다. 이유는 네가 짐작하여다오. 구태여 변명하지 않겠다. 내가 세 집 식구들에 대해 어머님 병환에 관한 함구 명령을 내렸다. 불란서에만….

그것은 참으로 긴 투병이었다. 보는 사람마다 2, 3일을 못 넘기신다고 하였건만 3 개 월동안 괴로워하시며 가족들과 함께 대화를 나누는 기적이었다. 그래도 이 기간에 묘소의 준비를 하였으나 무조건 가족들이 아버님과 같이 계시게 하여야 한다고 주장을 하였고 주위 친지들도 같은 마음이었다. 그러나 나의 미신인지모르나 묘지를 잘 아는 사람과 친지들을 동행하고 합장이 좋은지를 알아 봤다. 잘 아는 사람이 좋다고 판단하여 결단을 내리고 어머님 모르게 준비를 하였다. 그리고 애들까지 다 모여서 쾌유를 비는 기도회를 가졌고 찬송을 불러드렸다. 그 후 며칠 전 어머님이 나에게 애들이 공부를 잘하는지 궁금해 하시고 애들이 보고 싶다고 하시어 현재 공부하는 애들을 큰 소리로 하나하나 알려드리고 집에 돌아와서 수유리 대인 엄마에게 전화로 어머님 말씀을 전달했더니 애들이 보고 싶어 그러신 것 같다고 하며 월요일 전 가족이 모이도록 하자고하여 그러한 기회를 가졌고 이것이 애들이 할머님을 본 마지막이 되었다. 애들을 다 보내고 나 혼자 남아 밤을 새우며 어머님 손을 만져 드렸다. 조용한 밤 큰오빠는 수 개월간 어머님 방에서 같이 기거하였기 때문에 고단하고 나를 믿고 깊은 잠에 잠겼으나 나는 1초도 못자고 뜬눈으로 밤을 새웠다. 조용한 밤 하시는 말씀이, 윤노 엄마도 찾고 우리 집에도 가고 싶다고 하셨다. 이 밤이 마지막 밤이 될 줄을 몰랐다. 월요일 출근을 하고 오후에는 직원들의 권고도 있어 일직 퇴근 하여 쉬려고 하였으나 마음이 불안하여 잠이 오지 않아 다시 불광동으로 가려고 하는데 대인 엄마로부터 어머니가 위독하다고 해서 불광동으로 갔는데 윤노 엄마, 대인 엄마, 윤노 이모 등이 다 와 있었다. 윤노 이모는 어머님이 우리 집에 와 계실 때 강원도에서 오면 자주 만나 잘 아는 사이였고 어머님이 윤노 이모님을 아주 좋아하셨다. 이상한 것은 고단한데도 다시 가고 싶은 생각이 나서 오후 6시 20분, 집을 떠나 7시 20분에 불광동에 도착하였다. 안방에서 잠깐 쉬고 어머님 방으로 가 손을 잡고 내가 왔다고 인사를 드렸더니 여전히 알아보고 또 왔냐는 말씀을 하셨다. 손을 잡고 있기를 30분 윤노 이모님이 큰 소리로 기도를 시작(어머님 머리를 껴안고)하여 어머님 모습을 보았더니 나에게 왔냐고 말씀하신거와는 달리 갑작이 병세가 악화, 웃으면서 기도하는 목소리 들으시며 2 분 만에 세상을 뜨셨다, 울음을 터트렸다, 붙잡은 손을 보았더니 힘없이 노시고 벌써 타계하셨다. 이때가 4월 10일 밤 8시 20분, 그렇게 갑자기 가실 줄은 그날 병세를 보아 누구도 짐작 못했다.

이것이 전부다. 3일장이었으나 밤에 돌아가셔서 일을 본 날은 단 하루뿐… 그러나 많은 친구들이 찾아와 주어 문상받기 바쁜 가운데 그럭저럭 저 세상으로 모셨다. 장례비도 걱정이 없었고 도움을 받은 돈이 오히려 남았다.

내 병은 이제 완치 단계, 걱정할 것 없다. 네 가슴 아플 것 짐작하고도 남는다. 내가 할 말은 네가 부디 모처럼의 기회를 선용하여 훌륭하게 커서 돌아오는 것이 돌아가신 어머님에 대한 보답이라고 생각하고 새로운 결심을 하여라. 그것이 나의 부탁이다. 다 밝혀진 일 몇 장의 사진을 보낸다. 생각나는 대로 더 자주 편지하겠다. 오늘은 이만.

그동안 네가 직접 어머님한테 보낸 편지는 그때, 그때 산소에 갖다 보시도록 놓았다가 돌아올 때 가져왔다. 장례식 끝난 후 첫 번째 편지부터… 한 장도 빠짐없이. (78년 7월 18일 오빠)

세 번째 편지를 쓴다. (어머님이 가신 사실이 밝혀진 후). 무척 비통한 심경에 잠겨 있을 것이라고 생각하니 모든 것이 괴롭다. 지금 하고 있는 박사과정 논문이 7월이 고비라고 하였기에 7월이 지난 후에 전하려고 하였으나 예측하지 못한 곳에서 소식이 가버렸다. 현재 진행하고 있는 공부에 얼마나 큰 영향을 미쳤을지 짐작이 간다. 그러나 헤어지는 것은 인간의 상정이라고 했다. 괴롭고 답답하더라도 더 큰 일을 위해서 진정하여 주었으면 고맙겠다. 네가 수유리에 보낸 편지 어제 받았다는 연락을 받았다. 네가 보낸 그 자격증(DEA)을 가지고 잠시 후에 산소를 찾을 예정이다. 산소에 놓고 너의 심경을 전할 예정이다. 오늘부터 휴가다. 다시 부탁하는 말이지만 부디 건강에 유의하고 너무 상심말기 바란다. 18일은 편지에도 전했지만 100일 추도식을 거행했다. 오늘 산소에 가서 두 어장 사진을 찍어올 예정이다. 사진이 다 되는 대로 보내 주겠다. 거듭 건강에 유의할 것을 부탁한다.

(78년 7월 25일 작은오빠)

언니의 편지

어머님은 아름다운 모습으로 천국으로 가셨어

어머님은 천국으로 가신 것 확실해. 너무도 곱게 가셨어. 천사 동원하라고 하시더니 몇 초 사이에 곱게 가셨어. 생존 시의 모습보다 더 아름답게, 한동안은 실감이 안 나더라. 살아계신 것만 같고.

목욕도 윤노 이모님과 같이 시킨 후 새 옷으로 갈아 입히고 얼마 있다가 어머니는 “천사 동원해라, 아브라함 품에 안긴다.”고 했어. 가시는 순간을 자신이 아셨어. 어머님은 천국으로 가는 길이 왜 이리 복잡하냐고 하셔서 나는 무의식적으로 몸이 쇠약해서 헛소리를 하신다고 하고 있었는데 좀 있다가 다시 명령조로 강하게 천사 동원시켜라 하시기에 헛소리가 더 커졌다고만 생각하고 있는데 좀 있다가 아브라함 품으로 간다고 아주 평온한 모습으로 가슴인지 머리에서인지 툭 소리를 내고 숨을 안 쉬었어. 천국으로 가는 모습을 우리에게 너무 똑똑하게 확인시켰어. 작은오빠는 전날 밤을 새워서 일찍 퇴근하고 귀가해서 잠을 청했으나 잠을 자지 못 하고 다시 불광동으로 오셨고 윤노 이모는 그날 강원도에서 오면서 윤노네로 가지 않고 11시 쯤에 어머니한테로 오셔서 보더니 오늘 넘기시지 못 하겠는데요. 그래서 언니와 셋이서 수건으로 시쳐드리고 새 옷으로 갈아 입혔어. 큰오빠가 고생 많았어. 낮에는 가게 일, 공장 일 살피고 저녁에는 어머니 시중드느라 밤을 새우다 시피했어. 뒤 늦게 소식 알리게 된 것 이해해라.

길가에서 노인들을 보면 가슴이 뭉클해진다. 어제도 공장에서 늦게 돌아오다 밝은 달을 보니 왜 그리 백천거리에서 어머니, 아버지 생활이 주마등 같이 스쳐 한동안 괴롭더라. 추석이 가까운 것을 알았지. 천국에서는 어머니, 아버지 다정히 보내야 할텐데. 영재(제자)는 공군에서 제대했어. 제주도 무슨 학교에서 조리학과에 다닌다고 하드라. 서울에 오면 가끔 전화해. 영순(김영순, 영문과 동기)이 한테서도 전화가 몇 번 왔어.

오늘은 이만 (언니 1978년 7월 10일)

말주변이 없는 나에게 어머님께서 부탁한 기도문

1978년 8월 15일, 오늘 새벽에 꾼 꿈에 어머님을 뵈었다. 어머님은 "모두 어떠냐"고 물으시는 것 같았다. 나는 "그저 그래요"라고 대답했다. (….) 오늘 오뗄 드 노르(Hôtel de Nord)에서 일을 하고 돌아오는 길에 쌩 뻬에르 성당에 들러 성모님 앞에서 촛불을 켜고 어머님이 가르치신 대로 "주여 저에게 인내와 지혜를 주시옵소서"라고 기도했다.

어머님은 말주변이 없는 나를 누구보다 걱정하시고 실수할까봐 늘 불안해 하셨다. 때로는 나의 실수에 책망을 많이 하셨다. 그래서인지 프랑스로 떠나오기 전 기도할 말을 못 찾으면 주기도문에는 모든 기도가 포함되어 있으니 주기도문만이라도 늘 경건하게 마음속으로 하라고 하셨다.

병옥 보아라

일상 주님의 홍은을 입어 잘 있는 줄 믿는다. 나는 아현동에 있다가 수유리에 온지도 한 달여 되었다. 이곳 수유리도 다 잘 있고 아현농도 별고 없는 듯하다. 작은오빠도 가끔 다녀간다.

네게 여러 번 편지 한 것이 제대로 가지 않는 모양이라고 걱정하더라. 큰오빠도 며칠만큼씩 꼭 다녀간다. 건용이는 학교에서 단체로 경주로 수학여행 간지 삼사일 된다. 아마 금명간 올 듯하다. 아현동으로 오는 편지도 다 이리로 가져와 하나도 빠뜨리지 않고 보았다.

항상 천주께 지혜와 인내주소서 하고 기도하라. 모서

(1976년 5월 28일자)

병옥 앞

아현동 오빠네서 카드 여러 장 보낸 줄 아는데 어찌 못 보았느냐? 나는 수유리 있나가 불광동에 와서 실 쉰지 며칠 되있다. 아현동, 수유리 다 별고 없는 모양이다. 초하루 날 작은오빠네 삼부자, 영숙이 다들 왔다 갔다. 수유리서는 아무도 오지 않았다.

날은 왜 그리 추운지. 이곳은 수돗물이 언제 나왔는지 모른다. 수유리도 수도가 얼어서 남의 집에서 얻어다 쓴다는데 네 언니는 아픈 모양인데 아무도 오지 않고 그 집에서 온지 달포가 되어서 궁금하다. 죄 많은 어미는 병신의 몸이 팔십이 차도 아직도 죄가 미진한지 길게 살 모양 지루하기만 하구나. 작은오빠가 큰오빠네 집에 와서 나더러 편지

써서 불란서에 보내라고 하기에 오늘 일월 십일 밤에 몇 자 쓴다.

항상 하나님께 지혜와 인내 주소서 하고 간구하라. (1977년 모서)

(필치는 여전히 똑똑한데 어딘가 문장의 표현이 무너져가는 기분이다.)

어머니께

그곳 날씨는 너무 더운 모양인데 병석에서 고생하시는 모습이 어른거려 언니에게 편지했지만 언니에게서도 답신도 없고 집에서도 소식이 없어 다른 사람들에게 전화를 해보라고 전했는데 그 후 작은오빠로부터 온 편지 받았습니다. 오빠도 몸이 아픈 모양인데 무슨 병인지 답답하기만 합니다. 이 달 말 지도교수와 면담이 있어 그 준비하느라고 바삐 보내고 있습니다. 병석에서도 마음 편히 가지세요. 저는 아버지, 외삼촌, 두 고모 내외분, 큰아버님 내외분을 위해 기도합니다.

모든 것 마음 편히 가지세요. 끝나는 대로 귀국합니다. 늘 건강하세요.

(1978년 6월 17일 병옥)

(이미 이전에 어머님은 작고하셨다. 주소가 잘못 되어서 되돌아온 편지)

1978년 10월 24일, 지금 시간은 밤 11시 20분, 발꽁에 나가니 밖에는 안개가 자욱하다. 안개는 마음을 가라앉게 해준다. 평화를 준다. 두 강 때문에 이곳은 안개가 자주 낀다. 나는 안개 낀 날은 기분이 좋아 안개 속을 걷는다. 어머님의 18번 노래도 '안개 낀 부두'였다. '안개 낀 부두에는 고동소리 처량해'로 시작되는 노래를 부를 때는 즐거운 기분이었고 즐겁게 부르셨다. 주님! 어머님, 아버님, 외삼촌께 강복하소서! 당신 나라에 편안히 계시게 하소서! 그리고 회한을 놓게 하소서!

내일은 논문 3부를 끝내고 4부 시작 첫 페이지를 쓴다. 내일은 3, 4페이지를 쓰면 된다. 주여 감사하나이다.

비엔나에서 헬가의 위로

다행히도 논문 3부를 다 썼을 때 어머님의 부음을 듣게 되었다. 부음을 듣고 한 달 동안은 마음을 진정하지 못하고 방황했다. 방학이라 친구들도 다 떠난 빈 곳에서 논문을 쓴다는 핑계로 고독과 싸우고 있었다. 오스트리아 친구 헬가는 비엔나에서 내 소식을 듣고 자기 집으로 오라는 편지를 보내 왔다. 나는 부활절마다 76년부터 헬가네 집에서 보냈기 때문에 두 번이나 간 적이 있다. 나는 서둘러 짐을 싸서 비엔나 행 기차를 탔다. 헬가의 부모님은 모두 의사여서 여유 있는 생활을 하고 있었다. 헬가 아버지는 1차 대전에 어린 나이로 참전해서 다리에 부상을 입어서 한쪽 다리가 불편하시다. 헬가와 나는 비엔나에서 시간을 보내고 주말이면 별장에서 부모님과 같이 보내는 생활이었다. 브장송에 있을 때는 주말을 나의 아파트에서 같이 보내며 산책을 하거나 근교로 나갔다. 한국 음식을 아무거나 잘 먹는 아주 소탈한 친구다. 내가 처음 파리에 도착했을 때 뤽상부르 공원에서 조랑말을 보고 흥분했듯이 비엔나에서도 말을 타고 골목길을 달리는 말발굽 소리에 즐거운 기분을 만끽할 수 있었다.

76년 4월 22일 (….) 헬가가 오늘 일이 있어 오후는 나 혼자 비엔나 거리를 배회하기로 했다. 한적한 뒷골목을 걷고 있는 나의 등 뒤에서 말발굽 소리가 들렸다. 마치 <춘희>에서 아들 아르망의 연인 춘희를 설득하러 말을 타고 찾아가는 아르망의 아버지가 탄 말발굽 소리로 나를 불러가고 있었다. (비엔나를 첫 여행했을 때)

78년 8월 5일, 어머님의 서거로 아픈 가슴을 달래기 위한 비엔나 여행은 세 번째여서 나 홀로 비엔나 시를 산책하는 것은 문제가 없었다. 다만 헬가와 같이 하지 않고 홀로의 산책은 어머님에 대한 상념을 물리칠 수 가없었다.

논문발표(수뜨낭스 Soutenance)를 기다리며 일을 하다

79년 8월 논문의 초고를 완성은 했으나 지도교수가 입원해 있어 제출하지 못하고 퇴원만을 기다리고 있었다. 그렇다고 여름휴가를 떠날 입장도 되지 못했다. 오전에 일하던 오뗄 드 노르(Hôtel de Nord 북호텔, 프랑스 작품에 서 딴 이름)에서도 논문 때문에 쉬겠다고 해서 내가 하는 일을 다른 사람이 하고 있었다. 내가 하는 일은 아침 7시까지 출근해서 각 호텔방마다 팜므 드 샹브르(Femme de Chambre)가 빈 방에 침대보를 걸어 놓은 것을 5층에 있는 세탁소로 옮기는 것이었다. 8시에는 아침을 같이 먹는다. 그리고 빈 방에 새 침대보를 반듯하게 깔기 위해 각층마다 다니며 팜므 드 샹브르와 양쪽에서 침대보를 잡고 침대보를 깐다. 침대보를 까는 방법도 이곳에서 배우게 되었다. 이러한 일이 다 끝나면 세탁소에서 세탁한 침대보를 둥글게 원통으로 된 기계에 넣어 다리는 것이다. 침대보만큼 길이의 다리미가 원통으로 되어 있어 침대보를 두 사람이 양쪽에서 잡고 다리미에 넣는 것이다. 프랑스에서는 대개 호텔 내에 세탁소가 설치되어 있다. 놀라운 것은 호텔 주인 마담이 세탁소 옆에 재봉틀이 있는 방을 준비해 두고 해진 침대보를 수선하는 작업을 하는 것이다. 이런 침대보는 지붕 밑 싼 방에 사용하는 것이다. 별이 많은 비싼 호텔이지만 그런 호텔에도 이렇게 싼 방이 있다는 것을 알게 되었다. 나는 12시까지 일을 하고 대학

식당으로 가서 점심을 먹는 것이었다. 오후에는 논문을 써야 했다. 한 시간에 10프랑 씩 받고 시작해서 나중에는 15프랑이 되었다. 학생 식당의 식권 60장(한 달 치)이 30프랑이었을 때이다. 이 30프랑은 원래 60프랑으로 반은 정부에서 부담하는 것이다.

지도교수의 병환이 완쾌되기만을 기다리던 어느 날 캄보디아 친구 말라이가 아르바이트를 하지 않겠냐고 제의를 해서 수락하고 일을 하기 시작했다. 내가 일할 곳은 혼자 사는 의사네 집에 있으면서 가정부 역할을 하는 것이다. 이 일은 썩 마음에 드는 것은 아니었다. 말라이가 우선 집에 가 보고 결정하라는 것이다. 집은 프랑스의 여류 작가이며 여성 운동가이기도 했던 꼴레트의 농장을 개조해서 사는 집으로 언덕 위에 위치한 곳이었다. 꼴레트가 살던 맨션은 바로 뒤에 있었다. 프랑스 친구네 집에 종종 초대를 받아서 간 일이 있지만 전원주택에 살아본다는 것은 흥미로운 일이었다. 참으로 이상한 일은 같이 브장송에 있던 혜경과 명숙은 이전부터 내가 꼴레트를 닮았다고 늘 그랬다. 그런데 내가 한때나마 그녀의 농장이었던 집에서 살게 되었다는 것은 놀라운 우연이었다. 꼴레트는 소설가로서 여성 운동을 한 소설가였다. 의사(Dr. Thevenett)는 혼자 살고 있었다. 여자 친구가 많지만 가장 가까이 지내는 애는 우간다의 옹주였다. 아민다다 이전에 왕으로 영국에서 공부를 했고 쿠데다에 의해 폐위되어 영국으로 망명 결국 자살한 왕이라고 한다. 옹주인 나발로가는 미인 중의 미인이었다. 프랑스에 도착한 첫날 파리에서 만나는 흑인 여자들을 보고 매혹되어 이미 미인은 흑인여자라는 것을 느끼고 있었다. 나발로가는 어려서부터 영국에서 교육을 받아 예의와 천성적인 친절이 넘쳐나고 있었다. 프랑스에서 정착하려고 경영학을 공부하고 있었다. 그녀는 지금 파리에 있는 유네스코에서 일하고 있다. 나빌로가가 학생식당에 나타나거나 거리에 나서면 모든 사람들이 나발로가의 아름다움에 시선을 뺏기고 있었다. 나발로가는 밖에서 의사와 데이트를 하지만 종종 집에 와서 나와 같이 음식을 만들고 함께 식사를 하는 일이 많았다. 그녀는 재봉틀을 사서 옷 만들기를 취미로 하고 있었다. 의사의 목욕가운(뻬누아)도 내 목욕가운도 나발로가가 만들어 주었다. 잡지의 모델과 똑같이 만들었다. 의사가 잘 먹는 음식을 만드는 방법을 가르쳐 주고 요리 책도 사다주며 골라서 해보라고 했다. 그는 나보다 15년 어린데 나에게 많은 도움을 주었다. 우간다왕의 여러 부인 중 한사람이었던 나발로가 어머니도 교양 있는 현대 여성이었다. 딸을 보러 와서 나발로가가 스튜디오에 살고 있기 때문에 의사네 집에 있으면서 나발로가도 의사네 집에 와서 우리는 2주간을 즐겁게 지냈다. 의사는 비록 아프리카의 보잘 것 없는 나라지만 한때 왕실 여인이었기 때문에 예의를 다해서 대접을 하고 있는 것 같았다. 나발로가 어머니는 내가 한국인인 것을 알고 재미있는 이야기를 해 주었다. 우간다에 북한 고위층이 왔을 때 국기를 혼동해서 남한 국기를 거리에도 왕궁에도 걸어서 소동이 났었다고 했다. 그녀는 남편이 폐위되자 일반 시민으로서 살아가고 있었다. 나발로가는 미모도 그렇지만 출신이 출신인 만큼 화제의 인물이었다.

집에 있을 때 나는 요리를 해본 적이 없다. 집안일을 한다는 것은 시간을 빼앗기는 것 같아서 집에 있을 때 나는 집안일을 하지 않고 살아왔다. 남을 위해 음식을 만든다는 것은 부담이 되는 일이라고 생각하는 사람이 그 일을 한다는 것은 부담이 가는 일이었다. 그러나 이 일을 하면서 몇 가지 프랑스 요리를 할 수 있었고 의사네 부모 집에 모임이 있을 때는 의사와 함께 동반하는 기회를 가져 프랑스인들의 생활, 식습관을 경험하는 기회가 되었다. 프랑스 지성인인 의사와의 대화에서 프랑스를 많이 알게 된 것도 나에게는 큰 수확이 되었다. 지도교수가 건강이 회복되어 다시 학교에 나온 후에도 계속 의사네 집에 있었다. 특히 의사는 예술에 조예가 깊었고 취미로 '슈퍼 8'을 가지고 영화를 만들고 있어 소통이 되어 나는 이 집에 머무는 것을 오히려 좋아하게 되었다. 그리고 의사와 영화구경도 자주 가게 되었다. 그리고 그의 조카가 영화를 전공한 사람이라 그가 파리에서 오면 많은 이야기가 가능했다.

프랑스인들의 생활을 알게 되는 기회는 이것 외에 지방에 있다는 것이 큰 덕이 되어 파리에서 보다 프랑스인의 생활을 직접 경험할 수 있는 기회가 더 있었다. 로터리 클럽 회원들이 정기적으로 가정에 초대해서 이야기를 나누고 프랑스음식을 맛보는 일도 그 중의 하나였으며 로터리 클럽회원인 노엘 부부는 한국 유학생이 브장송에 오면서부터 몇 년을 계속해서 집에 1년에 4번을 초대해 하루를 보내는 시간을 마련해주는 부부였다. 귀국하는 한국 학생 뒤에는 이어서 새로 오는 학생을 초대하고 있었다. 브장송 근교에 전원주택에서 사는 부부였다. 노엘 씨는 은퇴를 하고 외국학생을 초대하는 것도 노년의 한가를 봉사하는 분이었다. 전원주택을 자신이 짓고 살고 있었다. 시집간 딸의 방을 그대로 두고 딸이 오면 품안에 있을 때처럼 그대로의 기분을 가지려고 하는 것이었다. 마담 노엘은 남편 보다 연상의 부인이었다. 그 옛날에 연애로 결혼을 한 부부여서 그들의 로맨스를 상상하게 해주는 부부였다.

프랑스사람들의 집을 방문해서 대접을 받으며 그들의 생활을 경험할 수 있었던 것은 이것뿐이 아니다. 어떻게 생각하면 좋다고도 할 수 없는 많은 초대를 받았다. 그것은 브장송에 한국 애를 입양한 사람들이 많다. 그들은 한국 애들을 기르며 한국 사람들과 이야기를 하고 싶어서 한국 학생들을 초대했다. 우리는 브장송 지역의 많은 집에 초대를 받았다. 창피한 마음을 갖고 초대에 가지만 프랑스인들의 생활을 경험할 수 있었던 것이다. 브장송 시내에서 만나는 입양한 중고등학생들은 한국인을 보면 피하고 있었다. 나는 어느 여름 날 브장송 시내를 걷다가 앞에 오는 프랑스여자가 중국옷을 입고 있어 바라보며 지나려는데 그 여자가 한국 사람이냐고 말을 해 그렇다고 하는데 안긴 애가 입양아라는 것을 알게 되어 이야기를 하려 하는데 안겨 있던 어린애가 나를 보더니 나에게로 와 안기려고 해서 놀라서 안았다. 나보다 프랑스여자가 더 놀랐다. 내가 저와 같다고 생각하고 그러했는지 가슴이 떨리는 순간이었다.

논문 발표를 앞두고 귀국 전 좀더 자유로운 생활을 하기 위해 의사네 집을 나오기 전까지의 생활은 프랑스를 아는데 아주 좋은 기회였다. 장학금이 떨어졌을 때 방학 동안 룹시안느에서의 일은 내가 직접 찾아서 한 것이지만 오뗄 드 노르와 의사네 집에서의 일은 모두가 생각지도 않은 일을 생각지도 않은 사람이 도와서 한 일이었다. 오뗄 드 노르에서의 일을 하게 된 것은 어느 날 영국 친구가 귀국했다 약혼자를 데리고 다시 브장송에 와서 오뗄 드 노르에 머물렀을 때 만나려고 로비에 앉아 있는데 방학동안 일을 하지 않겠느냐고 호텔 주인 마담이 제안해서 하게 된 것이다. 생각하지도 않은 사람으로부터의 도움은 보이지 않는 분의 은총으로 생각하라는 말을 지금 기억하며 지나온 일을 돌이켜보고 있다. 그리고 나를 위해 기도해 주시는 내 주위 분들 덕이라고 생각한다. 일을 해야 할 때 항상 이렇게 우연히 일을 하게 되었다.

큰오빠의 부음

나는 논문 발표를 앞두고 큰오빠의 부음을 듣게 되었다. 논문을 쓰는 중 가족의 부음을 두 번이나 받게 되는 아픔을 맞게 되었다.

1979년 6월 21일 … 대인이로부터 소식을 받다. 큰오빠의 부음, 눈물도 안 나온다. 너무 처절하다. 경황없이 여행사로 성당으로 다녀오다. 초 한 개를 오빠를 위해 성모님 앞에 밝혀 놓았다. 주여! 우리 가족에게 시련을 이겨낼 용기와 인내를 허락하여 주시옵소서.

큰오빠께서는 내가 떠나오기 전에 사업체가 화재로 그리고 친구의 보증을 서준 것이 화근이 되어 재산을 몽땅 잃는 불운을 맞았다. 그 후 건강도 좋지 않으신 것을 보고 떠났다. 공항에 나오셨는데 가족사진을 찍을 때 어디에 계셨는지 사진에 없어서 서운하게 생각했는데 부음을 듣고 서운했던 마음도 더해 슬픔이 컸다. 큰오빠로부터 받은 편지에는 미안하다는 말씀이 가득 차있었다. 물질적으로 도움을 주시지 못했던 것을 자책하고 계셨다. 프랑스 정부의 장학금을 받고 와서 걱정을 하시지 않아도 되는데 왜 그런 마음을 가지셨는지 모른다. 나는 두 오빠들의 후원으로 대학까지 공부했기 때문에 오히려 고맙고 미안할 뿐인데 왜 그렇게 자책을 하고 계셨는지 오빠께 더 미안할 뿐이다.

병옥 보아라

네가 떠나 간지도 어언 일 년이 지났구나.
그 동안 몸 건강하고 공부에 열중할 줄 믿는다.
이곳은 몸민은 무고히 잘 지내니 다행인가 한다.
그 동안 수차 붓을 들었다마는 붓을 들고 보면
할 말이 없고 미안한 마음 그지없어 그만두었다.
이 오빠를 얼마나 원망하였겠니.
생각하면 가슴이 아플 뿐이다. 모든 것을 이해하여 주기 바란다.

객지에서 얼마나 고생이 심하겠니. 알면서도 편지 한 장 못한 이 오빠의 심중을 이해해주기만 바란다. 오빠로서 무슨 할 말이 있겠냐 만은 이왕 떠나 먼 객지에서 한없는 고생을 하면서 공부하는 중이니 부디 첫째 몸조심, 건강하고 공부 끝나고 금의환향하는 그 날까지 열심히 노력하여 부디 좋은 성적으로 뜻 이루고 와주기를 두 손 모아 축원한다. 아무 쓸모없는 이 오빠를 원망할 줄 알면서도 어찌할 도리가 없는 현재의 이 오빠를 깊이 이해해 주기를 바라면서 할 말은 많으나 후일로 미루고 이만 붓을 놓는다.

1974년 12월 14일 병하 씀

6. 25가 난 후 그러니까 한강 다리가 끊어지기 전날 직장에서 서대문에 있는 작은오빠와 같이 하는 자취방으로 찾아오셔 공격이 심하면 책상위에 이불을 덮고 책상 밑으로 들어가 있으라고 하시고 영등포 댁으로 가셨다. 얼마나 긴 착잡한 귀로였을까. 나는 그때의 큰오빠의 따스함과 애달픔이 나의 가슴을 잡고 있다. 어머니가 <내 큰아들>이라고 쓴 시처럼 큰오빠는 정말 힘든 삶을 사시다 가셨다. 그러나 오빠는 여리어 보이는 아름다운 외모를 갖고 있었지만 월급생활을 그만 두시고 공장도 경영하시고 큰 사업을 하셨다. 다만 말년에 친구와의 우정의 도리를 지키려고 돕다가 파산을 하시었다.

내 큰아들

내 큰아들
길길이 고생한다.
나의 죄일까?
너 낳은 날은
솜씨 것 밀은 국수
닭 잡아
굽이쳐 끓는 물에
정성껏 삶아
갖은 양념 끼얹어

모여든 네 가족, 네 동생들
함께 먹는 모습
즐겁기만 하구나
아끼는 마음
닭똥집은 언제나 네 것
두레상에 둘러앉은
내 아이들
즐겁기만 하구나.
오늘은 잊어버리자.
너의 고생.

박사학위를 받다. 그리고 아로제(축배)를 하다

오빠의 부음은 하늘이 노랗게 보일 정도로 가슴을 찔렀다. 몸을 추스르고 발표 날에 맞추어 발표문을 녹음해 들어보며 시간을 보냈다. 녹음은 장 자끄와 장 미셀 쌍둥이 형제가 도와주었다.

논문 발표는 까다로운 지도교수의 평에 비해 외부 심사 위원들의 호평을 받아 통과 되었다. 내 지도교수는 인종 편견을 가진 가톨릭 신자이기도 했다. 강의 시간에도 유머가 없이 세 시간의 연속 강의를 속사포 같이 하고 질문도 받지 않고 등을 돌려 강의실을 나가는 차가운 교수였다. 그러나 이 날은 논문 통과 후 먼저 손을 내밀어 악수를 청하기도 했다. 따뜻한 모습을 보여주었다. 바로 마련한 아로제(축하로 샴페인을 터뜨리는 축하연)에 외부 심사 위원들을 다 데리고 와 주어서 감사한 마음으로 논문 통과의 기쁨에 들떠 있는 마음을 더 들뜨게 했다. 발표회와 축하연에 참석한 장 자끄는 정장까지 하고 와서 특별히 생각해 준데 대해 감사한 마음이었다. 공식적인 축하연 후에 다시 장 자끄와 장 미셀 두 형제와 축하파티를 새벽까지 가졌다.

축하연회 준비는 레진느(현 아주대학 교수)와 지금 강원대에 있는 김언자 교수, 베네주엘라 친구인 로살바와 니노스카, 재일 교포인 춘자가 수고해 주었다. 춘자는 고등학교 교장인 스테판과 결혼을 하고 애를 낳지만 부모가 반대할 것 같아 이야기를 하지 않고 살고 있었다. 부모가 프랑스로 오면 남편과 아이를 시댁으로 보내고 있었다. 일본에서도 프랑스에서도 살기 싫다고 하면서 프랑스에 살고 있었다. 스테판은 나의 지도교수에게 지도를 받았던 프랑스 사람이다.

(….) 닥터 떼부네가 다녀갔다. 대사관에서 학위 논문 발간 보조금을 준다고 필요한 서류를 보내라고 한다. 닥터 떼부네는 나발로가와 함께 논문 축하를 위해 아로제를 하잔다. 고마운 일이다.

(1980년 7월 29일)

하야시 교수로부터 뜻밖의 축하를 받다

하야시 교수가 내가 수뜨낭스를 했다는 소식을 어떻게 알았는지 샴페인을 한 병 들고 왔다. 나는 다른 애들이 외출하고 로살바만 있어 같이 셋이서 아로제를 했다. 하야시 교수는 그가 한국 유신헌법에 대해 논문을 쓰고 있어 불어판 한국 유신헌법을 얻도록 도와주었다. 그리고 몇 번 그를 도운 일이 있다. (1980년 8월 20일)

하야시 교수는 난데없이 소말리아 여학생을 내 아파트로 데리고 왔다. 길에서 울고 있어서 버스도 끊어져 여기까지 걸어서 데리고 왔으니 따듯한 차를 마시게 하고 재워 달라고 했다. 누구냐고 했더니 모른다고 한다. 밤에 길에서 울고 있어 데리고 왔다는 것이다. 차를 마시고 나니 다시 불루와(Bouloie)에 있는 자기 기숙사로 가겠다고 한다.

나도 같이 있기가 부담스러워서 다시 데려다주자고 하야시 교수에게 말하니 그도 쾌히 따라 주었다. 나중에 소말리아 애들로부터 들은 이야기지만 정신에 문제가 있는 아이였다. 버스가 끊어져서 걸어서 데려다 주워야 했다. 샹빠뉴에 있는 무쓔 돌이 생각이 나서 그곳으로 가니 마침 부부가 귀가 하는 참이었다. 무쓔 돌에게 사정을 말하니 쾌히 승낙하면서 가스가 떨어진 것 같은데 시도해 보자고 했다.

하야시 교수는 동경에서 실비 바탕의 공연이 있었는데 그때는 공연을 보러 간다는 것이 어울리지 않았는데 이곳에서의 공연은 자유스러운 기분이여서 갔었다고 한다. 공연이 끝나고 걸어서 오는데 여학생이 울고 있었다고 한다. 하야시 교수는 순진한 애다. 도쿄대학 대학원을 나와 교수로 있으면서 국비로 이곳에 왔다고 한다. 우리나라 유신헌법을 연구하기 위해 왔다고 했다. 나에게 주불 한국대사관에서 유신헌법을 구해 달라고 해서 나는 장덕수 공보관한테 편지를 하고 파리에 있는 한국대사관으로 찾아가라고 했다. 그는 불어로 된 한국유신헌법을 얻어 오면서 그때도 감사로 파리에 있는 일본 상점에서 일본 나면을 한 상자 사와 선물을 했다. 일본 나면은 우리 나면보다 가늘고 참기름이 들어 있었다. 그는 드골 헌법도 같이 연구해야 한다고 한다. 유신헌법이 드골 헌법을 모방한 것이라는 것을 한국에서 나도 이미 알고 있었다. 최병곤 교수가 국회외교부에 근무하면서 드골 헌법을 번역할 때 유신헌법이 드골 헌법을 모방한 것이라는 것을 알게 되었다.

하야시 교수는 학생이 아니고 연구 목적으로 와 있기 때문에 학생증이 없어 내가 도서관에서 내 이름으로 많은 책을 빌려 주었다 시립도서관에서도 빌려줬는데 시립도서관에서 빌린 책이 오래된 것이어서 복사하고 나니 제본이 다 떨어졌다. 책을 반납하기 전 그는 책이 다 떨어진 것을 걱정하며 불안해 하고 있었다. 나는 책을 복사했는데 책이 다 떨어졌다고 하니 비블리오떼께르는 웃으며 오래 된 것이어서 그러니 걱정 말라고 한다. 나도 밖에서 불안해 떨고 있던 하야시 교수도 불안한 마음을 날려 보낼 수 있었다. (1978년 11월 29일)

하야시 교수는 나와의 여러 작은 인연을 잊지 않고 뒤늦은 축하를 하러온 것이었다.

(….) 축하한다. 나는 논문을 발표하고 상당한 심사기간을 거쳐 학위 수여 여부가 결정되는 것으로 알고 있었는데 학위를 받고 자축도 했다니 오히려 만감이 교차한다. 참으로 반갑다. 어려서부터 조병옥 박사와 이름이 같아서 박사라는 별명을 듣더니 정말 박사가 되어 기쁘기 이를 데 없다. 어깨가 펴진다. 하늘을 찌를 것 같다. 온 가족이 의기양양 하다. 나의 생일날 세 집 가족이 모인 가운데 논문을 놓고 한 장 두 장 들추어 보았으나 고등학교에서 불어를 배웠다는 대인이를 비롯해 글자 한자 아는 사람이 없더라. 내가 표지에 찍힌 조병옥이란 것만 알겠다고 했더니 모두들 배꼽 쥐고 웃었다. 한 가지 섭섭한 것은 축하행사에 보탬을 주지 못해 무척 섭섭하다. 몸조심하고 귀국할 때까지 안녕. 푹쉬어라. (1980년 7월 10일 오빠)

편지를 두 번 받고 회답이 늦었다. 그 동안 몹시 바빴으리라고 생각한다. 그 동안 괴로운 일을 달래줄 일이 없나하고 생각한 끝에 네가 항상 좋아 불렀다는 동심초 녹음테이프를 사다 놓고도 아직 부치지 못하였으나 근간 부칠 예정이다. 논문 발표 후에 감사로 네 지도교수에게 선물로 주고 싶다고 한 재떨이를 사지 못했기 때문이다. 그런데 한국적이고 예술적인 것을 발견해 샀다. 놋으로 된 것인데 화로 크기 만 한 것이다. 골초라고 하니 좋아할 것 같다. 아주 멋있다. 어머니를 8월 25일이면 제일 그리워하게 만드는 날이라고 해서 그 날 만사 제쳐놓고 산소를 찾아볼 예정이다. 아버지와 동거하시니 자연 두 분을 찾아뵙고 올 예정이고 같이 모셔서 여간 편리하지 않다. 물건은 내주에 부치겠다. (1979년 8월 23일 오빠)

논문에 담긴 흘려버리지 못하는 이야기

광고지이면에 연필로 쓴 천여 장의 논문 초고를 끝내고 새처럼 날다.

내가 논문을 쓸 때는 컴퓨터가 없던 시절이었다. 그리고 외국에서 학생 처지에 타이프라이터도 갖고 있지 못했다. 초고도 다시 쓰고, 다시 쓰고 수정도 다시 몇 번을 고쳐야 했기 때문에 종이도 많이 들었다. 브장송에서 공연되는 영화, 연극, 오페라 등을 모두 보는 것이 나의 계획이었기 때문에 이외에 돈을 쓰는 것은 아끼고 아끼며 생활했다. 학교 식당에서 점심 저녁을 먹기 위해 줄을 서 있을 때 씨네 클럽 또는 학생 클럽이나 단체에서 하는 컨퍼런스 등 많은 광고물을 받게 된다. 천여 장이나 되는 초고를 매일 받는 광고지(A4 용지)는 하루에 여러 장을 받게 된다. 나는 이것들을 읽고 모아 이 광고지의 이면을 연필로 초고를 썼다. 지도교수의 발표 승인을 받고서는 타이프라이터를 세를 주고 빌리고 새 종이는 이때 샀다. 그리고 복사해서 출판할 수 있도록 타자를 쳤다. 석사 논문 박사논문을 돈을 받고 타자해 주는 사람들이 있었다. 페이지 수에 따라 금액이 달라지지만 대개의 경우 250페이지를 치는데 3천 프랑이 들었다. 여유가 있거나 타자를 치지 못하는 학생들은 돈을 주고 타자를 쳤다. 일하면서 논문을 타자기로 완성품을 만들기 위해 타자했기 때문에 오래 걸려서 완성했다. 타자를 끝마쳤을 때의 기쁨은 마치 논문이 통과된 것 같은 느낌이었다.

홀가분한 마음이었다. 그러나 초고를 끝냈을 때의 기쁨보다는 덜했다. 초고를 끝냈을 때 저녁을 먹을 시간에 끝냈기 때문에 같이 아파트에 사는 다른 학생들이 식당에 가고 혼자여서 나는 두 팔을 양쪽으로 펴 손을 흔들면서 거실을 새가 날 듯 몇 바퀴 훨훨 날았다. 그리고 홀가분한 기분을 즐기려고 친구를 찾아 밤거리를 나섰다.

광고 이면지에 연필로 쓴 초고는 아직도 보석처럼 간직하고 있다. 광고지는 A4 용지로서 이면을 충분히 이용할 수 있었다. 나는 알뜰하게 생활하는 것은 어머님에게서 배운 생활 습관이기도하지만 불란서에서 젊은 사람들까지도 종이를 아껴 쓰며 알뜰하게 생활하는 모습을 보았다. 별이 많은 좋은 호텔에서도 휴지는 재생한 누런 휴지를 사용하는 호텔이 많다. 그것을 보고 불란서가 가난해서라고는 하지 않는다. 귀국해서 강의 때 내 논문초고 이야기를 풍요를 누리는 학생들에게 했더니 학생들은 이 이야기를 아주 인상 깊게 각인하고 있다고 했다. 컴퓨터를 사용하지 않을 때라 연필로 쓴 초고에는 문법을 수정해 주던 아니(Annie)의 손길 그리고 석학인 베르나르 Bernard)의 용어 사용에 대한 의견을 주었던 손길이 붙어 있는 채로 있다. 내가 초고를 보석처럼 간직하는 한 그들의 우정도 언제나 나의 가슴에 간직되어 영원히 남아 있을 것이다.

우연의 신비

쑤트낭스(Soutenance 학위논문 발표)까지 잊지 못할 사건 중 우연의 신비를 밝히고 싶은 것이 있다. 박사학위 논문 제본은 학교당국에서 무료로 해주고 있다. 쑤트낭스 일자가 정해지면 발표 날짜에 맞춰 제본을 끝내고 지도교수와 심사 위원들이 읽도록 완성된 것을 학교에 전달해야 한다. 나는 인쇄소에 맡긴 수천 장의 논문 인쇄를 학교에 전하려고 인쇄소에 갔으나 인쇄소가 닫는 시간에 겨우 인쇄가 끝났다. 몇 상자에 담은 논문을 학교까지 운반하는 것이 문제였다. 비서실도 곧 문을 닫기 때문에 더 다급했다. 차가 있는 프랑스 친구들에게 전화를 했지만 저녁 시간이라 모두 연락이 되지 않았다. 난감하게 서 있는데 3년 전에 지금 나와 같은 처지에 있었던 인도네시아 학생을 도와준 일이 있는데 바로 그 학생이 복사를 하러 인쇄소로 들어오고 있었다. 나는 그 학생에게 상황을 이야기 했다. 그는 걱정 말라고 하면서 자기 동포 학생을 세 명이나 데리고 와서 그 무거운 상자들을 학교까지 날라다 주었다. 나는 이때의 우연의 도움을 잊지 못하고 있다. 그 인도네시아 애, 타니는 이보다 3년 전 처음 브장송에 도착해서 며칠 되지 않았을 때 자기 동포 선배가 짐을 남기고 부쳐달라고 하고 귀국했다. 짐 상자를 가지고 우체국에 갔는데 무게가 넘어서 우체국에서 부칠 수가 없어서 당황하고 있었다. 그는 직원의 설명도 제대로 알아듣지 못하고 있었다. 짐의 무게에 따라서 우체국 소포 아니면 철도국에서 부치게 되어 있다. 나는 그 애를 그때 우체국에서 처음 만났는데 사정을 알고 내 버스표를 주어가면서 시외에 있는 철도국에 가서 짐을 부쳐 주었었다. 어떻게 우리는 도움이 필요한 어려운 상황에 우연히 서로 도움을 주고받는 신비스러운 멋진 일이 일어날 수 있었을까? 이것은 내 학위에 담긴 아름다운 사건이며 우연의 신비였다.

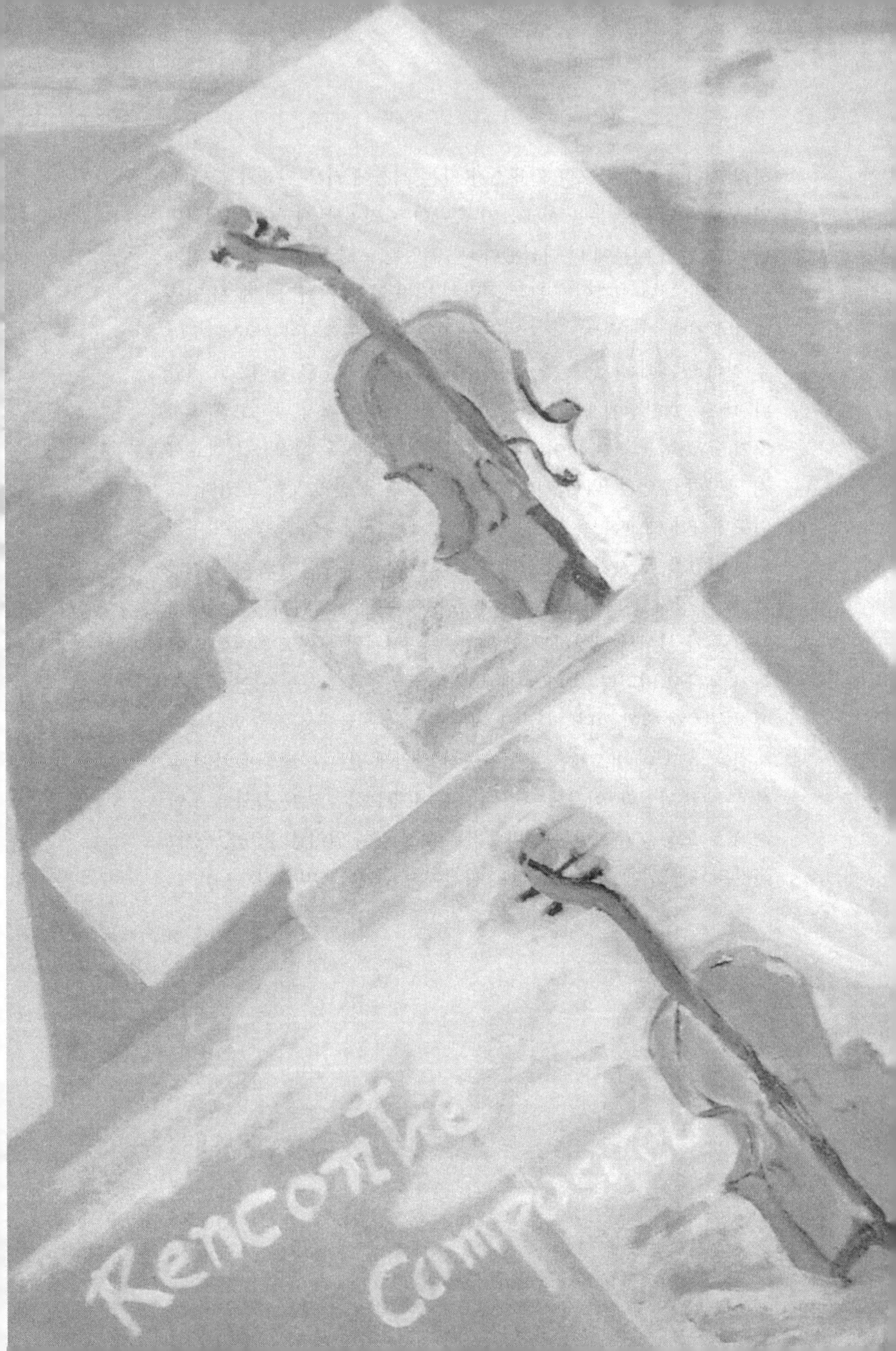
Rencontre

강단에서의 생활

귀국 후 문화의 충격에 안정이 되지 않은채 낯선 公州로 내려오다

나는 학위를 끝내고 귀국을 생각하고 있었지만 한편 파리에서 일을 하며 러시아미술사(말레비치)를 연구하려고 지도교수와의 면담 약속까지 했었으나 취소하고 귀국해야만 했다. 큰오빠의 부음 그리고 작은오빠의 타의에 의한 퇴임, 형부의 파산 등 우리 집은 폐허의 집안이 되어 있었다. 파리에 머무는 것을 포기하고 정신적인 지주가 되지 않을까 하고 귀국을 택했다. 귀국하는 비행기에서 학위를 하고 돌아오는 기쁨보다 내 앞에 벌어질 집안의 환경 때문에 우울한 기분을 비행하는 동안 떨칠 수가 없었다.

귀국해서 훌륭한 학자가 되고 싶은 마음과 우리 가족을 도울 수 있기를 원하면서 귀국을 했지만 퇴임 할 때까지 나의 뜻을 이루지 못했다. 지금까지도 아무에게도 도움이 못되는 삶을 영위하고 세상을 떠나갈 것이라는 생각에 슬퍼지는 것은 어쩔 수가 없다.

내가 귀국 할 당시는 불어과가 여러 대학에 새로 많이 증설되어 다행히 강의할 곳을 선택할 여지가 있었다. 주위 선배교수들의 국립대학을 택하라는 충언도 있어서 국립대학인 공주사범대학을 택했다. 또한 전채린 교수의 조언도 큰 역할을 했다. 조카들 중 유일하게 졸업을 끝마치고 직장을 갖게 된 윤노가 우리 집안의 유일한 버팀목이었다. 작은오빠가 자랑을 하듯이 윤노는 가정에 충실한 효자이다.

작은오빠는 윤노가 영화관에 한 번 가지도 않고 오직 가정을 위해서 산다고 작은오빠는 늘 측은해 하셨다. 어려서 사촌들 가운데서도 가장 겁이 많아 초등학교 때부터 군대 가는 것을 두려워하고 걱정을 했다. 그러나 군대생활을 잘해 냈다. 오빠는 나에게 보내는 편지에도 성실한 윤노를 칭찬하는 말이 많았고 군대 생활도 잘 한다는 이야기를 했다. 나는 윤노에게 편지를 여러 번 써 놓고 보내지 않았다. 쓴 편지를 다시 읽으며 윤노에게 흥미가 없을 것 같아서 써 놓고 부치지 않은 편지가 여럿 있다. 영화관에 한 번도 가지 않는 애에게 영화이야기만 했으니 말이다.

윤노야!

오늘은 내학 극장에서 상영하는 소련 영화 <발라드 드 솔다 Ballade de Soldat>라는 영화를 보며 너의 어려서의 모습 그리고 아버지가 좋은 영화를 보고서 그 다음 나에게 돈을 주며 영화를 가보라던 모습이 겹쳐왔다. 예를 들어 <종은 누구를 위하여 울리나> 같은 영화 말이다. 오늘 본 영화는 1940년 작으로 소련 영화감독인 장 이젠슈타인(Jean Eisenstien)을 교과서로 한 체쿠라이(Tschoukai)의 작품이다. 아름다운 화면이 마치 詩畵를 보는 느낌이다. 전쟁을 다룬 영화인데 전쟁의 참담함을 하나도 보이지 않으면서도 전쟁이 얼마나 고통스러운 것인가를 느끼게 하는 영화였다. 영화를 보는 동안 네가 군대가는 것을 어려서부터 걱정을 하고 있었기 때문에 너를 많이 생각하며 영화를 보았다.

이 영화는 영화의 정석을 다른 영화이다. 영화가 소련영화가 앞섰다는 것을 프랑스에 와서 알게 되었고 1940년의 작품을 보면서도 느꼈나. 이곳에서 큰 수학이라면 끼니를 아끼면서도 좋은 영화를 볼 수 있다는 것이다. 누울 곳이 있고 끼니만 해결한다면 편안함을 느낄 수 있다는 것을 너는 이해하지 못할 것이다. 논문을 쓰다가 머리를 시키기 위해서도 극장을 찾아야 하고 때로는 싸구려 포도주로 목을 축인다. 싸구려 술이라도 양주가 아니냐. 이곳에서는 모임이나 초대에 으레 아뻬리띠프(반주)를 한다. 술을 먹는다고 해서 놀라지 말아라. 정신 상태에 이상이 없으니 걱정하지 말아라. 귀국하면 예술 같은 예술을 맛보며 감격해 하는 그런 일이 없을 것 같다. 그리고 너희들에게 예술이, 영화가 어떻고 하는 이야기를 하지 못할 것 같다.

다만 오늘 전쟁에 관계된 영화를 보며 감격해서 네가 군대, 전쟁을 어려서부터 두려워했던 것이 생각나 영화를 보며 너의 모습이 많이 떠올랐다. (1979년 1월 11일 작은 고모)

조카인 윤노는 귀국해서 내가 나갈 대학이 결정되자 교수 가방을 선물했다. 나는 대인이를 동반하고 윤노가 사준 교수가방을 들고 낯선 공주에 내려왔다. 가방은 내가 퇴임할 때까지 애용을 하며 매일 가방을 들면서 귀국시의 혼란스럽고 우울했던 순간과 동시에 윤노를 생각하는 마음을 늘 같이 했다.

이제 가방은 시간의 때가 묻고 애용을 받지 못하는 신세로 나처럼 쓸쓸하게 서재에서 쉬고 있다.

나는 여기에 있다

나는 여기에 있다.
여기에서
소통하려고, 소통하려고
앞으로 뒤로, 좌우로
손을 내밀어 본다.

내 육체를 짜면, 고독이 방울 되어
떨어질 것 같다.
홀로, 나처럼 홀로
떠있는 달에서
고향을, 어머님을
브장송의 그리운 얼굴들을 본다.
기숙사의 불빛에서 위로를 받는다.

주말인데도 훤히 불을 밝히고 있다.
기말시험이 보고픈 얼굴들을
찾지 못하게 하나보다.
그러나
잭슨 선생의 방엔 불이 꺼져 있다.

나의 집은 볼테르의 말대로 유령의 집,
캄캄한 유령의 집의 문을 연다.
유령의 집을 밝힌다.
나의 안식처
고독을 짜내는 나의 안식처.
로브-그리에, 끌로드 시몽, 뻥제, 뒤라스,
뷔또르, 베르나르 노엘을 탐닉하는 곳.
혼신을 다해 삶을 잣는다.
이 고독의 세계에서
나의 삶을 잣는다.
세상에 왔다간 흔적을 두고서 가자.
아무도 슬퍼할 자 없는 이 땅에
나의 삶을 새겨 놓자.
하얀 종이 위에,
하얀 캔버스 위에. (1983년 11월)

학생들의 특별활동과 불어 연극공연은 학생들과의 행복한 연대감

대학원 졸업 후 몇 곳 강단에서 학생들을 가르쳤지만 내 인생에서 정이 들고 많은 기억을 간직하게 되었던 곳은 공주사범대학의 불어교육과 학생들 그리고 인문대학 불문과 학생들을 만났던 곳이다. 교수방법이라는 것은 환경적 조건과 맞추는 방법이라야 그 교수법이 완성

됨을 강단 생활을 하면서 터득하게 되었다. 공주사범대학생들은 우수한 학생들이어서 나의 교수법이 완전히 실행되지는 못했지만 조건에 맞게 실행함으로써 보람을 느낄 수 있었다. 다만 돌아보면 좀 더 많은 도움을 주지 못했던 것에 자책하고 있다. 또한 학생들에게 많은 사랑을 주지 못했다는 점이 더욱 아쉬울 뿐이다. 나는 오직 가르치는데 외국에서처럼 엄격해야 한다고 생각했다. 그것이 잘 통하지 않는데서 많은 갈등도 있었다. 논문 지도만은 엄격하게 지도했다. 그래서 나에게 지도 받은 학생들의 논문에 만족할 수 있었다. 지금 와서 생각하면 영화 <하버드대학의 공부벌레들>에 나오는 킹스필드 교수같이 너무 엄격한 것은 아니었나 싶다. 그러나 나의 논문 지도법의 원칙에 대해 수정하려고 해본 적은 없다.

사범대학 불어교육과, 인문대학 불문과 학생들의 자유분방한 가운데 발휘하는 멋진 개성과 아이디어, 늘 풍부한 정감을 나누며 생활하던 포근하고 따뜻하고 영롱한 얼굴들, 그들은 지금 나의 그리움으로 존재한다. 그들은 어디서나 개성과 정감을 발휘하며 생활하고 타인들의 호감을 사고 있을 것이다. 대외 행사로 여러 대학에서 행하는 불어경시대회, 불어웅변대회에서 우수한 성적을 안고 돌아올 때마다 가졌던 행복과 보람도 잊을 수가 없다. 매년 열리는 불어 연극을 통해 학생들과 연대감을 두텁게 가질 수 있는 기회를 가졌었다는 것은 나의 대학 강단 생활에서 뜻있는 일이었다는 것을 추억하며 그리워하고 있다. 해마다 열리는 공주대학교 불어불문과의 불어 연극은 대학교의 행사 중 가장 관심과 호평을 받는 학생들의 행사이다. 연극의 선택부터 연출 등 모두가 학생들의 손에서 진행된다. 발음, 연극적인 어조 등은 프랑스인 선생님으로부터 지도를 받아 진행된다. 이 연극 행사를 통해 학생과 학생 그리고 교수와 학생간의 연대의식이 생기고 두터워지기도 한다. 그리고 충청지역 대학교의 불문과 학생들과 교수간의 친교가 맺어지고 충청지역 각 대학에서 하는 연극을 관람하고 격려하기도 한다. 배우로 나오지 않는 학생들도 무대 장치를 도우며 또 배우가 입는 옷을 직접 천을 사다가 재봉틀을 준비해 놓고 만든다. 많은 타교 학생들이 관람하고 다른 학과 남학생들도 많이 와서 관람한다. 연극 이외에 샹송, 불시 낭송 그리고 춤도 막간 사이에 행하게 된다. 90년대 초 불문과의 기지에 찬 여학생들의 아이디어로 프렌치 캉캉을 공연해서 큰 인기를 얻게 되어 프렌치 캉캉은 매년 불어 연극의 상징처럼 공연된다. 불어 연극보다는 프렌치 캉캉을 보기 위해서 관람하러 온다는 남학생들도 있었다.

프렌치 캉캉 춤이 파리에서 처음 공연을 물랭루즈에서 시작할 때도 실크 햇을 쓴 남성들이 그 춤을 보려고 몰려들었다고 한다. 캉캉 춤을 추기 시작할 당시는 외설스런 춤이라고 경찰이 금했으며 무용수나 관람객들을 체포하는 소동이 이루어지는 가운데 캉캉 춤은 공연되었고 그리고 발전되었다. 이 춤이 시작되자 무용수는 물론 관람자들의 열기에 극장은 달아올랐다고 한다. 여자 무용수들이 치마를 들 춰 보이며 깡충깡충 추는 춤에 대한 호기심은 동서고금을 막론하고 남성의 근본적 본능인 것 같다. 현대의 캉캉 춤은 파리에서 발전 했지만 1800년 대 알제리로부터 들어온 춤인데 이것이 발전해서 오늘날 캉캉 춤이라는 고유의 춤이 되었고 동서고금을 통해 남자들의 호기심을 불러일으키는 춤이 되었다고 한다.

연극에서 무용수들이 입는 옷도 학생들이 만든다. 나는 지금 불어교육과와 불문과의 연극공연을 돌아보며 아름다웠던 것에 향수를 느끼는 것과 같이 졸업생들도 어디에서고 향수에 젖어 있을 것이다.

불어 연극은 대외적으로도 충청지역에 알려져서 불어과 홍보 역할까지 하게 되는 계기가 된다. 공주지역 학교에서 불어를 배우는 학생들도 연극 관람을 하러 온다. 일부 학교에서는 불어과 출신 불어선생님의 인솔 하에 학생들과 함께 관람하기도 한다. 이렇게 불어 연극은 졸업생이나 재학생 모두의 축제다. 이 연극은 학생들의 재능과 지혜와 지식으로서 전적으로 학생 자율에 의해 이루어진다. 불어교육과 학생이었던 이성규 학생은 미술에 재능이 있어 무대장치를 위한 그림을 그려서 더욱 멋진 분위기를 연출해내기도 했다. 재능이 많고 재치가 넘쳤던 학생들과 함께 한 연극 공연은 나의 강단 생활에서 학생들을 좀 더 알아가게 되는 기회였고 교수와 학생들의 즐거운 축제였다.

졸업여행의 지도교수인 나는 학생들의 보호를 받다

연극 외에 학생들을 좀 더 알아가는 기회는 졸업여행이다. 지도교수라는 명목으로 동행하는 여행에서 나는 늘 학생들의 보호를 받으며 여행했다. 강의실에서도 그랬지만 군 복무를 마친 예비역 학생들은 늘 듬직한 버팀목 역할을 하고 있었다. 문제가 있을 때면 으레 그들이 나서서 중재 역할을 하고 일을 해결하곤 했다. 졸업여행에서 지도교수가 여자라서 그들은 남자로서 여성을 보호해야 한다는 본능이 작용했던 것이다. 여행을 할 때마다 혹 불상사가 일어날지 몰라 늘 불안감을 갖는다. 제주도의 날씨는 수시로 변한다. 특히 산 위에서는 더 그렇다. 여행에서 백록담에 다다랐을 때 날씨가 변해 검은 구름은 발 아래로 흘러가고 있었고 바람도 심하게 불어 날아갈 것 같은 두려움에 휩싸였다. 그 순간 지도교수가 바람에 날아가 떨어지고 신문에 나면 무슨 망신인가 하는 공포에서 학생들만 올라가라고 하고 나는 바위를 꽉 붙들고 있었다. 그때 예비역 학생인 부여출신 박황수 학생은 되돌아와서 "교수님 몇 미터만 가면 백록담이야요. 제 손을 잡으세요"라고 하자 그래도 나는 어서 다녀오라고 하고 거절했다. 그러나 다른 학생이 또 내려와서 권해 나는 두 학생의 손을 잡고 보호를 받으며 올라갔다. 나는 백록담의 광경

보다도 나를 생각하고 보호해 주었던 학생들의 손길을 더 강하게 기억하고 있다. 얼마 전에 그때의 광경을 철쭉꽃이 만발한 대지와 검은 구름 위에 남녀가 손을 내밀어 잡으려고 하는 그림을 그렸다. 이 남녀의 모습은 미켈란젤로의 <천지창조>를 모방했다. 미켈란젤로는 조각가로서 강제로 교황의 요구에 시스틴성당의 천정화를 그린다. 그러나 그는 도중 그리기 싫어서 도망쳐 조각을 위한 화강암 채석장에서 일을 한다. 교황의 군대가 그를 체포하려는 것을 피해 도망가던 중 하늘에서 구름의 웅장한 변화에 영감을 얻어 자진 천지창조를 완성한다. 나는 이런 사실을 알지못한채 한라산에서 웅장한 검은 구름의 변화에 두려움을 갖었던 순간을 기억하고 미켈란제로의 천지창조를 모방했다. 햇빛이 쨍쨍한 대지와 먹구름의 대비는 제주도의 날씨를 표현해 본 것이다.

백록담까지 가는 길은 힘이 드는 길이지만 학생들의 이야기에 즐겁기만 했다. 군대에서 취사반에서 일했다는 김성학 학생은 자신 있게 찌개며 밥을 했다. 산에서 해먹는 음식은 아주 맛있을 수밖에 없는데다 군대에서의 경력 그리고 자취생활에서의 경력, 그만하면 경력만으로도 한몫을 한 맛있는 음식 솜씨였다. 학과 성적도 우수하고 성품도 좋은 그는 가끔 조용히 웃기는 재주도 있었다. 그들은 쉬어가는 시간에 군대 이야기를 했다. 어떤 학생은 오리발 걸음의 벌은 아주 힘든네 그래도 오리발 걸음으로 집에만 가라고 한다면 그렇게라도 할 만큼 군대생활이 힘들었다고 했다. 이에 어떤 학생은 그래도 군대생활이 힘든 것만 있는 것이 아니라 낭만도 있다고 대꾸했을 때 누구도 겉으로 부인하는 학생이 없었다. 그렇다고 모두가 무언의 답을 하는 것이었을까? 아니면 이제 그 힘들다는 군대생활을 다 끝냈다는 여유 있는 감정에서 나온 무언의 수긍이었을까? 군대에 대해 아무것도 모르는 나는 군대 이야기를 듣는 것도 재미있는 일이었다. 영화 <십칠 포로수용소>도 자유롭지 못한 환경 속에서도 남자들이 만들어내는 특유의 본능과 유머가 있지 않은가? 그런 점도 낭만이라고 하지 않을 수 없지 않나? 나는 여자 교수로서 이들 남학생들을 따라가는 명목상의 지도교수로서 보호만 받는 즐겁고 호기심이 가득했던 그들의 이야기를 들을 수 있었던 여행을 잊을 수가 없다.

여교수회, 아소(我笑)회의 활동

대학에서 여교수들과의 교류는 여교수 모임이 만들어지기 전까지는 각기 서로 친한 교수들 끼리만이 교류를 했다. 80년대 초부터 여교수회를 구성하자는 말이 나왔지만 성사되지 못하고 90년대 초 여교수회가 이루어졌다. 전체 교수협회가 있기 때문에 우리는 명칭을 여교수회라고 명칭을 하는데 신중할 필요가 있었다. 회의 구성의 목적이 뚜렷했으나 남자교수와 여자교수를 교수사회에서 구별하여 행동한다는 것이 오해를 살 것 같다는 취지에서 회의 명칭을 모여서 웃고 즐기자는 뜻이 내포하는 것으로 아소회(我笑會)라고 했다. 여교수님들은 아소회라는 어감이 좋다고 만족하고 있었다. 아소회는 친교도 원하는 것이었지만 여교수회는 지역사회를 위해 봉사활동을 하는 데에 목적이 있었다. 이런 의사를 제안한 것은 여교수회를 구성하는데 가장 중심 역할을 한 가정과 김갑영 교수님의 의견이었다. 여교수님들로 구성된 가정과 교수님들이 아소회의 활동에 항상 헌신함으로서 공헌이 컸다. 우리는 다양한 강좌 프로그램을 가지고 공주 지역과 공주와 가까운 지역의 여성들을 대상으로 했다. 계룡대에는 많은 군인가족이 있고 젊은 주부들이 많아 그들도 대상으로 했다. 운영은 학교와 공주시에서 후원을 받아 운영되었다. 여교수님들 모두가 이 봉사를 위해 함께 노력하는 동안 친교는 자연히 두터워지게 되었다. 극히 작은 봉사이지만 연구실 밖에서 지역사회를 위해 일할 수 있는 기회를 가졌던 것은 후원을 아끼지 않으셨던 지금은 고인들이 되신 안승주 총장님, 이상우 총장님과 오제직 총장님의 배려가 컸다.

아소회의 활동은 교양강좌와 레크레션 활동, 문화 탐방 등 프로그램이 다양했다. 교수들의 축하할 행사를 함으로서 교수 사회의 건조하기만 한 분위기를 만들게 된 것도 보람된 일이었다. 나는 아소회를 통해 교수님들의 호의를 가장 많이 받아 감사한 마음 뒤편에 오히려 미안한 마음이 많다.

순수의 계절

미술전공을 하게 되는 행운과 학생들의 따뜻한 마음

공주대학교에 근무하면서 오랜 꿈을 이룰 수 있는 기회를 가질 수 있었던 것은 커다란 행운이었다. 여학교 때부터 미술대학을 가고 싶었던 것을 대학에 근무하면서 미술대학을 다닐 수 있는 기회를 가졌다. 수십 년 간 희망했던 것을 성취한 것이다. 미술대학에 들어갈 때까지 나는 미술에 대해서 깊은 우물을 팠다고 감히 말할 수 있다. 독학을 하면 깊은 우물을 팔 수 있다. 자유로운 마음으로 공부할 수 있기 때문에 깊이 들어갈 수 있다.

나에게 있어서 불문학만 해도 그렇다. 나는 영문과에 입학해서 영문학보다 불어를 자유롭게 더 깊이 공부했다. 교수로서 미술을 전공하고 그림을 그리며 또한 현대 미술 이론을 미술과에서 설립한 전교생을 대상으로 하는 교양강좌에서 가르칠 수 있었다. 나는 공주대학에서 행운을 누릴 수 있었다고 생각한다.

불문과 학생들도 내가 대학원에서 공부할 수 있게 강의 시간을 나에게 편리하도록 도와주어 지장이 없었다. 어떤 강의 시간은 나를 위해 오후 7시 이후에 할 수 있도록 해준 것은 참으로 고마운 일이었다. 그들은 저녁을 먹고 야간 수업을 해야 했다. 그들의 선한 얼굴들은 많은 시간이 흘렀지만 그림을 그릴 때마다 나와 함께 언제나 같이 하고 있다.

불어과 학생들 외에 교양과목으로 현대미술과 프랑스문화를 들었던 학생들은 나를 무서운 선생이라고 하면서도 의외에 나를 사랑해주었던 학생들이 많았다. 그리고 충북대학교 불문과 대학원 강의에서 만났던 대학원 학생들도 많은 사랑을 주었다. 또 현재 웅진예술대학에 교수로 있는 이윤혁 교수는 충북대학교 대학원에서 만나게 되었고 중앙대학에서 학위로 뒤라스의 영화에 대해 논문을 쓰고 있어 연구에 관한 많은 시간을 함께 가졌다. 상명여대에서 강의를 들었던 이현미(지금은 일본 외교관 부인)는 프랑스에서도 일본에서도 나의 이야기를 분에 넘치게 좋게 하고 있어 오히려 부끄럽다. 현미와는 30 여년 동안 사제지간으로 연락하며 지내고 있다. 그래서 나는 모든 제자들에게 감사하는 마음이다.

교양과목을 들었던 한 제자는 나에 대한 글을 써서 헌정하기도 하는 갸륵한 학생도 있었다. 글이 자신을 드러내 놓는 것이라면 그들은 나와 관계를 가졌던 사랑하는 제자들의 모습이다. 또한 그들의 글속에서 말하고 있는 나는 그들에게 비쳐진 나의 한 단면이기도 하다. 제자들의 글 그리고 편지들을 다 여기에 담지 못하는 것이 안타깝다. 불어과의 이정균 학생은 훤칠한 키에 인상도 좋은 홍성이 고향인 제자이고 불어 발음이 아주 좋아서 프랑스대사관 후원으로 아주대학에서 주최하는 불어 웅변대회에서 최우수상을 타기도 했다. 몇 십 년 전 방학 때 보낸 편지를 지금 다시 읽으니 할아버지를 위해 농사일을 도왔다는 이야기가 있다. 그도 나에게 많은 기쁨을 준 학생 중의 한명이었다. 정신여자고등학교에 있는 이건칠 선생은 서울 정신여고에 지원을 했는데 합격되었다고 했을 때 본인이 우수한 학생이라서 뽑혔을 것이라는 생각도 했지만 공주사범대학생을 제대로 평가했다는 것에 나는 더 기뻤다. 성적우수학생에게 돌아오는 장학금을 어려운 친구에게 돌려주었던 방재덕 학생은 나의 짐을 덜어 주었다. 그는 책을 아주 많이 읽어 지식이 풍부했다. 오충렬 학생은 육상을 잘해서 학교 운동회 마라톤에서 1등으로 들어와 기뻐서 꽃다발을 급조해 주었더니 너무 기뻤나고 편지를 보내왔있다. 권영당이리는 학생은 상대평가 때문에 학교를 떠나야 해서 대구에 있는 한의대학으로 입학해서 잘 공부한다고 편지를 보내왔다. 그는 학교에 대해 원망대신에 오히려 나에게 위로 편지를 해주는 아량이 넓은 학생이었다. 지금은 한의사로 활동하며 환자들에게도 아량으로 대하며 훌륭히 의사 생활을 하고 있으리라고 생각한다.

이성규 학생은 내가 많은 신세를 진 학생이었다. 83년 분양받은 아파트로 이사를 갈 때 전셋집에서 전세금이 빠지지 않아 난감해 있는 것을 알고 자기 아버지께 이야기를 해서 액수가 많은 돈을 빌려다 주어 입주 날짜에 들어갈 수 있었다. 그는 3학년 때 군에 입대하면서 수채화를 그려서 선물로 주고 입대했다. 또 있다. 졸업할 때 내가 졸업선물을 해야 마땅한데 오히려 나에게 주전자까지 있는 다기를 졸업선물로 주었다.

제자들인 조교 선생님들은 어떠했나. 모두 나에게 도움을 주었던 제자들이다. 박한표, 나국환, 송해춘, 윤혜정, 박용주, 전경철, 김희영 등 이들 조교 선생님들은 과 업무 외에도 사적으로 나의 연구를 많이 도와주었다. 박한표 선생 같은 제자는 1987~88년 연구년에 프랑스에 있을 때 조교 일을 보며 내 연구실 꽃까지 돌보게 했으니 너무 무리한 일까지 한 조교였다. 그때 프랑스로 보낸 편지마다 교수님 연구실에 고무나무는 잘 자라고 있다는 말을 빼놓지 않고 있다. 나는 떠날 때 네 아이 우유 줘야 하는 것처럼 내 꽃들에게 물을 주라고 부탁했었다. 그러나 나는 그에게 많은 도움을 주지 못해 늘 안타까운 마음이다. 윤혜정 조교는 나를 따르는 학생이었는데 조교 생활을 할 때 울도록 야단을 친 일이 있어 그것이 가슴에 못이 되었겠지만 나도 지금까지 미안한 마음을 갖고 있다.

공주대에 부임해서 처음 감동했던 일은 내가 새로 부임했다고 인사를 하러 연구실이나 집으로 찾아주었던 일이다. 참으로 감동적인 일이었다. 이들은 전통인 유교적 예의를 계속 지키고 있었다. 그리고 방학이 되어 귀향 할 때도 집에 간다고 인사를 하고 갔다. 개학이 되어 인사를 하러 오는 것도 잊지 않고 있었다. 시내와 떨어진 곳에 살고 있어 차 없이 시내에 나가기가 힘들었다. 시내에서 구해야 될 물품들을 해결해 주었던 학생들 중에는 이호 학생이 아주 많이 했다. 그가 졸업 후로는 김기식 학생이 바통을 이어 받아 해결해 주는 행운을 갖게 되었다.

학과 회장에 따라 그 과가 달라진다는 것을 알고 있다. 모두 과 회장들은 잘했다. 그들은 자율적으로 과일을 잘해 나갔다. 나는 한 회장에게 화를 많이 내서 그는 술까지 마시며 고민했다는 이야기를 들었다. 그러나 나는 그 후 한 번도 그의 상한 가슴을 어루만져주지 못했다. 이제 중년이 넘은 그는 지금도 나를 원망할 것이라고 생각하고 있다. 내가 준 상처가 컸으리라고 생각하고 있기 때문이다.

교양불어를 듣던 학생들은 어느 해 스승의 날에 강의시간에 들어가 보니 꽃다발과 편지만 탁자에 놓여 있었다. 편지는 사대 물리과 한준원이라는 학생이 대표로 써서 놓은 것이었다. 놀라웠던 것은 한글 편지와 불어편지를 놓고 갔다. 불어 편지를 쓴 것에 놀랐다. 그래서 그 학생을 기억하고 있다.

교육대학원 학생들은 대부분 현직에 있는 선생님들로서 사범대학 불어과 출신으로 참 우수한 분들이어서 방학 동안에 강의가 있지만 그들과 같이 연구한다는 것이 즐거웠다. 이영희 선생은 나에게 지도를 부탁했는데 도중 연구 년에 프랑스로 가게 되어 끝까지 지도해주지 못했다. 홍순도 선생은 논문을 누보로망을 택했고 그는 훌륭한 논문을 썼기 때문에 연구지에도 낼 수 있었다. 나에게는 기쁜 일이었다.

불문과 출신들도 90년대 후반에 대학원에서 다시 만나 공부를 할 수 있었다. 이들은 하나같이 해마다 안부를 물어오고 있다. 학생들이 보내온 편지들은 지금 다시 읽으며 느끼는 기분은 순수의 보따리들이다. 나는 그 보따리들을 모두 잘 보관하고 있지만 왜 강단에 서 있을 때는 그 들이 아름다운 보물이라고 생각하지 못했을까?

지금 내가 있는 거처는 남쪽에 있으나 바로 산 밑에 있어서 춥다. 나는 가을부터 새벽 공기와 비 오는 날의 습한 공기를 막기 위해 창가에 병풍을 치고 잔다. 그 병풍은 80년대 초 졸업한 류현숙 학생이 붓글씨로 시조를 써서 만든 8폭 짜리 병풍이다. 류현숙 학생은 동아리 활동으로 붓글씨 반에서 열심히 작업을 하고 있어 나는 내가 좋아하는 시조를 골라 병풍을 만들려고 써달라고 부탁했다. 여덟 폭에 담긴 시조를 읽으며 나를 판단해 본다. 그 시조들은 술을 즐기고 방랑을 즐기는 시조가 세 폭으로 되어 있고 나머지도 방랑의 낭만을 노래한 것이다. 다 남자들이 쓴 시조여서 남자들의 심정을 노래한 것이라는 타당성의 결론을 내리면 되지만 내가 나를 비판해 봐도 나는 술을 좋아하고 방랑을 즐기고 싶은 심정이 내 속에 있는 것 같다. 나는 술을 많이 마시지 못하지만 술은 낭만이라고 생각하고 있다. 그리고 대화의 상자라고도 생각한다. 그래서 가을이면 술을 담근다. 손님을 위해서다.

술을 취케 먹고 거문고를 희롱하니
창전에는 학이 절로 우는 고야.
우리도 봉래산 학이매, 자연지읍하노라.

짚방석 내지 마라 낙엽엔들 못 앉으랴,

숯불 혀지 마라 어제 진달 돋아난다.
아희야 박주산채일망정 없다말고 내어라.

자네 집에 술 익거든 부디 나를 청하시오.
초당에 꽃 피거들랑 나도 자네 청하옵세.
백년간 시름없는 일 의논코자 하노라.

들샘 류현숙 학생은 술 이야기를 한 시조를 쓰면서 여자 선생인 나에 대한 의문을 가졌을지도 모른다. 얌전한 성격이었기 때문에 묻지도 못했을 것이다. 나는 바람 따라 흘러가고 변하는 구름이 좋아 여름 구름이라고 호를 지었다. 강단의 생활도 때가 오면 떠나야 하는 것이어서 공주대에 잠깐 머물러 있는 곳이라고 생각했다. 그래서 '夏雲停處'라고 써서 내 연구실에 걸어놓고 있었다. 이 글씨는 素蓄 강미경 학생이 아주 멋있게 써주었다.

나는 해마다 4년 동안 정들었던 학생들을 떠나보내면서 판에 박은 듯한 겉도는 인사말을 해 보냈던 것을 깨닫고 있다. 지식과 지혜를 구하러 대학에 들어온 학생들에게 그들에게 부합할 수 있는 역할을 해주지 못했다는 교수의 반성을 왜 못했을까? 철학이 없어 가슴에 영원히 간직할 감격적인 말도 하지 못했다는 것을 이제, 졸업생에게 했던 인사말을 다시 생각하며 부끄러움을 느끼고 있다.

정든 학생들을 떠나보내는 과 교수들의 마음과 스승을 기리는 학생들의 마음

오늘은 4년 동안 여러분이 노력의 결실을 맺는 학위 수여식입니다.

학위 수여식은 영어로 커멘스먼트(Commencement)라는 것은 여러분도 잘 압니다.

그 어원은 본래 불어에서 시작한다는 단어 Commencer에서 나온 말입니다. 즉 커멘스먼트는 끝이 아니라 시작이라는 것입니다.

이제 여러분은 새로운 길을 시작하는 희망을 갖고 그간 몸담았던 학교를 떠나는 것입니다.

좋지 않은 우리의 여건 속에 여러분을 떠나보내는 우리 불어과 교수 모두는 마음이 가볍지만은 않습니다.

여러분이 새로 시작하는 길에 여러분의 꿈이 이루이지기를 바라며 우리, 교수 모두의 마음의 꽃다발을 전하는 바입니다.

1996년 2월 23일

조병옥 교수님께

첫 월급을 받았습니다. 첫 월급을 타면 부모님의 내의를 사드리는 것이라고 합니다. 스승님도 부모님과 같기 때문에 부모님 내의를 사면서 교수님 것도 샀습니다. 저의 성의를 받아 주시면 감사하겠습니다.

1982년 3월 김재황 올림 (불어교육과 졸업생)

獻詩

스승

바람은 가을을 뿌려 놓고
하늘 자락으로 날아가지만
당신은 늘 그곳에 서 계십니다.

연륜을 잊은 채
긴 오버코트 하나로
고독을 지키고 계십니다.

당신은 언어를 사랑하고
시를 사랑하시고
인간을 사랑하십니다.
그러나 학문을 한다는 건
가을 같은 우수를 지녀야 하는 고독의 과정,
감이 늦가을을 위해
자신의 떫은 맛을 고집하듯
당신은 제자를 가르치고
가치로운 세계를 위해 모든 것을 바치십니다.

그리하여
저는 늘 당신을 우러르고 있습니다.

(1992년 제자 윤정 바침. 행복하세요. 프랑스 문화 강좌를 들은 학생)

안녕하세요 교수님

저는 이번에 교수님의 강의를 들었던 홍정화입니다. 혹시 기억하시는지요. 부득이 1교시 수업을 듣지 못했던 학생입니다. 교수님이 레포트로 수업을 대체해 주셔서 다행히 출석으로 인한 불이익을 당하지 않아 정말 감사하다는 말씀드리고 싶었는데 이제야 이렇게 메일로서 전하게 되네요.

처음에는 교수님이 너무 무서웠거든요. 교수님의 강의를 들었던 선배님들이 교수님 무섭다고 하도 겁을 줘서… 저도 역시 처음에는 교수님이 무서웠어요. 뭐 저한테 혼을 내시거나 화를 내신 적은 없지만… 뭔지 모를 카리스마에… 근데 강의 후반부터 갈수록 교수님의 강의에 매료되었어요. 정말 교수님의 강의 아니면 우리가 평생 모르고 지나갔을 이야기들과 그리고…

종강을 교수님의 그림 이야기를 해주셔서 즐거운 시간이었습니다. 교수님께서 그림을 그리신다는 이야기도 들어서 꼭 보고 싶었어요.

팜플렛을 통해서라도 접하게 되어서 좋았습니다.

그리고 나누어 주신 교수님의 그림엽서도 이제는 제가 제일 아끼는 엽서가 되었어요.

교수님의 강의를 들으면서 저도 교수님처럼 나이가 들어서도 항상 공부하고 싶다는 생각이 들었어요.

대학 오면서 갑자기 주어진 자유를 주체하지 못하고 얼룩진 시간을 많이 보냈는데 잠도 안주무시고 강의하러 나오신 교수님을 보면서 이제 20대 초반인 제가 가끔 졸린다고 아침수업을 빼먹은 것이 너무 한심스럽게 느껴졌거든요.

교수님께서는 제게 저를 돌아볼 수 있는 시간을 주셨어요.

감사드립니다.

언제 또 교수님 강의를 들을 수 있을지 모르지만 제가 대학을 졸업하고 사회에 나가도 교수님은 제가 제일 존경하고 닮고 싶은 여성이 아닐까 합니다.

다시 한번 감사드립니다. 저 같은 부족한 아이에게 교수님의 소중한 시간을 내주셔서요.

언제나 건강하시기를 바랍니다. 진심으로… 안녕히 계세요.

2004년 1월 3일

(미술 강좌를 들은 학생)

조병옥 교수님께
Joyeux Noël ! Bonne Année !

지난 4년 동안 교수님의 강의는 저의 사고에 많은 영향을 끼쳤습니다. 경직된 사고에서 탈피하여 유동적이고 창조적인 사고를 하도록 노력하게 되었으며 사고의 폭이 넓어진 것 같습니다. 대학 생활을 돌이켜 볼 때 교수님은 제게 많은 영향을 끼친 분들 중 한 분입니다. 감사드립니다. 몸 건강히 계세요.

1990년 12월 19일 김경옥 올림 (불어교육과 학생)

교수님, 안녕하세요?
애지중지하시는 비둘기는
더위를 못 견디어 하지 않겠지요?

불초 제자 정균 문안드립니다.

이 숨 막힐 듯한 더위를 어떻게 이겨내시는지요.

부끄럽습니다만 방학 동안에 읽는다고 가져온 책들이 먼지로 덮여 있습니다. 하지만 교수님께 말씀드린대로 열심히 일하고 있습니다. 경운기를 끌고 다니며 소먹일 풀도 깎고 농약도 하고 담배도 따며 아주 열심히 일하고 있습니다. 대견스러워 하시는 할아버지께 많은 칭찬을 듣고 있습니다. 다음 학기에는 원래 검지만 시꺼멓게 그을린 얼굴로 교수님 뵙게 될 것 같습니다. 교수님!

교수님께서 애지중지하시는 비둘기들은 사람들처럼 이 무더위를 못견디어 내지는 않을 것으로 생각합니다.

모쪼록 건강하시길 빌며 두서없는 글 이만 줄일까 합니다.

안녕히 계십시오. 1983년 8월 8일 정균 드림

공부도 잘하고 불어를 잘하며 특히 발음이 아주 좋아서 대외활동에서도 좋은 성적을 거뒀던 학생이 귀향해서 할아버지를 도우며 바쁜 가운데도 편지까지 보냈다. 우리 집 비둘기 이야기까지 하고 있다. 나는 심심해서 비둘기를 기르고 있었는데 그 녀석들이 사교적이었던지 매력이 있었던지 팔도강산의 비둘기들을 모두 끌고 오는 것 같았다. 어떤 녀석들은 아예 돌아가지 않고 살고 있어 지붕에서 내는 소리가 요란했다.

강의실에서 창문을 통해 보면 비둘기들이 하늘을 날아가고 있는 모습을 볼 때가 있었다. 저것들이 내 비둘기겠지 하고 나는 바라보았다. 이런 내 모습을 이상히 여긴 학생들도 있었을 것이다. 어느 날 산 넘어 동네 계시는 어르신네가 아침 일찍 오셔서 선생님이라고 부르며 비둘기들이 심어놓은 콩을 모두 캐먹는다고 해서 나는 무척 당황했다. 그래서 보상을 해드리려고 돈을 드릴 터이니 다시 심으시라고 했다. 어르신께서는 다시 심는 것이 문제가 아니라 비둘기를 없애야 한다고 했다. 나는 내 비둘기들을 멀리 보내야 했다. 내가 비둘기를 기르는 것을 우리 집에 왔던 학생들은 알고 있어 소문이 났었다.

교수님, 찾아뵐게요
하루 밤 묵게 해주세요

촉촉한 비가 와서 자연에 있는 눈이 다 녹습니다. 봄이 다가오고 있네요. 교수님과 통화가 되어 꿈만 같았습니다. 속히 찾아뵙겠습니다. 은영이에게 교수님 연락처 알려줬어요. 곧 연락할 겁니다. 에스터와 엘리자벳과 찾아뵐께요. 하루 묵게 해주세요. 은영이가 늘 교수님 강의 들을 때가 그립다고 하고 있어요.

영숙 드림. (불문과 및 대학원생)

은영이와 같이 대학원 강의를 듣던 불어교육과 출신 백승부 선생은 학교생활에 바쁜데도 나의 퇴임 기념 전시회에 와서 비디오 사진을 찍어 줘서 나는 내 전시회 겸 퇴임식 기록을 영원히 간직하고 다시 볼 수 있게 해 주었다.

존경하는 교수님께,
스승의 날 뜻을 모아 편지와 꽃을 올립니다

교수님 안녕하세요. 여러 가지 어려운 현실 속에서 교수님이 하시는 일에 어려움은 없으신지요. 저희들은 교수님이 당신의 뜻을 펴시고자 노력하고 게신 모습을 뵈올 때 언제나 가슴 뿌듯할 따름입니다. 이 편지를 올리는 취지는 다음과 같습니다. 교수님이 아시다시피 저희들이 공주사범대학에 들어온 지 어언 3개월 째 접어들고 있습니다.

그러나 저희들은 교수님께 변변히 해드린 것도 없고 잘못한 것이 너무 많아 항상 죄스럽게 생각하고 있습니다. 그러나 다행히 오늘 스승의 날을 맞이하여 교수님의 은혜에 조금이나마 보답하는 마음에서 저희들이 작은 정성을 모아 편지와 꽃을 올립니다. 저희들 모두가 교수님께 드려야 할 예의인줄 아오나 그간 교수님의 노고와 은혜에 보답하고 교수님이 스승의 날을 맞이하여 하루정도 쉬시면서 연구하실 수 있는 시간을 갖는 것이 더 좋을 것 같아 오늘 이렇게 무례하지만 꽃과 편지를 놓고 갑니다. 오늘 저희들이 이런 행사를 하는 것이 오직 교수님과 저희들과의 진정한 사제의 정을 나누고자 하는 것이니 그 점을 인지해 주시고 교수님의 넓은 아량으로 저희들의 부족함을 덮어 주시기 바랍니다. 한 가지 교수님께 간곡히 부탁드리는 것은 지금 이 일이 근래 학교에서 일어나는 일과는 무관한 일이니 교수님께서는 깊이 사려해 주시고 왜곡되게 받아주시지 말기를 간절히 바랍니다. 스승의 날에 그 은혜 다시 새기고자 글을 올립니다.

앞으로도 많은 도움과 채찍질 해주시면 그 은혜 더욱 빛나겠습니다.

다시 한 번 감사드리며… 한준원 올림

이렇게 한글로 쓴 편지와 불어로 쓴 편지를 놓고 갔다. 불어 편지는 완벽하지 않지만 아주 잘 썼다. 하도 예뻐서 옮긴다.

Chère dame professeur, comment allez-vous?

C'est aujourd'hui le jour de professeur, le quinze mai. Nous sommes heureux que nous soyons au jour de professeur avec vous. C'est pourquoi nous apprenons le français intéressant grâce à votre amour, nous vous remercions, notre dame professeur.

Nous étudierons très bien. Nous avons toujours le grand plaisir à étudier avec vous. Vous êtes notre professeur.

Très amicalement

Vos étudiants.

Le jour de professeur

지금은 고인이 된 미술과 윤정숙 조교 선생님은 나에게 많은 일을 해 주었다. 그리고 미술과 박건규 학생, 오성식 학생도 학생 때 이들은 나의 개인적인 일도 많이 해준 고마운 학생들이었다. 오성식 학생은 강의마다 녹음을 해서 나에게도 줘서 내 강의를 들으며 쓸데없는 군말을 쓰지 않게 주의를 할 수 있게 했다. 오선생 덕분에 많은 나의 강의 테이프를 갖게 되었다.

학교라는 곳은 학문의 유대 뿐 아니라 학생과 교수와의 아름다운 인간적 유대를 가질 수 있는 행복한 곳이었음을 그리워하며 뒤를 돌아보고 있다. 어려워서 또는 성격상 가까운 거리에 있지 못한 학생들도 모두 그들은 순수의 계절에 함께 한 나의 제자들이다.

타인의
마음의 빛과 어둠을
마주했던 나의 **감성**

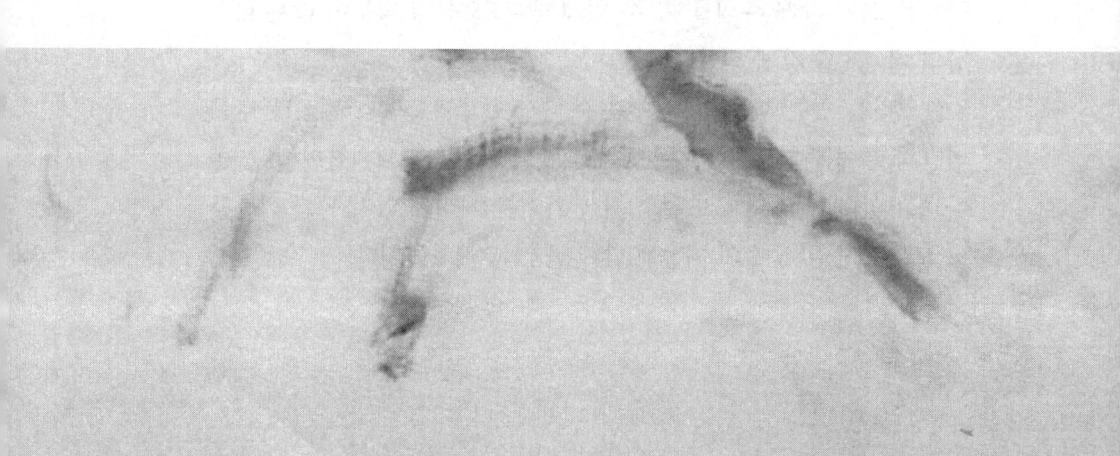

영화에 대한 글과 미술가로서 길을 열어주신 분들

누구나 삶에 있어서 타인의 마음의 빛을 받을 수 있다면 큰 행운이고 행복한 일이다. 누구나 살아가면서 타인의 공격이나 모함을 받는다는 것은 유쾌한 일이 아니다. 나는 다인의 무한한 마음의 빛을 받았는가 하면 또한 타인의 어둠을 피할 길 없이 막다른 골목에 처한 일도 있다. 그러니 내 삶도 누구나 다 겪는 삶을 걸어온 것이다.

나에게 있어서 가르치는 일 외에도 나의 취미와 능력을 발휘할 수 있는 조건을 만들어 주신 분들이 많았다. 앞에서 말했듯이 나의 두 남자 친구들 그리고 미술, 영화에서 나의 감성을 발휘할 수 있게 해 주신 분들이 있다. 미술에 있어서는 동료 교수인 공주대학교 강길원 교수님, 조각가이신 김경화 교수님, 영화에 있어서는 TV, 문화 평론가이신 임영 선생님이 계신다. 강길원 교수님은 나의 염원인 미술을 전공할 수 있도록 해 주신 분이다. 대학원에서 지도를 해주셨다. 나의 지도교수님이시기도 하다. 조각가이신 김경화 교수님과 강길원 교수님은 나를 화가로 등단하는 길을 적극적으로 도와주셨고 제 2의 인생인 화가로서 길을 갈 수 있게 해 주신 분들이다. 그리고 대학에서 현대미술 이론을 가르칠 수 있도록 기회를 열어주신 교수님들이다. 임영 선생님은 나의 부전공인 영화에 대한 감성을 발휘할 수 있도록 길을 열어 주셔서 영화지에 나의 글을 발표하는 기회를 누릴 수 있었다.

대학에서 일어난 베일에 가린 한 사람의 욕망에 고통을 당한 불어교육과 교수들

배은의 아픔, 그리고 쉽게 남을 믿는 나의 결점으로 인한 동료교수에 의한 재산의 손실, 대학사회가 비교적 남녀의 차등이 없지만 학장 재선을 노리는 후보의 선동을 받았다고 의심이 가는 한 학생의 주도로 자기 과인 불어교육과를 폐과하라는 데모는 이 지구상에 유일한 현상이었다. 공주사범대학은 60여 년 동안 3만 여 명의 중등교사를 배출한 한국의 교사 양성대학으로 이름이 나 있는 특수 대학이다. 그러나 80년대 많은 일반대학에 사범대학이 증설되면서 공주사범대학의 특권이 없어지게 되어 공주사범대학은 단과대학으로서 위협을 느끼게 된다. 그리고 민주화 이후 국립대학의 학장 및 총장을 문교부에서 임명하는 것이 아니라 교수들에 의해서 직접 선거에 의해 선출하게 된다. 학장 후보에 대한 일반적인 교수들의 바람은 종합대학을 만드는 후보를 원하고 있었다.

종합대학을 만들려면 몇 개의 단과대학을 증설해야 한다. 문교부로부터 인가를 받아 우선 단과대학을 만들 수 있는 학과를 증설해야 하는데 단시일에 몇 개의 단과대학을 증설할 여건이 되지 못했다. 다시 언급 한다면 그 당시 교수들의 일반적 바람은 종합대학을 만들기 위해 노력하는 후보를 뽑으려고 하는 것이 대세였다.

학장 선거를 1년 앞둔 어느 날 불어교육과 학생들이 불어교육과를 폐과해 달라고 문교부로 갔다고 했다. 그 학생들은 학과의 교수들이나 학과장에게 한 마디 말도 없이 갔다고 하는 이야기를 들었다. 실제로 갔는지도 확인 되지 않았다. 몇몇 학생들이 학과장이나 학과 교수들에게 폐과에 대한 자신들의 의견을 토론도 하지 않았다. 폐과하라는 데모는 연일 일어났다. 학과장인 내가 운동장에 나타나거나 출근

하는 것을 기다렸다 폐과하라고 외쳐댔다. 불어교육과의 이런 기현상의 원인을 그 당시 교수협회 회장이시던 안승주 교수님은 원인을 찾으려고 다각도로 노력하셨다.

데모가 연일 벌어지고 있는 어느 날 나는 한 보직 교수의 사무실을 노크했다. 나는 놀랐다. 불어교육과 학생과 그 보직 교수는 마주 앉아 맞담배를 피우고 있었다. 그 학생이 검정고시 출신으로 도중에 들어온 경로는 모른다. 그런 것에 대해 교수가 관심을 갖지 않는다. 다만 아는 것은 그 학생은 아주 나이가 많은 학생인 것만 알고 있다. 데모가 그 학생이 주도해서 일어났는지는 모른다. 다만 의혹을 갖고 있을 뿐이다. 데모에 가담했던 학생에게 물어보면 몇 명씩 조를 편성해서 번갈아 참석한다고 했다. 그래서 자기가 해당되는 날에 나가 앉아 있다고 했다. 과 교수들이 설득하며 데모를 중단하라고 해도 듣지 않던 학생들이 불어과 교수가 아닌 한 보직 교수가 그만두라고 해서 그만두고 그만두는 피날레도 그 보직교수의 후원 하에 했다. 야외에서 돼지고기 파티를 하며 교수들을 참석하도록 해서 교사 발령에 힘을 쓰지 않는다고 한 학생이 교수들을 비난했다. 교사 발령을 어디 교수가 하는 것인가? 그리고 학과 폐과를 학과 과장이 하는 것인가? 교수를 비난 했던 학생도 자의에서 한 것이 아니라고 생각한다.

불어교육과의 이상한 데모가 일단 1개월 만에 끝나고 난 후 강의도 없는 토요일 재선을 계획하고 있는 학장은 영어교육과 학과장만 제외하고 중국어교육과, 독일어교육과, 불어교육과 학과장들을 학장실로 불렀다. 학장은 영어교육과만 제외하고 다른 외국어교육과는 일반 문과로 바꾸면 어떻겠냐는 의향을 물었다. 세 과 학과장들은 반대를 하고 이의를 제기했다.

데모의 대상이 되어 본적이 있는 사람들은 얼마나 정신적으로 혼란해지는지를 알 것이다. 학보사, 지역 신문사의 인터뷰 요청의 전화벨

소리는 총을 겨누고 달려오는 소리같이 정신과 몸을 조여 왔다. 공포의 장애를 느꼈다. 데모의 소용돌이에 오랫동안 둘러싸여 있던 사람들, 개인으로나 단체적인 데모의 대상이 되어 본 사람들은 내가 말하는 심경을 이해하리라.

그 후 종합대학을 만들기 위한 일환으로 불어교육과, 독일어교육과, 중국어교육과를 불어불문학과로, 독어독문학과로, 중어중문학과로 바꾸고 인문사회대학을 만든다. 불어교육과의 데모로 불어교육과 교수들과 학생들의 1개월여 간의 정신적 시련이 인문사회대학의 증설에 종합대학교의 기저가 된다. 기이한 데모의 동기, 원인을 불어교육과 교수들은 확신하지만 진실은 영원히 묻힌 채 교수들도 새로운 상황에 새로운 걸음을 딛는 수밖에 없었다.

폐과 하라는 불어교육과 학생들의 데모 당시 위 세 과중 여자 학과장은 나 혼자였다. 나는 평소 남녀 차등에 대한 제의 자체를 싫어한다. 그러나 이 경우는 한 사람의 개인적 성향인 여자를 가볍게 보는 점을 백분 이용하여 사건을 일으킨 것인가 하는 생각을 그 당시도 지금도 지우지 못하고 있다. 제 2외국어 학과 중 유일하게 여자 학과장이었던 불어교육과를 택해서 마치 불어교육과 학생들의 자의에 의한 폐과를 위한 데모처럼 한 것이라고 생각할 수밖에 없었다. 만약 이것이 사실이라면 왜 대의를 위해 해당 학과 교수들과 토론을 통해서 하지 않고 기이하게 학생들의 데모의 형식을 취했을까? 불어교육과를 폐과해야만 교사 발령 문제가 해결된다고 생각하는 학생들은 없었다. 데모 자체에 무관심한 학생들이 대부분이었다.

나는 기이한 데모를 겪으며 내 머리에 떠오르는 스페인 영화 <독수리와 꿈을 가진 남자>가 끊임없이 떠올랐다. 그리고 속으로 화가 더 치밀어 오는 것을 금치 못했다. 이야기는 로코라는 남자 주인공은 대대로 내려오는 선조의 땅에서 염소를 기르며 치즈를 만들어 팔고 있다. 그의 땅이 있는 고장은 카르도니아라는 고장이다. 카르도니아는 그곳 시장을 비롯해 한 기업체가 관광지로 개발하려고 한다. 로코는 카르도니아를 떠나서 새로운 생활을 할 수 없는 처지에 있고 고향에서 대대로 내려오는 가업을 포기할 수 없어 치즈 공장을 계속 운영하려고 버틴다. 그러나 관과 개발로 돈을 벌려고 하는 기업가는 여러모로 로코를 내보내려고 수를 쓴다. 심지어는 로코가 만든 치즈에 구토하는 균을 몰래 넣는 일까지도 행한다. 그렇게 하여 그 고장 사람들이 로코를 비난하는 데모를 일으키게 유도한다. 힘없는 사람들은 고향을 떠나야 한다. 그중에는 로코의 친구인 도라는 여자이기 때문에 제일 먼저 쉽게 가게와 집을 떠나야했다고 강조한다. 80년대 영화지만 스페인도 여자 경시 사상은 여전히 존재해 있는 것 같았다.

재선 후보가 되기 전 그 보직 교수는 내가 관계된 일에 직접 여자라는 말을 사용하며 부당한 처리를 해서 항의한일이 있다. 그는 아주 리얼하게 인격이하의 말을 아무렇지도 않은 듯이 보직교수로서 하고 있었다. 그런 리얼한 언급을 여기에 밝힌다는 것 자체가 격을 떨어트리는 행위라는 것이라고 생각한다. 나 이외에도 그로부터 공적인 일에 있어서 수모를 당한 여교수들이 여러 명 있었다.

불어교육과에는 한국의 최고 우수대학 출신들이 있었고 프랑스에서 학위를 받은 교수들과 프랑스정부로부터 200년의 역사를 가진 문화훈장(L'Ordre des Palmes Académiques)의 훈격 오피씨에(Officier) 훈장과 훈격 중 최상급인 꼬망데르(Commandeur) 훈장을 받게 되는 훌륭한 교수님도 계셨다.

불어교육과 학생들이 발령이 나지 않으니까 폐과를 해야 한다고 주장했다고 하지만 독어교육과 졸업생들의 발령은 불어교육과보다 낮았다. 휩쓸려 데모를 한 학생들의 판단이 성숙하지 못했다고 할 수 있지만 그들은 순수하다. 나이 많은 동급생의 행동에 휘말렸던 것이 아닌지, 의혹은 떨칠 수가 없었다. 그리고 그 학생도 피치 못할 상황에 처한 조건에서 꼬임에 스승도, 자기가 속한 학과도 져버리고 소의에 욕심이 찬 사람의 사주를 받았던 것은 아닐까? 편입되어 들어온 학생이 학과에 대한 애과 심을 소유할 이가 없다. 민주화 이전에는 타 대학에 다니던 운동권학생이 체포되어 사실이 밝혀진 후 용서의 대가로 타 대학에 편입해서 학생과 교수들의 동태를 보고하는 일이 있었다고 들었다. 그러한 학생의 상황을 아는 것은 보직교수들은 잘 알고 있었으리라. 그리고 단점을 잘 아는 보직 교수는 민주화 이후 이용가치가 있는 것도 순수하지 못한 사람으로서는 먹이로 이용할 가치로 생각했을 수도 있었을 것이다. 이 기이한 사건은 불어교육과 졸업생들에게도 큰 관심사였다. 불어교육과를 졸업하고 교사로 현장에서 활동하는 불어 교사들이 전국에 퍼져 있다. 그들은 공주사범대학 불어교육과에 대한 사랑과 관심이 많다. 졸업생들은 당시 불어교육과 사태에 대해 전화로 물어오는 졸업생들이 많아 한편으로 위안도 되었다.

학생들은 졸업하고 결혼을 하게 되면 약혼자를 데리고 교수들에게 인사를 하러 오는 일이 많았다. 졸업생 중에는 교사 발령을 받고 첫 월급으로 교수들에게 선물을 하는 졸업생들이 있다. 공주사범대학 불어교육과에 10년간 계시다 충북대학으로 가신 전채린 교수는 공주사대 불어교육과 졸업생들이 첫 월급으로 사보내온 선물에 감동해서 그 대학 광고판에 붙여놓고 자랑하고 싶었다고도 했다. 이렇게 불어교육과는 사제지간에 두터운 정과 유대를 갖고 있는 전통이 있었다.

불어교육과가 당한 이런 아픔과는 달리 나는 개인적으로 공주대학교에서 좋은 일이 더 많았다. 학생들이 교수님을 존경하고 심성이 좋은 학생들이 많아서 나에게 잊지 못할 추억을 갖게 하고 있다. 좋은 동료 교수님들을 만날 수 있었던 것 또한 나의 행운이었다. 그래서 그분들의 따뜻한 정과 도움을 받았다는 것을 거듭 말하고 싶다. 앞에서 언급한대로 나는 크나큰 행운을 동료 교수들로부터 받았다. 화가로 등단하게 해 주었고 따라서 미술에 관한 글까지도 발표하는 기회를 많이 가졌으며 현대 미술 이론을 대학에서 가르칠 수 있는 길을 터주신 공주대학교 미술과 교수님들의 도움을 항상 감사하고 있다.

공주대학교에 있으면서 일반인과 학생을 위해 발표했던 글을 여기에 몇편 내 놓는다. 왜냐하면 앞에서 나의 시와 그림은 바로 내 자신이며 나의 삶이라는 것을 밝혔듯이 이 글은 나 자신을 드러내 놓는 것이라는 것을 강조하는 뜻에서다. 이 글들은 전문적이 아니고 일반인의 교양적 성격을 띠고 있는 것들이다.

강단생활 중
일반교양을 위해 발표된 글 중에서

현대 예술의 하나인 크로스 오버 아트 정신

우리는 크로스 오버 아트라는 말을 꽤 오래 전부터 많이 들어오고 있다. 새로운 언어의 창조는 말이 만들어지기 전에 하나의 도구 또는 사물, 정신세계의 산물이 창조된 후에 그것들을 명명하는 언어가 생성되는 것이라고 할 수 있다. 즉 언어 이전에 이미 명명의 대상은 만들어져 있다고도 할 수 있다. 또한 새로 만들어진 언어의 의미에 따른 기능 효과를 발휘하기 위하여 사물이나 정신적 산물을 의식적으로 만든다고 할 수 있다. 그러나 우리를 혼동하게 하는 것은 이미 의식적으로나 무의식적으로 듣고 보고 알고 있는 사물을 알 수 없는 새로운 이름을 붙임으로써 혼란을 갖게 하고 있다.

사람들은 주변에서 많은 예술품을 보게 된다. 소위 공공 미술 (ublic Art)이라고 해서 도시 곳곳에서 현대 미술품을 접하게 된다. 하얀 큐브에 지나지 않는 미술관이라는 공간이 아니라 도시 전체가 미술 전시장이 되고 있다. 이것 또한 미술관이라는 다쳐진 공간을 넘는 크로스 오버 정신에 의한 것이다. 이때 크로스 오버는 미술을 눈으로 보는 것이 아니라 공공 미술이라는 말이 의미하듯이 우리의 삶을 미술과 공존하게 함으로써 환경을 아름답게 하자는 것이다.

크로스 오버 아트(Cross Over Art)를 예로 들어 설명하기 전에 크로스 오버라는 용어를 설명한다면 이 용어는 예술분야에서 다양하게 적용되는 말이다. 크로스 오버의 語意는 연계하다 또는 경계를 무너 뜨리다라는 뜻을 갖고 있다. 흔히 크로스 오버 테너라고 하면 기능적으로 테너의 음역을 넘어서 다른 음역의 기능도 가능한 가수를 말한다. 크로스 오버 아트적 전시라고 하면 단순히 미술관에서 회화나 조각 기타 예술품만을 전시하는 것이 아니라 복합된 장르의 폭넓은 영역으로 확장하는 전시를 말한다.

얼마 전에 삼성에서 문을 연 리움미술관(Leeum-이건희의 리와 Museum의 끝 음인 움을 따서 지은 이름)을 보면 기존의 전시 목적인 공간적 기능의 개념을 떠나서 미술관에 대한 미학적 체험을 동시에 갖도록 설계되었다. 이런 것은 미술관이 복합적인 목적을 가지고서 설계자는 전시장이라는 본래의 공간적 목적 외에 다의적인 목적을 갖고 설립한 것으로 볼 수 있다. 즉 전시장이라는 기능 외에 건축의 컬렉션 및 미적 감각의 역할도 겸하고 있다. 그러므로 관람객은 전시물과 내용물을 담은 건축의 미학과 기능(크로스 오버)을 동시에 체험할 수 있다. 현대 미술관의 건축은 미술의 내용도 중요하지만 관람객들이 호기심을 느끼고 스스로 찾아오도록 유도하고 매혹시키려 하고 있다.(2011년 11월 11일 G20 회의가 열린 장소가 국립중앙박물관인데 박물관은 예술품 전시의 본래의 기능이나 목적을 떠나서 복합적인 회의 장소로 기능했다. 이것이 바로 본래의 목적과 복합적인 목적으로 기능함으로써 크로스 오버의 의미를 충분히 나타냈다고 할 수 있다.)

크로스 오버 정신은 현대 예술 전 분야에 나타나고 있다. 특히 디자인, 건축, 조각에서 두드러지게 나타나고 있다. 백남준의 <로봇 K 456>이라는 조각은 움직이고 말하고 배설한다. 이것은 조각의 개념을 넘어 로봇 기능까지 하고 있다. 크로스 오버 정신을 극단적으로 실현한 것은 누보 레알리즘 미술과 팝 아트에서 볼 수 있다. 뒤샹은 기성품을 미술로 대체시켜 전시했다. 그가 변기를 샘이라고 이름을 붙여 전시한 것은 기존 미술의 영역을 완전히 무너뜨리는 동시에 미술의 영역을 넓힌 것이다.

미술이 아니고 무용에서 크로스 오버 정신을 갖고 활동한 무용수를 찾아본다면 20세기 초 세계적으로 활약한 이사도라 던컨을 들 수 있다. 그녀의 개방 정신과 개혁 정신 때문에 그녀가 창조한 새로운 무용의 가치보다 그저 반라의 무용수, 아니면 맨발의 무용수 나아가서는 여러 남자들과 사랑을 나눈 방탕한 여인으로 알려진 면이 더 많다. 그러나 던컨은 현대 무용의 개척자로서 예술사에 획을 긋는 일을 했다. 그녀는 이러한 역할 외에도 예술계에서 새롭게 유행되고 있는 크로스 오버 아트 정신을 20세기 초에 실행한 당시의 전위파에 속한다고 할 수 있다. 그녀는 무용에 대한 개념이나 전통적 틀을 과감하게 무너뜨린다. 무용의 새로운 개념을 만들기 위해 비평가와 무용 애호가들의 비판을 무시하고 과감하게 새로운 무용을 창조한다. 전통적인 무용에 반기를 드는 것이었다.

이사도라는 발레는 육체의 아름다움을 표현하기에는 부적합하며 부자유스럽다고 비판하고 있다. 그녀가 토슈즈를 신지 않고 맨발로 춤을 추는 것 역시 자연스러운 신체의 아름다움을 자유롭게 표현하려는 것이었다. 그녀는 고대 희랍 신화를 연구하고 고대 미술, 특히 고대 조각에 매료된다. 그리고 희랍 조각상들의 아름다운 동작의 표현을 체현한다. 고대 희랍 조각상들은 모두가 맨발의 나체상이다. 고대 희랍 시대에는 근육이 발달된 남자들이 인기가 있었고 오히려 남자들은 여자들의 미를 탐미하는 것이 아니라 남자들의 아름다운 육체를 감상하고 찬양하는 것이 그 시대의 현상이었다. 그래서 잘생기면 용서가 된다는 풍조도 생겼다. 남자들이 잦은 전쟁으로 희생되어 남자들의 존재가 귀중한 시대에서 남자를 찬양하는 것은 우연한 현상이 아니었다. 따라서 육체미를 자랑하고 찬미하고 그들의 강함을 과시하는 경기가 유행했다. 남자들이 경기장에서 경기를 할 때는 옷을 입지 않고 했다.

이사도라가 맨발로 춤을 추었던 것도 희랍 예술에서 매료된 데서 기인한다. 무용이란 육체의 아름다움을 표현하는 것이라는 사상을 갖고 있었던 그녀는 서슴없이 희랍 여신들처럼 모방한 옷을 입고 춤을 춘다. 이사도라는 문학, 조각 미술을 몸으로 체현했으며 희랍 신화, 고대 비극을 몸으로 체현한다. 특히 이탈리아의 르네상스 때 화가 보디 첼리의 < 봄의 향연 >의 체현은 런던의 르네상스 학자들로부터 갈채를 받는다. 그녀는 우주에 대한 철학도 갖고 있었다. 시간이란 시작도 끝도 없이 반복되는 것이라고 생각했다. 그녀의 춤에서 반복되는 같은 동작은 지루한 면이 있지만 그것은 시간이 반복되는 것을 표현한 장면이다. 시간의 문제는 일반적으로 문학이나 영화에서 취급을 해왔다. 그러나 던컨은 문학의 경계를 넘어 무용의 영역을 확장했다.

1910년대에서 1920년대는 예술의 변혁을 맞게 된다. 새로운 창조를 위해 기존의 틀을 파괴하려는 움직임이 예술 전 분야에서 생긴다. 뒤

샹의 기성품 전시가 큰 충격을 일으킨다. 그녀는 고정 관념을 무너뜨리고 다양한 장르의 예술을 무용에 끌어들여 발레에 대한 본래의 영역을 무너뜨림으로서 새로운 예술을 창출했다. 현재 새로운 용어로서 유행되고 있는 크로스 오보 예술은 이미 1세기 전에 던칸의 예술에서도 찾을 볼 수 있다.

(2003년 공주대학교 여교수회 주최 세미나에서 발표)

영상 예술 어떻게 감상해야 하나

— TV드라마 <모래시계>를 중심으로

시각 예술에 있어서 영화만큼 대중을 흡수할 수 있는 예술은 없다. 영화관을 찾는 관객들은 제각기 심리적 동기를 갖고 영화관을 찾는다. 어떤 사람은 시간을 보내기 위해서 어떤 사람은 미적 감흥을 찾으려는 노력에서 영화관을 찾는다고 할 수 있다. 그러나 관객이 추구하는 것은 일반적으로 즐거움을 맛보고자 하는 것이다. 영화감상은 기분전환으로 동시에 영화를 통해 미를 찾고 진실을 추구하며 정신문화 양식을 풍요롭게 할 수 있고 또한 영화를 통해 현실을 파악할 수 있는 창조적 힘을 기를 수 있다. 심리학자들은 영화관을 찾는 동기를 인간의 내면적인 차원에서 말하고 있는데 '인간의 심리적 욕구 불만을 충족시키려는 방법'의 하나로 보고 있다.

한 편의 영화를 감상하려는 관객은 예술가가 진술하려는 이야기의 미적 표현을 통해서 즐거움을 갖게 된다. 예를 들어 영화는 아니지만 TV 드라마 역시 영상 예술이라는 점에서 얼마 전에 방영된 <모래시계>를 말한다면 이 드라마에 대한 공통적인 감흥과 시청률이 높았던 것은 과거에는 감히 다룰 수 없었던 현실을 극화함으로서 우선적으로 시청자들의 호기심을 갖게 했으며 과거의 현실에 대한 시청자의 상상을 마음껏 펼칠 수 있는 사회성 드라마라는 점에 관심을 끌 수 있었다. 그리고 영상 예술에 있어서 주제 음악이나 배경음악의 역할이 중요한데 이점을 백분 발휘한 드라마라고 볼 수 있다. 영화에 있어 시각적 이미지가 주는 중요성을 증폭시키는 역할은 음악이 관객이나 시청자의 심리적 저변에 접근함으로써 정서적 역할을 하는 것이다. <모래시계>에서 사용한 배경 음악에 대해 좀 더 언급한다면 시청자에게 새로운 것이었다는 것이다. 러시아의 고전음악을 제외하고 러시아의 팝 음악은 우리에게 새로운 것이다. 절제된 대사의 영상을 가슴과 머리에 새기도록 한 것은 배경음악으로 이오지프 코브본의 <크레인즈(학)>가 중요한 역할을 하고 있다. 일반적으로 드라마의 주제곡은 드라마 내용을 반영한 대사에 곡을 붙여 극적인 효과를 강조함으로써 음악의 가사가 중요한 역할을 하기도 한다. <모래시계>에서 대사가 전혀 없는 이미지 또는 주인공의 행동과 심리를 표현하려고 할 때에 음악 크레인즈가 나온다. 크레인즈의 가사가 러시아어로 되어있기 때문에 드라마를 보는 대부분의 사람들은 코브본의 노래의 억양의 특성(멜로디)에만 마음을 빼앗기게 된다. 아마도 연출자가 의도적으로 러시아 음악을 택한 것도 여기에 있을 것이다.

영화는 어디까지나 영상의 미학이 생명이다. <모래시계>가 TV 드라마로서 영화적인 미학을 표현하려고 한데서 이 작품이 평가되며 기존의 진부한, 즉 설명적인 이야기만을 전달하려는 드라마나 영화와 비교된다는 점에서 시청자들의 인기를 산 것 같다. 만약 배경 음악의 가사를 시청자가 듣고 알 수 있다면 시청자의 관심은 화면과 가사로 분산되고 만다. 화면을 보는 사람은 그 가사를 모르고 보기 때문에 스크린의 시각적 이미지만이 더욱 부각되고 보는 사람은 자유로이 상상할 수 있게 된다. 이러한 현상은 극의 중반까지 계속되어 미적 감흥을 얻을 수 있으나 극의 후반부에 가서는 이야기를 전달하려고만 함으로써 진부하게 끝난다. 음악의 배치도 후반부는 고려하지 않고 있다. 영화음악의 역할은 물리적 차원에서 작품 전체의 리듬을 창조하는 동시에 시각적 이미지에서 생기는 심리적 불안 같은 것으로부터 해방시키는 역할을 한다. 그리고 스크린의 인물들의 행동 및 심리를 보충해주고 강조한다.

영상 예술을 감상할 때 두 가지 방법으로 정리해 볼 수 있다. 하나는 주관적인 방법으로 작품 내용에 대한 정확한 판단과 해석인데 여기서 주제를 파악하는 방법이며, 두 번째는 객관적인 방법으로 미적 감상을 위하여 작품의 내용을 전달하는 작가의 기법상의 표현, 형식을 포함한 작품의 톤, 리듬, 앵글 처리, 음악, 이야기의 전개 방법을 객관적으로 파악하는 것이다. 리듬에 있어서는 음악이 주는 리듬 외에 시각적 리듬을 말한다. <모래시계>에서 침묵만 있는 장면, 절제된 화면과 대치(상반)화면이 리듬을 이룰 수 있다고 볼 수 있다. 리듬에 대해 더 예를 든다면 킹비도의 영화 <대 행진(1926년 작)>의 이별하는 장면에서 화면의 리듬을 느낄 수 있다. 작별하는 여인은 움직이지 않는 대신 군인들이 탄 기차는 소리를 내면서 속도를 올리며 지나가는 화면은 이별 외에도 이별하는 사람들의 심리를 더 안타깝게 하는 효과를 주고 있다. 또한 데이비드 린 <닥터 지바고(1965년 작)>에서는 오마 샤리프가 연인을 찾아 헤매는 장면인데 다른 사람들은 모두 반대방향으로 가게 함으로써 이 작품 역시 생동적인 리듬과 주인공의 심리를 더 강하게 보여주고 있다. 리듬은 시는 물론이지만 산문 같은 소설에서도 시적 요소가 있을 때 리듬을 느낄 수 있다.

<모래시계>에서 인상적인 화면은 롱샷(원거리 촬영)으로 처리한 일군의 무리를 지어 어디론가 들어가는 점은 그랜저의 뒷모습과 이들이 지날 때 낙엽이 흩날리는 화면은 시각적 화면이다. 과연 그 무리들은 관객들로 하여금 앞으로 어떤 일을 꾸밀까 하는 상상을 하게 한

다. 코폴라 감독의 영화 <대부>를 연상케 한다. 숏샷(단거기 촬영)으로 처리된 카지노에서 딜러로 일하는 혜린의 상체가 감춰진 채 빨간 소매의 손이 카드를 움직이는 손놀림은 느린 속도로 오랫동안 계속되는데 인상적이며 더욱 상징성을 띠고 있다.

<모래시계>가 사회성을 띤 드라마로서 부조리 밑에 흐르는 휴머니즘이 있는 극이라면 시청자의 마음에 더욱 남는 작품이 되었을지 모른다. 매몰된 휴머니즘 때문에 무언가 부족한 느낌을 가지게 한다. 의무와 괴리 사이에서 갈등하고 고뇌하는 휴머니즘이 있어야 한다. 휴머니즘에서 말 없는 고뇌, 폐부 깊숙이 하는 고뇌가 왜 표현되지 않는지 아쉽다. 태수는 이기려고만 하고 강 검사는 그저 고발정신에만 충실하려는 데 지나지 않는다. 제재가 사회 현실에서 가져온 것이라면 휴머니즘에 대한 고뇌를 취급해야 한다. 예술이 현실 그대로를 보여주는 것이 아니라 그 현실을 표현한 언어(표현으로서 언어, 예술을 표현하는 형식)를 동원하여 다르게 새롭게 예술성을 보여줘야 한다.

그러므로 현실과 작품의 뉘앙스 즉 예술이 창조되는 것이다. 매몰된 휴머니즘으로 인한 불안한 사회 구조의 잔혹성, 강한 사회 고발, 뒷골목의 생리, 정치의 흑막 등을 통해 혹자는 욕구 불만을 충족시킬수도 있다. 이 작품을 부정적으로 바라보는 사람들도 있으나 뒷골목의 횡포와 잔혹상에 대한 단순히 그 자체에만 논란을 불러일으킬 것이 아니라 작품 전체에서 주는 의미에 대한 논리적 합리성을 찾아 이해하려고 노력해야 한다. 예술가는 누구도 사회나 인간의 추악상을 권장하려는 사람은 없다. 그것을 예술로 승화시켜 보여주는데 목적이 있다. 사회를 전도하고 인간의 존엄성을 보여줄 의무가 있다. 실제로 폭력을 재현하려는 것이 아니라 진실에 접근하려고 노력하되 미학적인 표현을 시도하는 것이다. 영상예술을 감상할때에는 전문가적인 비평가가 아니라면 먼저 작품의 테마를 찾아내야 한다. <모래시계>의 테마는

이미 작가가 밝히고 있다. 유한의 반복을 나타내는 것이라고 한다.

앞에서 말한 바와 같이 태수도 조폭과는 반대되는 침묵속에서 깊은 고뇌를 나타냄으로써 주먹과 대치되는 다른 내면의 성격을 보여줘야 한다. 영화 <여로>에서 율브리너가 의무를 탈선하며 휴머니즘과 사랑을 보여줌으로써 관객은 그에게서 본래의 냉혹성과 상반되는 면을 발견하게 되고 감동을 갖게 된다. 태수에게 이런 면이 전혀 없는 것은 아니지만 농도가 옅다. 혜린의 아버지 윤회장의 장례식에 찾아와 혜린과 닿을 수 없는 애틋한 순간적인 장면 그리고 혜린을 지나쳐서 가버리는 것은 훌륭한 영상이며 두 인물의 말없는 장면이기 때문에 감흥과 페이소스가 더해진다. 후반부터는 좀 더 서정이 있는 장면으로 처리하지 않고 미국의 폭력물 같이 경사하고 있다.

영상물의 본질은 시의 정신에서 만들어져야 한다. 복합성, 정확성, 암시적, 상징적, 극적인 요소가 곳곳에 있어 리듬을 형성하여야 한다. 하여튼 <모래시계>는 과거의 영상 드라마와는 달리 새롭게 영상 예술의 본질에 충실하려는 노력을 보여주어 시청자들의 관심을 흡수했다고 본다. (공주대학교 신문 1996년 3월 6월 400호 발표)

영화와 문학의 현재와 미래

— 프랑스 현대 문학에 나타난 영화 기법의 의미

도스 패소스 이후 문학에 영화기법 도입

최근 프랑스 작가 베르나르 노엘(Bernard Noel)이 발표한 <시선의 일기 Le Journal du Regard 1987년>나 <눈으로 쓴 열 한 개의 소설 Onze Romans d'oeil>을 보면 제목 그대로 인간의 눈이 문학에서 여전히 인물이나 펜의 역할을 하고 있음을 발견하게 된다. 문학이 영화의 기법을 도입하게 되는 것은 미국 작가 도스 패소스 이후 여러 작가들의 작품에서 발견된다. 그리고 누보로망 작가들은 소설의 새로운 기법으로 영화의 기법을 적용하게 된다. 특히 로브-그리에와 노엘의 소설에서 인물의 눈이 영화에서처럼 카메라 렌즈로 대치되며 로브-그리에의 영화 <지난해 마리앙바드에서>, <임모르텔>, 베르나르 노엘의 소설 <시선의 일기>, <눈으로 쓴 열한 개의 소설>에서 마치 카메라 속에 또 다른 카메라가 있는 것 같은데 그것은 인물의 눈이 영상(사물)을 묘사하기 때문이다. 이와 같이 로브-그리에, 베르나르 노엘의 작품에서는 눈이 창조적 기능을 하고 있다. 사실 영화에서 카메라는 문학에서 펜의 역할을 한다는 의미에서 아스튀릭은 '카메라-만년필'(Caméra-Stylo)이라는 신조어를 만들기도 했다. 로브-그리에와 베르나르 노엘이 인물의 눈을 의인화시키고 영화의 기법을 적용하는 것은 그들의 문학 이론, 시간관, 변화하는 다른 예술, 변화하는 세계의 현상 등의 영향을 받은 것이다.

로브-그리에가 주장하는 것은 사물이나 세계의 의미는 현존하는 것 즉 '여기에 있다'는 데에서 의미가 가능해진다는 것이다. 'Etre-là 여기에 있다'라는 단어는 현상학자 하이데커의 이론에서 나온 것이다. 로브-그리에가 주장하는 현존하는 세계와 비연속성의 시간을 나타내는 방법은 영화의 카메라만이 가장 가능한 도구라는 것이다. 그리하여 그는 묘사의 도구로서 눈을 통해 현존하는 세계를 인물의 지각에 의해 제시해 주고 있다.

로브-그리에의 문학 작품이나 영화의 구성은 인물 또는 화자의 지각과 기억에 의해 이루어지고 있으며 기억은 상상에 의한 영상들이다. 이 영상은 과거의 영상이나 미래의 상상이 현재와 동시에 통합되어 나타난다. <지난해 마리앙바드에서>도 화자의 기억 속에 재생하는 회상의 영상들이 변조나 변형을 이루며 때로는 환상을 이룬다. 전 편을 통해 같은 장면의 묘사, 흡사한 장면, 동일한 장면이 다르게 묘사되는 것은 기억 속에 존재하는 영상들로 상상하는 것이기 때문에 똑같이 묘사되지 않는다. 우리가 실제로 본 어떤 장면이나 사물들은 기억 속의 상상과는 그 모습이 다르게 변한다. 다시 말해 시각은 사실에 대한 영상을 그와 비슷한 영상으로 변화시킨다. 사실과 상상은 현격한 차이가 있으나 우리의 기억 속에서는 이상하게도 비슷하게 기억된다.

로브-그리에의 <지난해 마리앙바드>나 <에덴 에 아프레>, 마르그리트 뒤라스의 <히로시마 내 사랑> 등에서 같은 장면, 비슷한 장면의 轉移는 의식과 지각에서 작용되는 것으로서 앞뒤의 순서도 논리적이 아니다. 즉 작품의 줄거리라는 연대적 시간에서 이루어지지 않고 있다. 바슐라르의 시간의 정의에 의하면 과거란 견고히 고정된 것이 아니다. 과거는 기억 속에 다시 살아나 똑같은 밝기를 가지고 등장하는 것이 아니다. 다시 말해 의식은 머릿속에 있는 가시적 영상을 지워 버리게 하며 실제의 모습을 변형시키려고 한다.

로브-그리에가 문학에서 출발해 영화에 집착하는 것은 그가 시간에 대한 자신의 논리나 세계관을 표현하고자 하는 의도에서라고 할 수 있다. 그리고 현대 예술에 보조를 맞추어 소설의 새로운 형식을 창조하려는 의도에서 영화적 기법을 도입하고 있다고 할 수 있다. 그는 자신이 영화를 만들거나 영화 시나리오를 쓰고 또한 새로운 문학 장르인 씨네-로망을 쓰고 있다. <지난해 마리앙바드>는 씨네-로망이다. 이것을 영화감독인 알랭 르네가 영화화 한 것이다. 이 영화에서 영화를 이루는 요소들 즉 음악, 플롯, 무대(건축) 등이 하나의 오브제로 등장하고 있다. 이런 점은 영화만의 특성이 아니다. 이미 다른 종합 예술인 무용, 연극 등이 기존의 종합이라는 점에서 탈피해 오고 있는 것을 보아 왔다. 연극이나 무용이라는 예술을 만들 때 그 속에 합쳐진 다른 장르의 예술은 연극이나 무용을 만드는 요소로서 종합의 의미를 갖고 있다. 그러나 현대에 와서는 이 요소를 이루고 있는 다른 장르의 예술들이 종합이라는 것보다 집합체로 작용하게 되는 것을 보게 된다. 왜냐하면 이 집합체가 의미 이전의 오브제로서 구실을 하기 때문이다. 그리고 이 오브제들은 오브제로서 미감을 지니게 된다.

독자는 관객으로 변모해

<지난해 마리앙바드에서>처럼 로브-그리에의 작품은 인물을 통하거나 화자를 통해 어떤 다른 매개체로도 설명이나 해설이 없다. 논리도 합리성도 찾을 수 없다, 그가 즐겨 다루는 것은 의식의 현상, 지각에 의해 작용되는 의식에 집착하고 있다. 로브-그리에의 소설이나 뒤라스의 영화에서 보는 것과 같이 인물의 의식, 사고, 상상 등은 지각을 통한 사물에 의해 촉발된다. 후설이 주장하는 '사물은 인간의 정신에 영향을 준다'라는 이론과도 일치한다고 볼 수 있다.

로브-그리에의 작품이 전통적인 기법에 익숙한 독자나 비평가들로부터 거부되고 있지만 지각의 세계를 현상학적으로 묘사하기 위해 눈을 도구로 활용하는 작가들의 출현은 계속되고 있다. 이와 같이 문학이 눈을 영화의 카메라를 활용함으로써 '카메라-스틸로(카메라-만년필)라는 말이 영화나 문학의 두 분야에 공동의 도구로, 공동의 의미를 부여받고 있다.

사고를 싫어하는 독자들은 관객으로 변하고 있다. 왜냐하면 영상 예술은 정신노동을 싫어하고 지루한 것을 싫어하며 사고를 싫어하는 독자들을 흡수하는 매력을 갖고 있기 때문이다. 현대인은 복잡하고 빠른 생활 속에 살게 되어 소설을 읽을 여유를 잃게 되었다. 그리고 논리나 긴 이야기를 설명할 수 있는 시간을 현대는 인간으로부터 빼앗아 갔다. 독자는 한가하게 긴 문학 작품을 읽을 시간도 정신적 여유도 잃어가고 있은 지 이미 오래 되었다. 오래 전부터 소설의 길이가 짧아지는 이유도 그런 원인에서다. 과학의 발달로 급변하는 세계에서 대중 속에 침투한 텔레비전이나 영화는 인간이 사색하는 데서 감각적인 면으로 흘러가게 하고 있으며 이로서 짧은 시간에 시각을 통해 현실적인 구체성을 발견하고 믿는 것에 흥미를 지니게 되었다. 그러므로 현대인의 생활 감각에 변화를 가져왔고 따라서 독자는 관객으로 변한 것이다.

다른 예술보다 항상 앞서가는 미술도 현대인의 생활에 부응해 캐내도 끝이 없는 인간의 의식을 중단하고 외부세계로 눈을 돌려 시각적인 세계로 변모해 가고 있다. 영화 역시 시각성을 절대시하는 포토제니 이론에 중점을 두고 리얼리즘으로 시각적인 세계로 몰두해 가고 있는 것이 사실이다. 그 예로 전위 영화라는 것이 탄생한 것이다. 전위 영화들이 감각의 세계로 초점을 맞추어 열을 올리는 면도 시대의 상황적 산물임에 틀림없다.

예술사에서 유파나 이즘은 한 점에 정체하는 것이 아니고 진화해 가는 것이다. 그러나 영상 예술이 집단적 보편성의 특성을 가지고 있고 현대인의 의식 구조의 변화도 이와 함수 관계에 있기 때문에 앞으로도 영상 매체가 문학으로부터 독자를 이끌어 갈 것임은 의심할 여지가 없다. 그러나 아무리 현대인이라고 하는 것에 경사하더라도 인간의 정신적 갈망은 시각적 감각에만 충족할 수 없는 것이다. 우리가 고전을 읽고 고대 문학을 번안한 라신느, 꼬르네이유, 세익스피어의 작품을 감상하려는 것은 바로 우리 인간의 정신적 단면을 사고하게 하고 그로 인한 감흥의 유발로 정신적 쾌감을 느끼는 기쁨을 맛보려는 욕구이다. 또한 전위 작가인 이오네스코, 베케트, 해롤드 핀터의 작품을 감상하는 것은 끝없는 사고에 빠지게 하고 변화해 가는 인간적 모습과 예술을 터득하고 이해하려는 예술 애호가들의 예술에 대한 갈증을 충족하고자 하는 욕구 때문이다.

이 삼 십 년 전부터 프랑스 영화계에서 일기 시작한 또 하나의 누벨바그 현상은 60년대 이후 프랑스 영화가 사고의 깊이를 회피했던 일상적인 영화로부터 하나의 새로운 획을 긋는 현상이라고 할 수 있다. 프랑스 영화는 60년대 이후 인간의 내면을 다룬 영화가 드물다. 영화의 기법이 전통적인 기법에서 벗어난 탓도 있지만 프랑스적인 면에서 소위 에스프리(프랑스 정신)가 있다고 하는 영화가 없다. 고전 문학에서 볼 수 있는 인간의 심오한 내면을 다룬 것이 없다. 그래서 평론가나 관객들 중에는 60년대 이후 프랑스 영화는 없다고 극단적인 판단을 하는 사람들도 있다. 최근의 누벨바그는 60년대의 누벨바그가 전통으로부터 벗어나 새로운 길을 모색했던 것에 비해 다시 인간의 내면세계, 정신세계의 비논리와 비이성, 비합리성에서 주제를 찾고 있는 것 같다. 얼마 전에 한국에서 비공개적으로 소개된 프랑스 영화 <무슈 이르 Monsieur Hire>도 비논리적인 정신세계를 다루고 있다.

2천 년대는 소설이 사라진다

영상 예술의 급격한 보급은 50년대 이후 현대 예술의 변모와 병행하여 발전해 왔다. 그러나 문학은 답보상태에서 백 여 년 전의 구식 틀에 안주하고 있다. 오랫동안 전통문학에 습관이 된 독자들도 요지부동이고 대부분의 작가들도 오히려 구식 틀에 매달리고 있을 뿐이다. 한편 일부에서는 이러한 상황에서 소설의 진화가 없이 소설이 존재할 수 있을까 하는 존재 여부에 대한 토론이 활발하게 진행되었다. 이들은 전위적인 사고의 시대의 흐름에 민감했던 사람들로서 미래에 있어서 소설의 존재 문제에 대해 새로운 기법을 모색하자는 뜻에 목적을 둔 사람들이었다. 이들 중 영국인 소설가 안소니 베제스는 2천 년 대의 소설'이라는 토론에서 2천 년 대에는 소설이 사라질 것이라고 단언했다. 그 이유는 소설에 대한 주제의 빈곤, 치밀한 플롯, 생생한 대화, 언어의 구사력에 대한 작가의 능력 때문이 아니라 문학이라는 장르 안에서 작가에게 줄 기술 문제의 결여 때문이라는 것이다. 베제스의 주장과 같이 소설이 사라질 것이라는 극단론은 소설이라는 전통문학 형식에서 벗어나 새로운 기법을 창안해 내지 못할 때 영화나 텔레비전으로부터 닥쳐올 위기를 의미하고 있는 것이다.

문학이 영상 예술의 지배를 받고 있는 것은 사실이지만 상호 의존의 관계는 계속될 것이라고 본다. 극영화의 발달 초기에는 오히려 문학의 영향으로 영화의 발전이 가능했던 것을 보면 알 수 있다. 그리피스는 찰스 디킨스의 소설에서 모티브를 찾아 화면의 플롯을 했다고 밝히고 있다. 하여튼 극영화의 생명인 플롯은 문학의 플롯을 그대로 모방해 왔기 때문이다. 그리고 문학 작품을 그대로 번안해 영화를 만들어 왔다. 실험적인 전위 영화에 있어서 감각의 영상들로 구성된 것에도 그 안에서 플롯을 건져낼 수 있다. 다만 플롯이 극적인 성격을 버린 변모된 것으로 나타날 뿐이다. 메타포어가 영화에서 중요한 요소로 등장하는데 그것도 원래는 문학에서 따온 것이다. 메타포어가 문학성, 시각성, 감각성을 다 내포하고 있기 때문에 영화와 문학에서 활용하고 있는 것은 상호 의존의 의미를 지니고 있다. 씨네-로망인 <지난해 마리앙바드에서>는 이 작품 안에 연극 장면이 메타포로서 등장하는데 이 작품의 플롯을 암시하고 연결해 주는 역할을 하고 있다. 그리고 관객으로부터 많은 의문과 미감, 사고를 자아내게 하고 있다. 이와 같이 메타포는 설명 없는 형체로서 관객이나 독자로 하여금 시각성의 미감과 사고를 자아내게 하고 형이상학의 문학성을 촉발하게 하는 힘을 갖고 있다. 끌로드 시몽이나 로브-그리에의 소설은 아예 시각적 오브제로부터 메타포의 매체가 되어 소설의 줄거리가 진행되는 작품들도 있다. 로브-그리에의 소설 <질투> 그리고 <미로에서>도 시각적인 메타포가 이야기를 구성해 나가고 있다.

영화와 문학의 관계는 문학에서 영화로 옮겨가는 독자의 수용성과 종합 예술이라는 장르로서 문학성을 필요로 하는데서 서로 밀접한 관계를 유지해 갈 것이라고 예상된다. 현대인의 편의주의 때문에 묻혀야 하는 그 많은 고전과 현대 문학들은 영화의 화면으로 옮길 수 있고 또 옮겨야 할 것이다. 그러나 영화, 특히 한국영화도 전위적인 사고를 가져야 하며 현대 예술의 흐름, 세계의 진화에 민감해야 할 것이다. 진부한 영화에 대해 염증을 느끼고 있는 씨네 필들을 의식해야 할 것이다.

예술사에서 생성하는 누벨바그(새로운 물결)라는 것은 역사를 그어 가며 늘 뒤에 오는 또 다른 누벨바그에 묻힐 수밖에 없다. 오래 전에 아벨 강스가 외친 "영상시대가 도래했다"라는 이 흐름은 지금 상황에서 그것을 묻혀 버릴 다른 흐름이 없을 것 같다. 그러나 대상의 욕구를 충족시키지 못하는 예술은 존재 의미를 잃어버리게 된다. 영상 예술이 발전함에 따라 문학은 더욱 강한 충격과 위축 관계에 있다. 소설이 전진하고 대중에서 멀어지지 않는 이상 인간은 정신과 감각의 양면을 갈구하고 있기 때문에 아쉬트릭이 만들어낸 '카메라 스틸로(카메라-만년필)'의 활용 기능을 두 분야가 앞으로 더욱 애용하게 될 것이다. 최근의 프랑스 문학 작품이 이를 입증하고 있다. (1989년 격월간 영화 507호)

나는 지금

나는 지금 내가 살아온 긴 세월을 돌아보며 기억 속에 영롱하게 남아있는 영상들을 바라보는 여정을 끝냈다. 2000년 대학에서 교수 생활을 끝내며 전시회를 하는 인사에서 지금까지의 학교생활을 끝으로 새로운 삶의 시작이라는 2중의 의미를 내포하는 전시라고 밝혔다. 나의 삶의 여정을 돌아보는 작업을 하는 중에도 글을 쓰고 그림을 그리는 작업을 꾸준히 해오고 있다. 2002년 1월 서울갤러리에서 '자유 그리고 갈망'이라는 제목으로 개인 전시회를 했고 5년 걸려서 <러시아 소비에트 문화와 문화정책>을 집필했다. 그러니까 퇴임 전시에서 밝힌 새로운 생활을 시작한다는 결심을 지키며 살아오고 있다고 해도 될 것 같다. 그러나 나는 지금 오랫동안 갈망하던 소설을 하나 쓰고 싶은 욕망과 '구상 표현주의'라는 틀 속에 그림을 새롭게 시도하는 그림을 그려오고 있다. 언젠가 개인전을 끝으로 하려고 한다. 전시실 네 귀퉁이에 나 나름대로 만든 조각을 네개 전시하려고 한다. '행복의 나무'와 몽드리앙의 나무에 매달린 보자기에 싼 내 인생'은 완성이 되었다. 구상중인 둘 중 하나는 아이디어를 형상화하면 되는데 하나는 아직 아이디어가 떠오르지 않는다. 어머님과 관계된 미국 담배 러키 스트라이크 와 껍질이 있는 나무 몇 개만 있으면 된다. 러키 스트라이크 담배는 담배 곽을 사람만한 크기로 만들어야 되기 때문에 목공소에 맡겨야 한다. 담배 갑의 그림은 내가 그리면 된다. 전시 도록의 표지에 '몽드리앙의 나무에 매달린 보자기에 싼 나의 인생'을 실리려고 한다.

나는 계획한 마지막 전시를 끝내고 그 다음은 그림에 매달리려고 한다. 그리고 그 그림들을 차에 싣고 멈추고 싶은데서 멈추어 '가격은 자유대로 정해서 그림을 가져가시오'라는 표지를 놓고 장마당을 버릴 예정이다.

초라한 집안에도 유화 한 점이 있다면 그 집은 집 주인의 격을 말하는 것이라고 생각하고 조카들에게 제일 잘 되었다고 생각되는 그림들을 주었다. 그러나 처음은 걸어 놓더니 어디다 치워 버리고 TV만이 자리하고 있는 것을 보고 화가 났다. 그리고 내 자존심은 구겨지고 허무감을 갖게 되었다. 내가 지구를 떠나기 전 그림을 사랑하는 사람, 그림을 갖고 싶어 하는 사람을 즐겁게 하고 지구를 떠나는 것도 내가 할 수 있는 유일한 일이라고 생각하기 때문이다. 나는 장마당을 펼칠 각오를 하고 있다.

나의 삶을 돌아보는 작업을 하는 동안 창작의 갈망은 나를 강하게 재촉해 왔다. 그래서 무엇을 쓰겠다는 구상을 했다. 인간 조건에서 본분을 이탈해야 하는 한 인간의 갈등 속에 발휘되는 휴미니즘과 인간의 나약한 면을 소재로 하는 것이다. 나는 지금, 그 작업을 위해 많은 공부를 하고 있다. 나에게 있어서 언어의 구사가 제일 문제된다고 자각하고 있다.

지금, 기록된 여정을 보면 나의 삶을 풍요롭게 했던 친구들을 잊고 있었다는 것을 깨닫고 있다. 그리고 몇몇 가족들, 도움이 되어 주었던 지인들, 나에게 양분을 주며 청년기를 보냈던 친구들도 있다. 특별한 친구들이 애처롭게도 모두 미국에 있다. 그래서 나는 더 외롭게 살고 있다. 전자메일로 소통은 수시로 하고 있지만 몸과 마음을 서로 녹일 수는 없다. 라구나에 명옥이, 플로리다에 복규, 미네소타에 영원이를 언제나 안타깝게 그리워 하고 있다. 초등학교 친구 명순이, 병례, 여학교 친구 춘자, 이웃에서 같이 살며 만난 경자도 늙어가면서 더욱 그립다. 춘자, 병례, 명순은 50년 전에 헤어졌다. 그러나 하루도 이들을 잊지 못하고 있다. 언젠가 이들을 짬을 내어 찾아 나설 예정이다.

그리고 정말 다시 만날 가능성이 없는 외국 친구들, 이들은 나의 유학시절을 풍요롭게 해 주었던 친구들이다. 인도의 레베카, 베네주엘라의 로살바, 니노스카, 인도네시아의 신타, 스페인의 프란치스코, 캄, 시리아의 마리 푼도, 따리프, 태국의 프라니, 송스리, 프랑스의 장자크 뮐러, 장 미셀 뮐러, 아니, 파트리시아, 미레이의, 비엔나의 헬가, 캄보디아의 말라이, 필리핀의 로나, 터키의 타메르 등. 참으로 이들은 프랑스에서 나의 생활을 풍요롭게 할 수 있는 깊은 우정을 주었던 친구들이다. 이들 중 대부분의 외국 친구들은 20년 전부터 소식이 닿지 못하고 있다. 다만 스페인의 깜과 프란치스코만이 지금까지 서신으로 왕래하고 있을 뿐이다. 이들은 88올림픽 때 전화를 했었다. 브장송의 아니도 전화를 했다. 올림픽 개막식을 보고서 전화를 한다고 했다. 그리고 공주대학에서 만나 몇 년간 친하게 지낸 미국 친구 안 마리 자바와 교수, 나의 러시아어 선생님 제니퍼, 이 두 친구들과 우리들은 꽉 닫힌 공주에서 가슴을 열고 서로 도우며 희희낙락할 수 있었던 친구들이다. 제니퍼는 미국인으로 러시아 문학을 공부하고 공주대에서 한동안 영어를 가르치고 있었다. 나는 어학연구소에 있을 때 교수들을 위한 러시아어 반을 만들어 1년을 제니퍼로부터 배웠다. 제니퍼는 그 후 모스크바로 가서 러시아 과학 서적을 영어로 번역해서 서방세계로 수출하는 회사에서 일하고 있었다. 96년 상트페테르부르크에 있는 레핀 아카데미에서 있은 교류전시를 끝내고 모스크바에 들렀을 때 만나 시간을 갖고 산책하는 재회를 가졌다. 마리 자바와 교수는 우크라이나계 미국 2세로서 대학에서 불어를 전공한 친구로서 영문과에서 가르치고 있었다. 안 마리는 5년 전에 소식이 끊겼다. 이번 성탄절에는 소식이 오기를 기다리고 있다. 이제 모두 먼 곳에 있어 그리움만 가득하다.

만날 수 없는 그리운 얼굴들

만날 수 없는 그리운 얼굴들
그들의 주소를
수첩에서 읽노라면,
그리움, 슬픔이 더해온다,

행복했던 시절의 얼굴들,
나를 잊고 있는 얼굴들,
그들에게 나는 소식을 알린다.

나는 살고 있노라고
그리고 꿋꿋하게
살고 있노라고 허세를 알린다. (1999년 6월 29일)

편지를 받는다는 것은

편지를 받는다는 것은
얼마나 기쁜 일인가!
편지를 보낸다는 것은
얼마나 멋진 일인가!
편지를 쓴다는 것은
얼마나 따뜻한 가슴인가!

편지를 다시 읽는다는 것은
지나온 역사의 편린들을 반추하는 것,
편지를 간직한다는 것은,
나의 연인들과 함께 하는 것.

많은 세월의 침묵을 깨뜨리고
편지를 쓴다.

그러나
되돌아온 편지는
허망함보다
원망을 안겨준다.

그들은 어디에 있을까?
아직도,
땅위서,
힘차게,
세상의 향기를 호흡하는
즐거움을
알려야 하는데… (2002년 9월 14일)

못 다 적은 떠도는 편린(片鱗)의 생각들

나는 지금 간직했던 편지들을 그리고 40여 년 전부터 간간이 일기장에 써 놓았던 내 친구들과 가족들과 자연과 영화와 예술과 이야기했던 내 감성을 읽고 있다. 그들에 대한 내 감성을 이야기하기 전에 내 집 발코니에 있는 아마릴리즈에 대한 나의 전설을 이야기하고 싶다. 아마릴리즈는 나 자신이다. 나의 화신이다.

아마릴리즈는 어떤 것은 잎이 1미터도 넘게 자란 것이 있다. 그들은 사방으로 활기차게 뻗고 있다. 아마릴리즈를 주워서 연구실에서 키울 때도 꽃 이름을 모르고 길렀다. 남자 교수들은 꽃을 기르다가 시들면 탕비실에 버리는 일이 일반적이다. 나는 탕비실에 버린 꽃을 내 연구실로 옮겨서 살리는 기쁨을 갖는 것도 내 대학 생활의 하나였다. 아마릴리즈도 그 중의 하나이다. 그 아마릴리즈는 나의 연구실에서 나와 시간을 함께 했고 퇴임하자 정든 연구실을 그도 나와 함께 떠나 공주의 나의 하운방에서 얼마간 있었고 다시 지금 내 거처인 백석의 하운방으로 옮겨와 자리하고 있다. 겨울이 되어도 잎은 1미터 정도로 활기차게 사방으로 뻗어나간 것이 마음에 들어 애착을 가지며 10여 년 동안 7개의 화분으로 늘렸다. 그 7개의 화분은 한아름 되는 큰 화분으로 장관이다. 봄이면 포기마다 가운데로 대궁이 높이 올라와 꽃은 대궁 끝에서 백합과 같이 생긴 것이 네 송이가 핀다. 꽃 색깔도 주황색이어서 사방을 환하게 비추고 있어 화려하다.

이름도 모르고 좋아하며 기른 꽃이 아마릴리즈라는 것은 5년 전에야 알게 되었다. 나는 우연히 꽃 이름을 잘 아는 건대 최병곤 교수의 연구실을 찾았을 때 이야기 하는 중 바로 내가 기르는 그 꽃이 아마릴리즈라는 것을 알고 얼마나 기쁘고 놀랐는지 모른다. 50년 전 나는 친구 복규가 자기 남자 친구를 소개했었다. 그는 나를 보고 내 인상이 아마릴리즈 같다고 했다. 그 꽃이 어떻게 생긴 것이냐고 했더니 원산지가 멕시코인데 잎이 없고 꽃만 있는 것이라고 했다. 이 세상에 잎이 없는 꽃이 어디 있나 싶어 몹시 궁금했다. 속으로는 내가 기형적인 인상을 준 것 같기도 해 그리 유쾌한 생각을 갖지 않은 채 아마릴리즈에 대해 계속 궁금한 생각을 가지고 있었다. 내가 이름도 모르고 기르는 꽃 이야기를 들은 최 교수는 연구실에서 기르고 있던 아마릴리즈를 선물로 주어 꽃이 두 화분이 되었다. 그것들이 늘어나서 장관을 이루고 있다.

꽃 이름을 알고 난 다음부터는 아마릴리즈가 마치 나의 화신인 것처럼 애착을 갖고 바라보고 만져주고 정성을 다하고 있다. 그리고 집에 오는 사람에게 나와 관계된 아마릴리즈에 대한 전설을 이야기하고 있다. 내가 떠난 후에도 누군가가 아마릴리즈를 사랑해 준다면 그들은 피고 또 필 것이다.

나는 습관적으로 일기를 써왔다. 언제부턴가는 습관에서가 아니라 생활이란 시간에 끌려가는 것이 생활이라고 생각하기도 했다. 그리고 시간을 잡고 싶은 생각에서 내 감성을 기록하는 것이 시간을 잠깐 동안 머물게 하는 것이라고 생각하게 되었다. 즉 일기를 쓴다는 것은 잡을 수 없는 시간을 기록함으로써 시간의 궤적을 형상화할 수 있는 것이라고 생각했다. 특히 나이 들어서는 소설을 쓰고 싶은 생각이 강해지면서 일기를 쓰는 것에 열정을 더했다. 그것은 혹시 자료가 되지 않을까 하는 욕구가 작용했다. 내 의지와 관계없이 가버리는 시간의 궤적에 상대도 없이 내 감성을 토해 놓을 수 있는 것이 일기 같다. 솔직한 변명은 외로워서, 이야기할 상대가 없어서 일기를 쓴다고 하는 것이 더 맞는 말일 것이다.

나는 지금 억지로나마 시간을 붙잡고 이야기해 봤던 순간들을 다시 찾아가고 있다. 그것은 시간의 기록이며 나의 감성의 기록이며 나 자신인 것이다.

프랑스를 먹고
나의 성장은 25세에 머물다

Le 6-10-75, 브장송

우물에 물이 고인채로 둔다면 그 물은 썩어 버리고 만다.
고독을, 불안을, 기쁨을, 고통을 가난을 같이 나눌 사람이 없을 때
그대로 이런 감정을 쌓아 둔다면,
우물에 고인 물과 같이 썩어 독이 되어 병들게 될 것이다.
이제 나는 매일, 매일의 여러 감정을
여기에 쏟아 놓으려고 한다.
'말에 대해서 섬세하지 못하다는 것은
곧 생각이 거칠다는 것으로서
그것은 그만큼 사회질서가 어지럽다는 것을 뜻한다.
그리고 말하는 이의 정서부족에서
오는 것이라는 것을 뜻한다.'

그러나 나는 감정을 걸러내야 할 필요는 없다고 생각한다.
브장송에서

Le 1-12-75

배정 받은 나의 숙소, 7 Rue de Champagne.

이 아파트는 F5다. F5는 방 네 개와 거실, 부엌, 목욕탕이 있는 것을 말 한다. 인도 애, 하이티 애, 말레시아 애 그리고 나 네 명이 함께 사는 아파트다. CROUS에서는 국적이 다른 애들을 넣어 놓았다. 말을 불어로 하게 하기 위해서다. 하이티 애는 불령에서 온 애라 불어를 잘한다. 레베카는 인도, 사디아는 말레시

아, 가이탄은 하이티 애다. 내일은 살림 도구를 사야 한다. 방에는 책장, 스탠드 라이트, 침대뿐이다. 그릇 몇 개, 커피 잔, 가스롤(냄비)만 사면 된다. 식사는 대학 식당에서 하면 된다.

Le 10-12-75

요새 꿈은 한국에서 가져다 놓고 싶은 물건들을 가져오는 꿈이다. 나는 우선 슈마(슈퍼)에서 까르통(상자)을 가져다 내방에 몇 개를 놓고 집에서 가져온 보자기를 덮으니 훌륭한 장식용 도구가 되었다. 침대는 담요만 있을 뿐 보기 싫어 침대보를 만들어야 할 것 같다.

Le 20-1-76

데즈(논문)를 써야 겠다는 마음이 있어 귀국하는 친구들이 있어도 별로 쓸쓸한 마음이 사라진다. 저녁의 고독보다 이른 새벽에 느끼는 고독을 느껴 보지 못한 사람은 상상할 수 없을 것이다. 알젠친 애들이 학교에서 돌아와 떠들어 책을 읽는데 신경질이 났다. 마르타는 알젠친 애로 알리앙스에서 가르치는 선생이다. 이들은 학위와는 무관하고 프랑스에 와서 즐기려는 것이 더 많다. 불어도 잘하고 그들은 삶을 즐기는 것이 목적이다.

저녁에는 로터리클럽 가정에 초대되어 갔다. 바티마, 마운디(탄자니나), 열호와 함께 갔다. 무슈 부쉐(M. Bouchet)는 퍽 인상이 깊은 중년신사다. 마담 부쉐도 팔등신에다 미인이다. 난 식사 중 무슈 부쉐를 많이 쳐다 보게 되었다. 자신이 있고 기반이 잡힌 남자 같았다. 집안에 라이부러리가 있고 많은 책을 갖고 있는 것이 눈에 띠었다. 어떤 책이 있는지는 실례여서 가까이 가서 살피지 못했다. 아세아인이 셋이여서 슈쿠르트틀 내놓은 것을 보면 마담이 세심한 것 같았다. 그리고 이들은 주제를 공통적인 것으로 이끌고 갔다. 각 나라의 주식 그리고 명절 같은 것을 질문했다.

이들은 대화에 흥미가 있다고 느낄 때 다시 초대를 한다. 다시 내가 초대될지는 두고 볼 일이다.

Le 20-1-76

저녁을 혼자 해먹기 싫어서 레스토 위(Restau U. Restaurant Universitaire)에 파트리시아를 만날 겸 갔다. 파트리시아가 반긴다. 저녁 후 극장에 아라벨(Aeabel)의 작품을 보러 갔는데 <엉 사크 드 빌(Un Sac de Bille)>을 보다. 좋은 영화였다.

파트리시아가 누구에게나 친절해서 오늘 직접 물어봤다. 알제리아 전쟁 때 고아가 된 남녀 쌍둥이다. 프랑스에 입양될 때까지 3년을 병원에서 자랐다. 남자 쌍둥이는 스트라스부르에 있고 자기만 양 엄마와 살고 있다. 작고한 양아버지는 화가였다.

Le 26-1-76

Tu m'as fait beaucoup de peines.
Malgré tous. il faut sourrire.
Je regarde le soleil.
et encoré j'ecirs à toi.
C'est une chose évidante.
Tu n'étais ni prés ni loin de moi.
Tu serais loin.
Il se tait long temps
Nous etions deux, toi et moi.
C'etait une vie bizarre et triste.
Maintenant, je suis si amère.
Tu m'as quitée comme un égoiste que tu es!

Je ne sais pas ce qui arrivera entre tu et moi.

Je vois les fleures dans une verre, KANTEBERAU, sur ta table
à la Bouloie.
C'était humbles. c'était moi.
Le vin dans KANTEBERAU,
Les fleures dans KANTEBRAU, Tu te souviens?
C'était moi, ton amie faute et bizarre.
(Pour la tristesse de Patricia)

그대, 내게 많은 아픔 주었네,
그래도 미소 지을 수밖에 없다오.
그래서 아직도 그대에게 편지를 쓰고 있다오.
분명
그대 내 곁에 가까이도 멀리 있지도 않았건만
이제 그대 멀리 떠나리라.
그대와 나 사이엔 침묵이 오래 흘렀다오.
그리고 태양을 발본다오
이상하고 슬픈 사이였지요.
이제, 아픔만이 남아 있다오.
그대, 자신만을 위해 떠나가리니!
그대와 나 어떻게 되리라는 것을
생각하지 않았다오.

블루와 그대 책상위에,
칸타브로 맥주잔에 꽂아있는 꽃을 본다오.
가련한 꽃이라오.
바로 그것은 순박한 나였지요.
칸타브로 맥주잔의 술과
칸타브로의 꽃을
그대 기억하나요.

그것은 나였다오.
그대에게 어울리지 않는
잘못된 사랑이었다오.

(나의 친구 파트리시아의 슬픔을 노래한 시)

Le 27-1-76

밖에는 어제도 오늘도 눈이 하루 종일 내리고 있다. 백야다(La Nuit Blanche).

내일은 불어-영어, 영어-불어 사전을 사자. 나의 위안은 하나, 하나 쌓이는 책들이 위안이다. 그것은 부요, 나를 풍요하게 하는 친구이다.

차이코프스키의 음악이 흐느끼고 있다. 파트리시아가 식구들에게 소개한다고 집으로 초대했다.

Le 2-2-76

오랜 만에 파트리시아를 만나다. 수척해 있었다. 교통위반으로 경찰과 싸웠는데 모욕죄로 고발을 당했다고 한다. 로브-그리에(Robbe-Grillet)의 최근작 <Topologie dans Une Cité Pantôme>를 선물로 그리고 옵세르바테르에서 이 책에 대한 설명을 데꾸빠해 가지고 왔다. 금요일(16일), 아포스트로프(T.V. 프로그램, 베르나르 피보가 진행하는 저자와 책 소개 프로그램)에 로브-그리에 출현을 알리는 노트도 전해줬다. 로브-그리에에 대한 이야기도 했다.

파트리시아도 내 인생에 무조건 도움을 주었던 친구들 중의 한 친구다.

Le 2-2-76

로브-그리에의 또뽈로지 100페이지를 읽다.

저녁에는 파트리시아가 예약한 시립극장에서 루이 루드빅(Louis Ludwig)을 봤다. 연기가 좋았다. 서슴없이 발가벗는 것을 보는 것은 처음이 아니다. 배우가 옷을 벗는 것이 유행이다. 아비뇽에서는 <오셀로>에서 데스데모나가 앞가슴을 드러냈을 때(화가 난 오셀로가 옷을 찢는 형식을 취했지만) 혐오감을 느꼈는데 이번에는 예술의 경지 같은 것을 느꼈다. 미국에서는 60년대에 벗는 것이 유행이었는데 프랑스에서는 지금 유행하는 것인지 파트리시아에게 물어봤더니 70년대에 유행이 되었다고 한다.

파트리시아는 옵세르바테르에서 로브-그리에에 관한 기사를 또 데꾸빠해 왔다.

Le 7-2-76

어떻게 이런 일이 일어날 수 있을까?

나는 안개 속에서 앞으로 오는 사람이 J. H. Kim인줄 알고 뛰어 갔다. 그도 내게로 뛰어 왔다. 무엇에 나는 홀려서 그랬지만 그는 왜 앞으로 뛰어 왔을까. 정말 J. H. Kim 닮았다. 나는 하루 종일 혼란스러웠다.

"Je vous prends pour mon ami."(내 친구인줄 알았어요) 하니 유창한 불어로 말한다. 시리아에서 오는 길이라고 한다. 우선 동포를 만나기로 했다고 한다. 식당에서 다시 만날 수 있을 것이다. 시리아 친구 마리 푼도를 소개해 줘야겠다.

Le 9-2-76

나는 마리 푼도를 식당으로 가자고 했다. 마리 푼도는 시험 때문에 점심 먹을 시간도 아낀다고 하는 것을 데리고 식당으로 갔다. 의대생들은 시험 볼거리를 산더미처럼 쌓아 놓고 외우는 것을 봤다.

점심시간이 다 끝나도 새로 온 시리아인은 식당에 오지 않았다. 마리 푼도에게 미안했다.

Le 11-2-76

에르베 바젱의 <Qui ose aimer d'après le roman>을 보다.

Le 12-2-76

Il se trompe l'histoire d'amour(사랑의 이야기는 잘못되었다).

파트리시아와 함께 보다.

Le 13-2-76

"Si la poésie ne vous aide pas à vivre, faites autre chose⋯."

(만약 시가 삶에 도움이 되지 않으면 다른 것을 하라⋯)

델마와 팔레스타인 애가 왔다. 한국 학생이 두고 간 벨로 때문에 왔다. 나는 오늘 생각 없이 팔레스타인 애를 자극했다. 그는 스카프로 된 전통 두건을 쓰고 다닐 때가 있는 민족주의자다. 그런 것을 알면서 고의로 자극한 것 같다. 세계 도처에서 데리를 히는 팔레스타인의 행동을 이야기 했더니 아주 흥분해서 설명을 길게 했다. 델마가 다른 이야기로 달래 주었다. 타메르가 찾아와 터키 이야기를 많이 해 주었다. 델마도 질세라 볼리비아 이야기 대학부터 프랑스 올 때가지 집에 한 번밖에 가지 않았다는 이야기를 해서 놀랐다. 타메르는 터키의 관습에 여자가 대문을 여러 놓으면 들어와서 자도 좋다는 뜻이라고 해서 우리는 그런 도덕성이 문란한 나라냐고 했다. 웃기기를 좋아하는 애라 지어낸 이야기 인지도 모른다. 장뽈과 함께라면 미술 이야기를 할

터인데 공통된 이야기를 찾지 못해서 그런 것 같다. 대학에서 학생들을 웃기며 잘 가르치는 선생일 것 같다.

Le 14-2-76

파트리시아가 저녁 먹으러 가자고 데리러 왔다. 불르와에 식당이 열리는 날이다. 그곳은 눈이 와서 마치 크리스마스카드 같았다. 로버트 브라우닝의 레인 보(Rain Bow)가 생각났다. 아름다운 것을 보고 기뻐할 수 있으니 내 나이 25세까지만 기억하고 그 이후는 모른다고 해도 될 것 같다. 순수성을 잃지 말자.

저녁 후 라 뻬를르(La Perle)에서 커피를 마셨다. 파트리시아가 사온 라 벤느 드 카르나발(La Baine de Carnaval, 사육제의 빵) 빵을 먹다.

Le 16-2-76

오늘 타메르와 같은 테이블에서 점심을 먹는데 시리아 사람이 나를 알아보고 뿔라또를 들고 우리 자리에 왔다. 그는 친절히 '봉주루' 한다. 정말 반가웠다. 잘 알지도 못하면서 소개를 내가 그를 타메르에게 하고 타메를 그에게 소개했다. 그들은 둘이 다 미술 교수로서 2년간 프랑스에 온 것이다. 어떻게 이런 우연이 있을 수가 있을까! 나는 오후에 수업이 있어서 그들을 남기고 학교로 향했다. 저녁에 파트리시아를 만나서 시리아교수 이야기를 했다. 타메르를 만나면 그를 만나 커피에 초대하라고 했다.

Le 17-2-76

파트리시아가 씨네클럽에 초대해 도드 카덴(Dode Caden)을 보다. 프랑스 상징주의 시를 연상케 하는 영화다.

Le 18-2-76

저녁 식당에서 파트리시아를 만나지 못했는데 저녁에 집으로 찾아왔다. 개 레오(Léo)와 고양이가 병이 걸려서 걱정을 한다. 레오는 방 하나를 차지하고 침대에서 자고 있다. 배설시키는 작업도 열심히 시키기 위해 밖으로 끌고 나오는 고역도 열심히 한다.

Le 19-2-76

점심시간에도 저녁 시간에도 새로 온 시리아 교수를 만나지 못했다. 오는 시간이 달라서 그런 것 같다. 숙소가 샹빠뉴에 있는지 불루아에 있는지도 모른다. 타메르는 파리에 가서 2주 후에야 온다고 했다.

Le 21-2-76

드디어 시리아 교수를 만났다. 어찌 그렇게 닮은 사람이 세상에 있을까! 나는 시리아 교수를 만난 다음부터 안정을 하지 못하고 있다.

내 병을 잘 아는 이영섭 씨는 이제는 곪을 때도 되지 않았느냐고 했다. 이영섭 씨는 나를 아주 잘 알고 내 이야기들을 아주 잘 알고 있다. 이해가 넘치는 친구여서 나는 늘 내 마음을 털어 놓는다.

Le 3-3-76

오늘 강의는 교수가 듣기 싫은 목소리에다 강단에서 마치 배우가 연기를 하는 것 같이 왔다 갔다 하며 강의를 해서 집중이 되지 않았다. 늘 참석하는 교수는 연필로 열심히 스케치를 하고 있다. 그는 늘 귀로는 듣고 손으로는 그림을 그리는 것 같다. 그는 학위도 있고 친구 강의에 들어온다고 한다.

오랜 시간 걸려서 구상한 논문 계획서를 정리하니 마음이 후련하다. 정리하는데 4시간이 걸렸다. 담배를 피워서 방 공기가 탁하다. 밤이 깊은데 트럭들의 소리가 요란하다. 뒤라스의 영화 <까미용>과 이브몽땅 주연의 <공포의 보수>가 생각난다.

Le 7-3-76

오늘은 내 생일 델마가 졸라서 둘이서 생일을 차렸다.

니노스카, 장자크, 베르나르, 타메르, 파트리시아와 같이 아로제를 하다.

Le 13-3-76

타메르와 파트리시아와 시리아교수를 만나다. 그 이름은 따리프다. 불어를 아주 잘한다. 마리 퓬도가 일요일 집으로 초대한다고 같이 오라고 한다.

Le 16-3-76

카라이브 스와레(카리브의 밤)가 열렸다. 미국문화의 영향을 받은 문화이다. 그러나 그들 나름대로의 문화를 갖고 있다. 선정적이다. 드럼통을 이용해 만든 악기가 특징이 있다. 서민적인 악기이다. 길가 아무 곳에서나 악기를 연주 할 수 있다는 것이 역시 드럼통이 갖는 상징이다. 그간 타이랜드의 밤, 인도네시아의 밤 등은 준비된 문화행사였다. 브장송대학에 있는 각국의 스와레는 우리 한국의 밤을 개최함으로서 동기를 만들게 되었다. 크루스 관장 샤나르(Chanart) 씨는 우리의 스와레를 칭찬 하며 다른 나라들도 스와레를 개최하도록 할 것이라고 했다. 브장송대학에 외국학생들이 있는 한 앞으로도 계속 될 것이다. 주불 대사관에서 브장송에 내려와 학생들에게 밥을 산다고 해서 이왕에 올 것이면 리틀 앤젤스의 공연 영화를 가져오라고 했다. 대사관측은 가져오려는 노력을 하지 않고 한국의 발전상을 기록한 영상물을 가져 왔다. 대사관의 불성실에 대해 불만족해 하는 것을 알고 대사관 측에서는 비쉬로 이동하면서 브장송의 한국학생들을 데리고 갔다.

한국의 밤(La Soirée de la Corée)은 전적으로 나의 의견이었다. 한국은 독재라는 것만 알려지고 불명예스러운 말만 듣고 있어 벗어나고자 계획했던 것이다. 나는 브장송대학에 하나의 역사를 만들어 놓았다는 것에 긍지를 갖고 있다.

Le 18-3-76

로미오와 줄리엣을 발레로 보다.

Le 19-3-76

두 번째의 파리국립 도서관 여행. 이영사 님은 도서관의 박병선 씨를 소개해 주겠다고 한다. 독신이라는 것을 강조하며.

Le 21-3-76

따리프는 내 이야기, 안개 속에서 이야기를 자기 동포들에게 이야기해서 브장송에 있는 그의 동포들은 나를 다 안다고 한다.

Le 4-4-76

그레타 가르보 출연의 <안나 카레니나>를 보다 제정 러시아 시대의 러시아의 생활을 볼 수 있었다. 비가 하루 종일 내린다. 비 오는 날은 정신이 집중되어 연구에 집중할 수가 있다.

Le 16-4-76

몽마르트르에서 랑데부. 대사관의 이영사를 좀 도울 일이 있어서 도와주었더니 저녁에 초대 했다. 나는 룹시안으로 돌아가야 해서 기차를 노칠가 봐 저녁만 먹고 산책을 하지 못했다. 나는 색동으로 만든 엽랑을 희랍 식당의 천장에 기념으로 걸어 놓았다.

Le 20-4-76

룹시안에서 일을 끝내고 브장송으로 돌아오다. 따리프로부터 두 번의 전화를 받다. 연필스케치 전시를 하기 위해 작업을 많이 한다고 했다. 파리 주재 시리아 대사관에서 한다고 했다. 동포를 위해서. 주로 시리아의 풍경이라고 한다. 모두가 머릿속에 있는 풍경이라고 한다. 언제나 머릿속에 있는 상상을 그리는 것을 보았다.

Le 24-4-76

르 라방드 에 르스다(Les Lavande et Le seda)를 보다 2차 전쟁 바로 전의 이야기다.

Le 26-4-76

어제는 건축가 친구(김종협)가 와서 롱샹에 있는 르 꼬르비쥐에가 지은 롱상의 샤뻴(교회)을 보러 가다. 돌아오는 길 친구는 마르세이유로 직행했다. 르 꼬르비쥐에가 지은 건물을 보러 간다는 것이다. 나는 허전한 마음으로 집에 돌아오니 서울에서 친구가 보낸 편지를 받다. 여행의 피로와 김보문씨의 비보 때문에 힘이 쭉 빠지는 느낌이었다. 씻을 기분이 나지 않아 오래 앉아 있다가 침대로 들어갔다.

김보문 씨

불란서에 와서도 당신 생각, 당신 생활, 당신의 소설 같은 사랑의 이야기를 늘 생각하고 있었소.

어느 날 수첩을 뒤지다 당신의 주소를 읽으며 소식 전하지 못함을 후회하고 어느 날 긴 편지를 쓰리라 했더니 당신의 비보를 먼저 받았소.

왜 나는 서울에서 자주 만나고 당신과 좀 더 즐거운 시간을 못 가졌는지 후회하고 있소. 당신의 이야기에도 위로를 주지 못했는지 후회하오.

여행에서 모았다는 그 많은 수석은 지금 주인을 잃고 애처롭게 누구의 손에 있는지 모르겠군요.

누가 당신이 고이 간직하듯이 잘 사랑해 주었으면 하는 마음 간절하오.

이제 귀국하면 누구를 찾아야 당신이 무친 곳이라도 가 인사를 올릴지 모르겠구려.

어느 날 안국동 거리를 거르며 행운이 있으라고 사준 부적 그리고 같이 발견한 신윤복의 그림, 사임당 신씨는 지금도 이곳에서도 책상 위에 걸어놓고 있소.

왜 좀 더 굳세지 못하였소. 삶이란 고독하게 마련인데 다만 고독을 향유할 수 있는 힘이 모자라지만 않는다면 그리고 풀칠할 수만 있다면 부한 자나 극히 평범한 길을 걷는 자 보다 더 행복을 많이 느낄 수 있지 않소.

제성다방에서 나의 손금을 보며 산골짜기 고고히 서 있는 학과 같은 격이라고 한 말, 이제 그 말이 실감나오.

내 인생이 그럴 것이라는 것 이제 새삼 느끼며 나를 투시해 보곤 하오.

기가 막힌 논문을 하나 쓰라고 늘 충고한 것 잊지 못하겠소.

나는 진정한 친구를 잃은 큰 슬픔에 가득 차 있소.

천주의 사랑이 그대에게 영원하시기를 삼가 명복을 비오.

프랑스에서

Le 1-5-76

오늘 하루 종일 마음이 안정되지 않아 알레고리아 성가를 틀어 놓고 연구를 하다.

저녁 11시 파트리시아가 정원의 라일락을 한 아름 꺾어 가지고 왔다. 오늘은 뮤게꽃을 주고받는 날이라고 한다. 라일락의 향기와 성가에 취해 무한한 행복감에 있다.

Le 2-5-76

그레타 가르보의 여왕 크리스틴(La Reine Christine)을 보다.

-"Non, je ne sais pas la Reine,
je suis une femme dans des bras d'un homme dans un shelter"
-No, I am nat majeste, I am a woman in the man's arms in the shelter.

Le 5-5-76

로브-그리에로 부터 답장을 받다. 즐거운 일이다. 로브-그리에의 편지는 브장송에서 있을 데바에서 만나자는 것이다. 그리고 내 질문에 특별이 답할 것이 없다고 한다. 데바에서 이야기하겠다고 했다. 내 질문이 시시해서 그런 것 같다.

오후 빠에지트 하고 방학동안 일을 하기 위해 아장스당쁠와(직업소개소(Agence d'emploi)에 갔다. 순옥에게 강복하소서.

Le 10-5-76

로브-그리에와 독자와의 데바가 브장송 문화회관에서 열렸다. 언제나 그렇듯이 뺼에 자켓 차림에 강단에 올라서서 강의 하지 않고 강단 가장자리에 걸터 앉아서 강의를 하고 있었다.

녹음을해 줄 타이 남자 친구와 파트리시아, 따리프, 타메르와 같이 갔다. 따리프는 스케치 북을 가지고 가서 로브-그리에 얼굴을 수 십장을 그리고 있었다. 나는 내 질문을 파트리시아에게 주고 질문의 내용을 더 설명해 줬다. 내 불어를 이해 할 것 같지도 않고 큰 홀에서 동양애가 질문을 하면 주목을 받는 것도 자신이 없어서 파트리시아가 했다. 질문 내용은 작품의 오브제의 등장이 50년대 사물로 돌아가자는 팝아트와 존케이지의 주장과 어떻게 관계가 있냐는 것이었다.

그가 50년대 초창기 프랑스에서 팝아티스트였다는 것을 답에 보충 설명하고 있었다. 팝아트에 연관시키려 했던 것이 맞아서 기뻤다. 물론 작품의 분석은 작가와 일치할 필요는 없다. 그러나 기뻤다. 작품을 제대로 이해했다는 것에서.

Le 16-5-76

저녁 후 도지오(Dojio) 집에 초대받다. 도지오는 산파인 부인과 함께 와 있다. 1개월 된 애기를 안고 흐뭇해 한다. 학위 후 니제리아 국립대학에서 가르치기로 되어 있다고 한다. 벌써 명함을 만들어 나누어주고 있다. 6월에 논문 발표가 있다고 한다.

텔레비젼에서 뒤라스 영화를 보여 주었다.

(Extraits de Films de Marguerite Duras)

Le 26-5-76

나는 모든 것으로부터, 모든 연민으로부터, 모든 애정과 애증으로부터 벗어나 공백상태에서 내 삶을 시작하고 싶다.

그래서 아침 방을 청소하고 벽 한 면을 짐 싸는 종이로 전부 부쳐 놓았다. 그리고 중앙에 까만 점하나 그리고 그 밑에는 점이 선으로 전이되는 모양을 5센치 정도 그려 놓았다. 벽은 아무 것도 없는 공백이다.

점이 정체되어 있거나 점이 선을 만들고 그 점이 어떤 모양을 그릴지는 모른다. 마치 내 미래가 내 논문이 어떻게 끝날지도 모른다. 써봐야 아는 것이다. 나의 앞날도 모두가 … 그것을 그림으로 표현한 것이다.

Adieu! Tous ce qui m'attire. (나를 사로잡는 모든 것이여, 안녕)

Le 31-5-76

따리프가 10시 넘어서 왔다. 죠지 무스타키(Geroge Mustaki)를 녹음하러 왔다.

"Si on te confie un secret, tu saurai le garder par toi."

(사람들이 너와 비밀을 지킬 수 있다고 믿는다는 것은 네 스스로가 지킬 수 있는 것을 알기 때문이다.)

Le 8-6-76

Monsiuer Peins의 집에 초대 받다.

Le 19-6-76

스웨덴의 귀스타브 왕과 실비아의 결혼은 장엄하다

대통령의 부인이 되는 것보다 왕비가 되는 것이 더 좋을 것 같다.

신화적이다.

여인들의 허황한 꿈의 이야기.

Le 20-6-76

따리프가 보르도로 여행을 하고 프로방스로 갔다가 남불 스케치를 한다고 한다. 로브-그리에 스케치를 다시 정리해서 가지고 왔다. 따리프가 준 로브-그리에 초상화를 로브-그리에에게 보내겠다고 하니 그는 큰 종이에다 다시 옮겨 가지고 왔다.

지난 전시는 시리아의 경치였는데 이번에는 남불을 스케치한다고 한다. 동포 친구들이 그곳에 있다고 한다. 고호가 가 있던 프로방스도 간다고 한다. 봉 봐야즈(Bon Voyage!)!

타메르는 아카데미를 파리로 옮기고 파트리시아는 요르단에 1년가 있게 되었다. 따리프가 올 때까지 브장송에 혼자 남게 된다. 아, 아니(Annie)가 있다.

Le 7-7-76

맥베스를 보다. 오페라 맥베스보다 연극이 더 좋다.

프랑스에온 보람을 더욱 느끼다.

예술에 심취, 예술에 의해 행복을 느끼는 사람들이 얼마나 있을까.

문학을 모르고 예술을 모르는 문외한에 둘러 싸여있을 때가 많다.

Le 9-7-76

아반느(Avanne)의 오스피스에서 일한지 벌써 2주가 되었다. 방학이 되자 일을 하기 시작했다. 마르타, 후라니, 빠에지트와 같이 일을 한다. 브장송 근교다. 버스가 이곳까지 들어온다. 오스피스에 오는 사람들을 위해서인 것 같다. 방학에서 번 돈으로 볼리비아 애 마르타와 독일 여행을 하기로 했다.

처음 이곳 풍경을 보고 지상의 지옥이라고 생각했다. 건강을 잃는다는 것이 이렇게 비참한 것인가 하는 생각을 처음 가졌다. 학생들이 하는 것은 환자가 있는 방에서 환자를 돌보는 일이다. 필요한 것을 가져다 달라고 하면 갖다 주고 돌보는(garder)일.

오늘은 아침 10시부터 오후 4시까지 갸르데를 했다.

모두 중환자들은 오후 낮잠을 자는데 마담 그라벨이 넘어지면서 지르는 소리에 당황했다. 나는 지젤을 불렀다. 지젤은 뛰어와서 마담을 일으켰다. 힘든 일을 자진하는 착한 불란서 부인이다. 오늘 26명이 되는 방을 돌본다는 것은 힘든 일이었다.

에밀 알렉산드르(Emile Alexandre)를 의자에 태워 밖으로 산책을 시켰다. 정원에서 장미꽃을 한 송이 따서 유리병에 꽂아 그의 책상에 놓아 주었다. 그는 말을 하지 못하지만 기뻐한다.

나는 언제 부터인가 풀 한포기 손에 대지 못하는 습관이 생겼다. 나로서는 생명을 창조할 수 없는데 하나의 생명을 죽이는 것 같아 들꽃 한 송이를 따지 못한다.

알렉산드르는 불구다. 그러니 들꽃 한 송이 따서 보게 하는 것이 죄는 아닐 것이다. 그는 혼자 산책을 못하니 방에서 꽃을 볼 권리가 있다.

아반느에서 일은 나에게 많은 것을 얻게 했다. 이 나라의 한 면을 알 수 있었다. 강의실에서 배울 수 없는 말도 배울 수 있었다. 간호사들도 부지런하다.

철로역장이었다는 뮤슈는 음악을 좋아한다. 브장송 시립 합창단원이라는 딸이 문병을 온다. 삶의 종말을 왜 이렇게 하느님은 만드는 것일까. 세상에 나올 때는 아름답게 하고서.

Le 14-7-76

오늘 의과대학에 들러 눈을 치료했다. 아반느에 일하러 오는 의대생에게 눈에 문제가 있다고 했더니 자기는 안과가 아니니 안과학생에게 부탁 하겠으니 시간 내서 오라고 했다. 나는 레마르크의 개선문을 두 권 사가지고 갔다. 내 눈이 아픈 것은 아래 눈썹이 위로 나와 찔러서 그렇다고 했다. 의대생들은 옷을 잘 입고 있다. 아반느에서 일하러 오는 학생은 희랍학생이었다.

내가 준 개선문을 알기나 한지 모르겠다. 나치를 피해 독일에서 온 의사의 이야기다. 의사와 관계된 책이라 감사로 준 것이다.

Le 10-11-76

뮤게로 이사 오다.

장학금 연장 소식도 받고 독일 2주간의 독일 여행도 즐거웠다.

프랑크푸르트에서 묵던 어느 날 아침 역으로 가는 길을 쇼트커트를 이용하려고 하는데 찾지 못했다. 지나가는 한 남자에게 불어로, 영어로 길을 물어도 알아듣지 못해서 나는 두 손으로 기차가 움직이는 흉내를 내며 한국말로 칙칙폭폭하니 그 남자는 웃으며 우리들을 직접 안내 해 주었다. 독일에서 구경 한 것은 다 잊어버렸지만 우리들의 해프닝은 생생하게 남아 있다.

따리프의 전시는 정말 아름다웠다. 아로제에 마리푼도와 내가 도와주었다.

시리아 학생들과 같이 저녁 늦게까지 즐겼다. 마리푼도는 이스라엘 학생도 초대했다. 이곳에서는 그들은 서로가 적이 아니고 잘들 지낸다. 따리프는 파리로 가서 시리아문화원에서 전시를 한다고 한다. 벌써 세 번째의 전시다. 동포를 위로하는, 서비스하는 차원에서라고 한다. 그리고 작품을 나누어 준다고 한다. 연필 스케치가 아주 편리한 것을 알았다. 그는 르몽드에 가끔 나오는 삽화가 아주 좋다고 한다. 그는 르몽드에 나와 있는 삽화를 하나 데꾸빼해서 주었다. 돌담 사이에 나체로 끼어 있는 남자, 그는 옹색하게 끼어 있으면서도 얼굴은 평화스런 모습이다. 바로 머리 뒤에는 예수의 반상을 양쪽으로 펴서 마치 나뭇가지 같이 되어 있고 예수의 머리 위는 화면 전체가 한 송이 커다란 꽃으로 되어 있다. 많은 것을 상징하고 있다. 이것 역시 연필화다. 멜씨!

Le 28-11-76

2년 전 브장송에 내리던 날이다.

돌이켜 보면 학문에 진전을 보지 못해 불안하다. 나름으로 많은 책을 읽고 있지만. 앙드레 말로의 장례식이 거행되었다. 예술을 사랑했고 정의를 위해서 행동한 행동가. 휴먼이스트. 예술을 사랑해 예술작품을 라오스에서 도둑질한 도둑.

나는 말로와 마담 스탈을 좋아한다. 사실 나는 석사학위를 마담 스탈을 하려고 했었다.

밀라노의 라스칼라 오페라단의 오셀로를 아니와 따리프와 보았다. 따리프는 내년 6월 파리로 간다. 그는 브장송에 있을 필요가 없다. 불어를 잘하기 때문에. 왜 불 정부는 이곳으로 보냈는지 모른다. 불어도 불란서 사람처럼 하고 그림은 실기인데. 학위 등록을 하고 책 읽고 그림 많이 보는 것이면 그는 된다. 대학에 직업을 갖고 있고 대학에서 학위를 원하는 것도 아닌데. 파리를 오고 가고 브장송을 오고가는 일을 하여야 하는 것일까?

Le 5-1-77

한국일보 파리 특파원 김성우 씨가 로브-그리에와 인터뷰가 있다고 질문 있으면 하라고 한다.

앙텐느 2에서 소련인들의 춤과 노래를 보았다. 제정 러시아가 공산주의가 되지 않았다면 예술과 문화가 얼마나 발전되었을까 하는 상상을 했다. 그들의 화려한 복장, 내가 상상하던 소련의 모습은 달랐다. 철의 장막 속에서도 예술은 발전하고 있었다. 그들은 정부의 후원하에 예술 활동을 하고 있어 상업주의 예술이 아니다. 예술을 위한 예술이 피어나 있다. 물론 이념적인 것에서 벗어날 수 없지만. 하여간.

식당에서 장 뽈과 많은 이야기를 했다. 미대생이 의외에 누보로망을 알고 있고 로브-그레에에 대해서 알고 있어 놀랐다. 미대에 한국 신부의 전시가 있다고 한다.

Nous parlions long temps à propos de Robbe-Grillet. J'etais vraiment etonnée parce qui'il connait R-G et Nouvau Roman.

Le 19-1-77

논문의 진전도 없고 가난하게 사는데 왜 나는 이렇게 유유한 기분일까. 그것은 자유를 만끽하고 뿌리에서 완전히 떨어져나온 홀가분한 조건에서일 것이다. 비극도, 행복도, 성공도 나의 자유에 기인한 것이기 때문일 것이다.

내 논문의 윤곽을 완전히 구상하고 참고문헌을 3년 읽어 냈으니 논문을 쓰지 않아도 될 것 같다. 많은 지식을 쌓았으니. 논문을 쓰지 않아도 자신이 있다. 인식 욕에 마음도 몸도 불태웠다. 그리고 나대로의 산책도 많이 했다. 로브-그리에 산책, 영화 산책, 미술 산책, 사람들 속에서의 산책, 더 이상 무엇을 할까. 나의 실존의 조건에서. 학생의 조건이라는 것이 얼마나 자유를 가질 수 있는 것인가. 필요한 물질 이외에 아무것도 필요 없다. 옷은 아무것이나 걸치면 되고, 대학 식당에서 풀코스로 먹는 민주주의, 국적을 불문하고 만인에게 평등이 존재하는 나라. 등록금도 불란서 학생과 마찬가지로 받지 않고 식비도 반은 정부가 대는 나라. 자유를 향유할 수 있는 나라. 아무도 관계하지 않는 개인의 자유, 나이를 인식할 필요가 없는 나라.

사르트르가 추구하는 자유에는 못 미치지만 설익은 모방의 자유, 스스로의 책임 있는 자유. 내 삶은 자유의 산책이다.

원영한 선생님으로부터 긴 사연의 편지를 받다. 낭만이 가득찬 사연이.

Le 4-4-78

나는 홀로 있다.

나는 빈 거리에 있다. 실존의 불안을 가지고.

논문의 진전에 내 스스로 만족하고 있다.

집에서는 소식이 없다.

파트리시아, 타메르, 따리프가 비운 자리에는 아니, 장-뽈, 뮬러 쌍둥이들이 채워주고 있다.

아니와 같이 저녁 식사 후 장-뽈 집에 들렀다. 방 전체를 오렌지색으로 칠해 놓아 놀랐다. 언젠가 나는 오렌지색을 좋아한다고 한 일이 있다. 자켓, 쉬미즈가 한국제품이라고 내보인다.

아니는 돌아와서 우리 집도 오렌지색으로 칠해 놓을까 해서 웃었다.

장-뽈은 키가 장대 같이 크고 수염을 길러 할아버지 같은 순진한 애이다. 시가를 피워 대며 나이 먹은 척 하는 순진한 애다.

Le 7-4-78

내 논문에 있어서 결국 로브-그리에가 말하는 비드(le vide)의 개념을 설명하기 위해 50년대의 예술의 리얼리즘을 연구하지 않으면 안 되었다. 존케이지의 예술도 연구하지 않으면 안 되었다.

Le 7-4-78

따리프가 2주만에 브장송으로 내려왔다. 브장송에서 파리를 오고 가겠다고 했다.

실존에 자유는 틀에 묶이고 영상만 시공을 날다

"현현(epiphany)… 지극히 단순하고 사물이나 경험을 통해서 어떤 것에 대한 진실 또는 근본적인 뜻이라는 이 말은 순간적으로 또는 직감적으로 깨닫게 되고 파악하게 된다는 뜻이다. 문학을 하는 사람들, 특히 작품을 쓰는 사람이 이런 식의 에피파니를 통해 창작을 하는 경우가 많다고 한다.

늙어 버린 나는 뉴욕으로 한국 조종사가 모는 비행기 안에서 한국 아가씨가 가져다 준 술 한 모금에서… 그 조그마한 순간의 경험에서 오는 가슴이 뭉클해지는… "Richard Kim(김은국)의 말. 김은국 씨의 소설 <순교자>를 다시 읽는다. 김은국 씨는 연세대 영문과를 나와 통역 장교로 근무하다가 미국으로 가서 그곳에서 <순교자>를 썼다. 나는 얼마나 그를 부러워했는지 모른다. 이보다 앞서 내 나이인 프랑스와즈 사강이 1학년 때 <슬픔이여, 안녕>을 발표했을 때도 나는 그를 무척 부러워했다. 내가 대학 1학년 때 일이다. 대학 입학 후 길을 못 찾고 헤매고 있을 때이다.

나는 감정을 노출하고 싶다. 내 몸 깊숙이, 내 가슴 속 깊숙한 곳에서 솟아 나오는 불길을 활활 태운다. "인간의 자유란, 인간에게는 자유가 있으며 한 인간의 인생은 그 당사자의 자유로운 선택에 의해 결정된다"는 사르트르의 사상을 유념하며 내 행동에 의미를 찾고 있다. 그리고 그 의미를 부여하며 승화시키고 싶다.

일을 해야겠다. 잠시라도 나는 일을 하지 않으면 우울을 느낀다. 나의 파라다이스 '유령의 집'에서 나의 역사를 그어가자. 볼테르는 나의 이 2층집을 유령의 집이라고 했다. 왜 그랬을까? 2층으로 올라가는 계단 그리고 2층 3면의 발코니는 봄, 여름, 가을 심어놓은 페츄니아들이 만발해 있다. 지나는 사람들은 와서 사진을 찍어가고 있는 화려한 집인데… (1982년 1월 15일)

아침부터 혼란했다. 종합청사로 외무고시 시험문제를 내기 위해 10시까지 가야 하는데 약속한 택시 운전사가 도착하지 않아 자전거를 갖고 있는 학생을 불러 고속버스 정류장까지 데려다 달라고 했다. 버스에 타려고 하는데 약속한 택시 기사가 뒤에서 욕을 하며 부른다. 약속은 자신이 지키지 않고 늦게 와서 오히려 야단이다. 그들은 교수라는 사람들은 체면을 지키기 위해 당치도 않은 처사에도 약하다는 것을 잘 알고 이용한다. 택시 기사와 고속버스 기사는 차이가 크다. 늘 만나는 고속버스 기사 중에는 휴게실에서 커피를 사들고 버스에 올라와 마시라고 권하는 기사들이 많다. (1983년 8월 20일)

주요섭 씨의 <미국현대소설>을 하루 종일 읽었다. 그는 주로 테마적인 면에서 소설을 논하고 있다. 그러나 스틸과 기술도 논하고 있다. 헨리 제임스(Henry James)는 오래 전부터 소설에 있어서 테마 외의 소설의 미학을 주장해 왔다. 1930년대 이후 미국 소설은 프랑스의 자연주의 영향을 받고 있다.

나는 텅 빈 마음을 달래기 위해 하루 종일 책과 싸웠다. 그래도 빈 가슴은 채워지지 않는다. 볼테르가 오면 마음이 덜 공허하지 않을까? 규바르스코프의 아리아를 듣는다. 그 노래 속에서 오르낭의 안개도 브장송의 안개도 나는 본다. 그날도 안개가 자욱한 날이었다. 베르나르는 커피와 크로와쌍을 사겠다고 했다. 나는 오뗄 뒤 노르(Hôtel du Nord)에서 일 때문에 그곳으로 직행했다. (1983년 8월 17일)

땅거미가 밀려오면 고독도 밀려온다. 김수환 추기경님도 저녁노을이 깃들 무렵 스며드는 고독을 자기로서도 어쩔 수 없는 일이라고 하신다. 토론토에서 만났던 高 마테오 신부님은 가끔 스카이라운지에 올라와 시내를 보며 고독을 만끽하며 생을 관조하신다고 하셨다. 그는 해병대 출신으로 한국에서 대신학교를 마치고 프랑스의 낭시 신학 대학을 나오신 분이다. 그는 신부가 되기 전 연인도 있었다. 그는 불어로 여러 권의 소설을 쓰셨다. 소설을 쓸 때면 독일에 있는 수녀원으로 가서 쓴다고 하셨다. 어느 여름날 수녀원에서 나와서 시내에 있는 카페에서 시간을 보내고 있는데 한국 청년이 들어오며 자기를 보고 다가와 자리를 함께 할 수 있냐고 해서 몇 시간 동안 이야기를 나눴다고 한다. 자기는 유신정권을 반대하다가 체포될 것 같아서 어렵게 독일로 왔다고 했다. 신부께서 얼마 후에 한국에 간다고 하니까 한국 친구에게 줄 선물이 있다면서 좀 전해달라고 했다. 그가 가져온 선물은 책이었다. 신부님의 해외 활동으로 한국 정부에서 표창을 한다고 했지만 신부님은 거절하셨다고 한다. 유신 정부를 반대하고 있었기 때문이다. 그래서 요주의 인물로 낙인 찍혀 한국에 가는 것 자체가 불안해서 학생이 준 책의 내용이 의심스러워 독일 수녀에게 알려달라고 했더니 어떻게 하면 살인을 과학적으로 할 수 있느냐는 내용이었다고 한다. 신부님은 책을 독일에 두고 서울에서 약속 장소에 나갔더니 친구는 다리를 심하게 저는 학생이었는데 경찰에 쫓기다가 다쳐서 그렇게 되었다고 했다. 자기와 같은 학생들이 많다고 했다. 유신을 반대하려면 과학적인 조직이 필요하며 사람을 죽이는 방법도 알아야 하기 때문에 필요한 책이라고 했다. 그는 3. 1운동도 흥분만 했지 프랑스의 저항운동처럼 과학적으로 조직화하지 못해서 실패한 것이라고 했다. 한국에서 사람을 어떻게 죽이는가와 저항을 위한 조직을 연구한다고 했다.

오늘은 새 학기 들어 처음 맞는 연수일이다. 얼마 전부터 공주를 떠나고 싶은 생각에 안정을 찾지 못하고 있다. 아무것도 하기 싫어 무료하게 보냈다. 박이문 씨의 <인식과 실존>을 몇 장 읽다.

(1983년 8월 27일)

어제 찻장 두 개를 찾아오다. 임자를 만나지 못해 팔자 사납게 굴러다니다가 나에게로 보내진 것이다. 하여간 작은언니가 고마울 뿐이다. 사은회에서 돌아와 포장을 뜯어 자리를 마련하고 나니 한결 부티가 난다. 그 차장을 책장으로 사용하기로 했다. 삼면을 가득 채운 책장은 모두가 작은오빠 작은언니의 선물이다. 우아미 가구의 책장 세 개는 불란서에서 도착한 책 더미를 방안에 쌓아놓고 풀지 않은 것을 본 작은오빠와 언니는 내가 외출한 사이에 가구점에서 책장 세 개를 사다 풀지 않은 책 상자의 책을 꺼내어 책장에 꽂아 놓았던 것이다. 귀국해서 마음의 안정을 갖지 못하는 나를 그렇게라도 해서 안정을 찾아주려는 뜻에서였다. 나는 귀국해서 서울에서도 공주에서도 외출하고 싶지가 않았다. 주말이면 공주에서 서울에 있는 가족들의 집 그리고 연구실과 집 이렇게 나의 세계는 한정되어 있었다. 프랑스에 있을 때 중국을 비롯해 중국과 동남아를 3개월 동안 다녀왔다는 프랑스

여자는 한 달이 되었지만 동양인들이 떠드는 소리에 아직도 귀가 멍멍하다고 했다. (1983년 12월 3일)

김수환 추기경님은 하느님은 우리의 자유를 존중하시기 때문에 스스로 신의 사랑과 구원을 알 수 있도록 각자의 자유에 맡긴다는 것이다. 그 말은 아름답고 추상적이다.

Comment on sait? (어떻게 알까?)

아침에 눈을 뜨자 엄습해 오는 고독, 삶의 의욕마저 없다. 정말 눈을 감은 채 깨지 말았으면 했다. 삶은 죽음의 행사인데 그 절차는 왜 그렇게 괴로울까?

산다는 것은 인간의 괴로운 조건인 것 같다. 베케트(Beckett)가 본 인간의 조건이기도 하다. <고도를 기다리며>에서 에스트라공은 몇 번이고 자살을 꾀한다. 그러나 자살도 할 수 없는 것이(인간의) 그들의 조건이다. 약속을 지키지 않는 신을 우둔하게 기다릴 뿐이다.

나는 신을 기다리는 것이 아니라 나의 학식이 더욱 심오하게 되어 훌륭한 학자가 되는 것을 기다릴 뿐이다. 주여, 훌륭한 하자가 되게 하소서! (1983년 12월 31일)

워커힐에 있는 한강 호텔에서 40일 만에 나와 나오는 길로 <프라하의 봄>을 보자고 불어과 팀에 있던 윤정희 선생이 제안해서 우리는 극장으로 갔다. 윤선생과 헤어지는 것이 아쉬웠다. 40일 간을 고등학교 검정 교과서를 심사하기 위해 워커힐 호텔에서 외출도 못하고 제출된 교과서 원고를 심사해야 했다. 나는 교수협회지에 발표할 글을 청탁받고 바로 이곳으로 와 있기 때문에 원고까지 써야 하는 부담이 있었다. 완성해서 부쳤는데 받았다는 소식을 듣지 못하고 있다. 밖의 세상과는 연락을 하지 못하게 되어서이다.

한강에서는 윈드서핑을 하는 사람들이 있어 보는 즐거움도 있었다. 여러 색깔의 돛이 한강을 수놓고 있었다. 나는 한때 그 한강 백사장에서 리모트 콘트롤로 비행기를 날리러 가는 J. H. K를 따라가서 바로 그 백사장에서 즐거웠던 시간을 생각했다. (1984년 8월 20일)

외로움이 몰려온다. 저녁이 깃들 무렵보다 아침 새벽에 몰려오는 고독은 더 깊은 고독이다. 옆에 누가 있더라도 괴로움과 고독은 해결되지 못할 것이다. 인간의 절대 고독에 나는 시달리고 있다.

불란서에서의 고독은 나에게는 견디기 쉬운 것이었다. 나를 키워준 고독이었다. 나는 고독을 향유하는 즐거움마저 향유할 수 있었기 때문이다. 나는 누구에게도 외롭다고 하지 않으며 살고 있다. 그건 자존심의 문제이기 때문이다. 그리고 꼴불견이다. 나의 변명은 내가 '하나만의 선택'을 했기 때문이다. 그래서 허전함을 느낀다. 그 허전함이 보편적인 생활을 대신해 줄 수 있을까? 나는 이 문제에 대해 오랫동안 회의를 해왔다. 그래서 하나만의 선택을 한 것이다.

나는 허전함을 창조하는 것으로 채우고 있다. 폐품을 이용해서 쿠션 몇 개를 만들어 놓았다. 내 세계는 폐품을 이용해 재창조된 것으로 나를 위로하고 있다. 색깔은 마음을 즐겁게 해준다. 연구실에 놓을 그림도 몽드리앙의 스틸을 모방한 그림을 볼테르가 그려주었다. 그리고 내가 만든 작품은 진보라 색과 붉은 빛이 감도는 보라색의 천을 사서 1미터가 넘는 구형으로 판넬을 두 개 만들어 나란히 연구실 벽에 걸었다. 보는 사람마다 그게 뭐냐고 한다. 나는 현대 예술이니까 보는 사람의 느낌이 의미라고 했다. 심지어 미술과 교수님은 거기에다 무엇을 붙이라고 했다. 그것 자체가 작품이라는 것을 어떻게 설명한담. 현대 미술에 지식이 없는 사람들에게. 이렇게 나는 창조의 기쁨을 가지면 된다. 내 창조들은 나를 즐겁게 한다.

색의 본질--그것은 사람의 감정을 움직이게 한다. 음악과 마찬가지로. 빨간색과 흰색의 조화, 주황과 밤색의 조화 나는 이 색을 좋아한다. 색깔이 주는 기쁨, 언제나 이 기쁨이 나의 우울 나의 고독을 덜어준다.

사람들은 나이에 따라 색깔을 바꾼다. 소위 디니떼(dignité 위신)를 위해서인지 모른다. 그렇지 않으면 무엇일까? 어렸을 때에도 지금도 나는 분홍색을 좋아한다. 분홍색은 마음을 부드럽게 하는 색이다. 그리고 여유를 주는 색이다. 그러나 심리학에서는 유치한 사람들이 좋아하는 색으로 되어 있다. 어린이들이 좋아하듯이 나는 아직도 유치한 면이 있는지 모른다.

연탄을 넣어주시던 아주머니가 돌아가셨다. 곱고 착하셨던 아주머니다. 주여, 그에게 강복하소서. (84년 3월 18일)

언니는 유행을 잘 따르고 있다. 자개장이 유행이 지났다고 그 아름다운 장인의 창작이 담긴 장을 버렸다. 자개장의 그림은 정말로 아름다웠다. 한쪽 면을 따로 떼어 집안의 적당한 곳에 장식품으로 놓으면 그것은 미술이다. 나는 그런 생각을 했지만 어떻게 떼어낼지 엄두가 나지 않았다. 정말 아까운 것이었다. 나는 언니에게 불평을 하고 싶었지만 참았다. 그리고 건용이에게 자기 엄마 흉을 봤다. '그 장의 그림을 만든 장인도 생각해야 되지 않겠느냐'고 했다. 건용이는 자기 엄마 흉을 봐서 그런지 가만히 있더니 나중에 자기 친구들에게 내버린 자개장 이야기를 하며 이모가 만든 사람도 생각해야 되지 않느냐고 했다고 하며 껄껄 웃어댔다. 왜 웃었을까? 나를 이해할 만한 애가.

헬가는 결혼할 때 시할머니가 쓰던 장을 물려받은 것을 이야기하며 친절한 시할머니라고도 했다. 그 장은 나무장인데 생채기 투성이었다. 그렇다. 유럽인들은 손때가 묻은 물건도 좋아하고 아낀다. 파리가 유행의 도시라고 하지만 일반인들은 유행을 따르려고 하지 않는다. 개성을 창조하는데 힘을 기울이고 있다. 불란서 대학생 중에는 아직 진 바지를 입지 못하는 애들도 있다. 나와 친하던 장-자크에게 왜 진을 입지 않느냐고 하면 못 입겠다고 했다. 할아버지가 학생 때 입던 옷도 입고 다니는 애들도 많이 보았다. (1984년 2월 14일)

나의 안식처, 나의 위안, 나의 파라다이스. 이곳은 내가 자리 잡고 있는 25평 나의 집. 이곳이 나의 유일한 안식처다. 81년 월요일이면 상명여대에서 강의를 하고 드라마센터에서 인형이와 만나 시간을 보내고 내려오기가 싫었다. 그러나 언제고 혼탁한 서울을 빠져 나오면 쾌적한 공기에 마음은 가라앉곤 했다. 소통할 사람이 없는 곳에 와 있기란 힘든 것이었다. 쾌적한 공기가 위안이었다. 그리고 집에 들어서면 발코니와 계단에 만발한 페츄니아가 나를 반기고 나의 복잡한 마음을 달랬다.

아침이면 꿩이 울고 뻐꾸기가 울고 이름 모를 새가 처마 밑에 둥지를 틀고 새끼를 친다. 어미는 부지런히 먹이를 나른다. 손님방에서도 내 작업실에서도 새끼들의 요란한 지저귐이 내 귀를 때린다. 서울에 온 동저 언니는 멀미 때문이라고 하지만 이곳이 비위생적일 것 같아서 못 온다고 하는 것 같다. 내 집이라서 스위스 어느 별장보다도 쾌적하다. 아마도 내게 이곳이 유일한 곳이라서 좋은 것일지 모른다.

나는 아주 오래 전부터 시골에 집을 짓고 그림을 그리며 말년을 살 것이라는 시를 불어로 썼다. 프랑스 문화원에서 마담 발장은 내 시를 읽고 아름답다고 하면서 연수생들에게 읽어 주었다. 귀국 후 그 시를 찾으려고 애썼지만 아직까지 찾지 못했다. (1984년 5월 27일)

듀베리--(프랑스 중세 시인) "나는 소나기조차 내리지 않는 마른 땅,

아무도 가꾸지 않는 꽃처럼 자라났다." 가슴을 아프게 하는 말이다. 오늘 현대어로 다시 써 놓은 그의 시를 읽다. 그리고 월터 페이더즈의 <르네상스>를 좀 읽었다. (1984년 6월 3일)

유럽 영화를 보러 서울에 가다. 버스가 장기를 지나는데 한 농부가 돼지를 수레에 싣고 가던 중 한 마리가 수레에서 내려 반대편으로 뛰어 달아났다. 농부는 뛰어가서 돼지를 잡고 길 한가운데서 오고가는 차 때문에 당황해 했다. 돼지는 농부한테 붙잡힌 채 더위 때문에 침을 흘리고 있었다. 그 돼지는 자신의 운명을 알고 도망치려 한 것 같다. 나는 그 돼지를 보며 농부보다는 돼지를 더 가엾다고 생각했다. 그리고 무의식적으로, 주여, 저 돼지에게 강복하소서 했다. 내가 돼지띠라서 동정이 간 것 일까.

그런데 오후 서울에서 덴마크 영화를 보는데 그 영화 역시 돼지를 기르는 농부 이야기였다. 두 시간 동안 돼지만 본 셈이다. 오늘은 우연히 돼지와 함께 한 날이다.

농부가 싣고 가던 돼지는 그의 운명이 어떻게 되었을까? 나도 가엾은 돼지! (1984년 6월 12일)

뽕세 신부님과 함께 공주 교도소에 갔다. 문제의 여죄수와의 면담 때문이다. 그는 부산대 미술과 학생이다. 마약을 먹고 친한 친구를 살해해서 자기 집 장독에 감춰놓은 것을 그의 언니가 발견했다고 한다. 나는 공주대 몇몇 교수들이 뽕세 신부님을 주축으로 죄수들을 교도하는 일에 참여하고 있다. 오늘 처음으로 이 여인을 개인적으로 만나는 날이다.

예전에 감옥소라고 하는 대신 교도소라고 하는 취지도 알게 되었다. 한때의 실수, 또는 환경에서, 또는 본성에서 저지른 과실을 뉘우치게 하고 선도하는 취지에서 교도소라고 한 것이다. 프랑스에서도 사회 교육 시간에 브장송의 교도소를 방문한 일이 있다. 프랑스에서는 교도소라고 하지 않고 감옥이라는 말 프리종(prison)이 있는데도 메종 다레(Maison d'arret)라고 한다. 즉 우리말로 하면 머물러 있는 집이라는 의미에서 메종 다레라고 하는 것 같다.

살인자인 미술과 학생은 미인이다. 얼굴은 티 하나 없이 아주 맑다. 나에게 호감을 갖는 모양이었다. "멋있어요" 한다.

남 숨에서는 죄수들이 검도를 하는 모습도 보였다. 죄수들의 밴드를 구성하기 위해서 음악과의 성만영 교수는 서울로 악기를 사러 갔다고 한다. 뽕세 신부님의 강론이 좋았다. "인간은 두 눈이 있는데 하나는 좋은 것을 보려고 하는 눈과 또 하나는 나쁜 것만 보려는 눈이 있는데 좋은 것만 보려는 눈이 나쁜 것만 보려는 눈을 눌러야 한다고 했다. 잠깐 동안의 여죄수들에게 하는 행동에서 또 다른 점을 발견하게 되었다. 누구나 사랑하려고 하는 성인다운 모습을 알게 되었다.

(1984년 6월 17일)

어제 뽕세 신부님을 통해 데생 책을 그 죄수에게 보냈다. 많은 도움이 되기를 바란다. 죄로서 버려진 인간이 아니라는 것을 알고 용기를 얻어 잘 견뎌내기 바란다. 면담을 하는 것이 아니라 그림에 필요한 도구와 서신을 보내기로 했다. 그것이 더 도움이 될 것 같기 때문이다.

오늘이 꼭 10년 전 엑스(Aix)에서 한 달 동안 여름 스타쥬를 하고 브장송으로 돌아간 날이다. 그런데 이현미로부터 전화를 받았다. 그는 내가 상명여대에 강의를 나갈 때 가르친 학생인데 엑스에서 공부하고 있다. 여름 방학을 위해 한국에 나왔다가 내일 다시 엑스로 간다고 한다. 현미는 대학 4학년 때 내 강의를 듣고 그것이 계기가 되어 프랑스 유학을 가려고 했다는 이야기를 서강대 최현무 교수로부터 들었다. 현미가 하도 내 이야기를 해서 나를 아는 사람들이 많았다. 키스트의 지선생도 과학을 공부하러 프랑스에 갔을 때 내 이야기를 현미로부터 많이 들어서 알고 있다고 했다. 엑스의 생각, 도불하던 생각에 하루 종일 마음이 착잡하다. (1984년 6월 29일)

오늘 TV에서 제리코 마일(The Jericho Mile)을 보다. 오랜만에 생각하게 하는 좋은 영화를 보다. 내용은 교도소 이야기다. 복잡한 교도소의 상황을 그린 수작이다.

헤겔을 읽다. 그의 철학은 종교다. 그의 주장에 의하면 역사는 절대자가 인간을 통해서 자기를 반성하게 하는 것이라고 한다. 논리학은 일반 논리학의 개념이 인간이 사고할 때 개념을 사용하고 판단을 내리며 추리할 때 반드시 지켜야할 규칙을 연구하는 학문인데 반해 그의 논리학은 그의 철학 체계이며 자연과 정신의 창조 이전의 신의 서술을 말하고 있다. (1984년 7월 30일)

가을이라서 일까 공허가 자주 엄습한다. 일회적인 삶에 대한 애착에서일까… 어제 마리아 칼라스를 상트르에서 보다. 생전의 그의 화려한 생애… 세기적인 생애지만 사후 그녀에게 오는 것은 무엇일까? 자기 애착에서 자기를 남기는 것일까? 사후에 이름을 남기기 위해서 애쓰는 것은 자기 애착일 것이다. 나의 초조한 마음도 이런 것이 아닐까? 많이 일하고 남기고 싶은 학문의 업적도 생에 대한 애착에서일 것이다. 종교인은 내세의 삶을 믿어 이런 감정이 없을까? 나는 하느님을 믿지만 내세를 생각해 본적은 없다. 손우성 박사님은 딸 손정리 교수에 의하면 80세로서 다가오는 죽음을 의식하고 일초를 아끼며 독서를 하신다고 한다. 이 세상의 모든 것을 알고 떠난다는 것도 생에 대한 애착에서일까? 나는 내 서가에 있는 읽지 않은 책들을 다 읽고 가야 하는 것이 세상의 의무 같다. 하여간 공허를 독서와 저술로 메꾸는 수 밖에 없다. (1984년 8월 25일)

귀국 후 네 번째 맞는 추석이다. 승노는 빨간 색 커피 잔을 두 개 선물로 줬다. 오빠는 선물로 받은 위스키 한 병을 주셨다. 오빠는 가끔 선물로 받은 양담배도 주신다. 나는 애들에게 별로 선물을 주지 못해 돌아오는 길에 마음이 좋지 않았다. 혜온이가 완쾌되지 않아 고생한다. (1984년 9월 11일)

집에 있는 실로 뽈을 짜다. TV 볼 때 그리고 긴장 완화로 뜨개질하는 습관이 있다. 모파상의 <여자의 일생>에서 로잘리는 수를 놓는다. 그녀도 수를 놓을 때 불안, 슬픔이 완화된다고 하고 있다. 작심삼일이지만 오늘은 새해 결심을 해본다. 적어도 하루에 다섯 시간씩 독서를 하기로, 공주에 와서 처음 하숙할 때 하숙집 할머님은 박사님이 밤낮 공부만 하니 어떻게 된 것이냐고 했다.

희랍 문화사를 읽으며 희랍 여인들의 기질과 나의 기질이 동질이라고 생각했다. 희랍 여인들은 로고스(지적)적이며 파토스(격정적)적인 사람들이었다. 이 두 기질을 조화시킨 민족, 격정은 정의와 도덕적인 것에 치우친 것이나 우리가 생각하는 보통의 격정에 대한 의미와는 뉘앙스가 있다. (1984년 10월 3일)

내일부터 대학원 강의가 시작된다. 내일은 꽁페랑스로 끝내야겠다.
(1985년 1월 6일)

황혼도 어둠에 묻히어 간다.
저 앞산 뾰족한 봉우리엔
실달이 떠 있고
산 뒤에 펼치어져 있는 색채는 표현하기 어려운

환상적인 색.
아! 나는 그 빛깔에서 흘러가 버린 유년을 보고 있다.

몇 시간 전만해도 피곤과 권태에 마음이 흩어져 있었는데
저 빛깔이, 그리고 조금 후에 찾아와 줄 친구가 있어서 일까?
아니면 연인의 약속된 전화 때문일까?
편안한 마음
둥둥 떠 있는 기분
이제 산 뒤에 펼쳐진 색은
남 빛 색으로 변했다.
신이여!
당신의 불가사의는 무엇입니까?
저 빛을 보고 기뻐하고
좋아하는 마음.
바로 그것을 위해 당신은 존재합니까? (1985년 11월 25일)

브장송 그리고 파리의 25시

신타(Sinta)는 언제나 내가 낙망해 있을 때 구세주 역할을 한다. 지난 유학시절 외로움을 덜 수 있었다. 7년 후에 다시 만나는 기쁨은 더할 수 없다. 다른 사람들이 싫어하지만 나는 신타 옆에 있으면 편안하다. 수다스럽고 옷도 제멋대로 입고 피부색 때문에 깨끗한 인상을 주지 못해서 손해를 보고 있다. 그리고 직선적인 표현 때문이다. 노래를 잘한다. 노래를 한번만 듣고도 곡을 외워서 노래를 부른다. 영어를 유창하게 하고 네덜란드어도 잘하고 불어도 잘한다. 머리가 좋은 애다. 포근한 애다.

80년 브장송을 쓸쓸히 떠날 때도 역까지 나와 전송해 주었다. 이 나라를 떠나며 아쉬워했고 파리에서 비행기를 며칠 간 기다려야 되어서 브장송으로 다시 갔을 때 나를 환영해 주며 묵게 한 따뜻한 애다. 그

때 브장송에 다시 왔던 것은 브장송이 그리워서였다. 파리에서 비행기를 기다릴 수도 있었다.

한국에 돌아와서 편지로 연락하고 있었지만 나는 늘 신타를 그리워했다.

6년 만에 브장송을 찾았는데 신타가 이사한 것을 알게 되었다. 나는 헬가네 집에 머물며 신타를 찾아 나섰다. 어디에 산다는 것만 듣고 그 근처에 가서 물어보았다. 그를 찾았을 때 나는 보석을 찾은 듯 기뻤다. 신타는 프랑스 남자와 결혼해 있었다.

브장송에 내려서 놀란 것은 몇 년 사이에 민족주의가 돼가는 것을 느끼고 놀랐다. 이민족에게 어느 나라보다 관대한 프랑스인들이 벽에 써 놓은 낙서를 보면 민족주의가 나타나고 있다. 이민족을 배타하는 그런 낙서로 되어있다. 프랑스는 프랑스인들의 것이다. (France est au français)라는 글이 여기저기에 있다. 프랑스 경제가 70년대 보다 어려워져서 그럴 것이다. 내가 공부하던 70년대는 번영의 나라였다. 사회민주주의가 마냥 무르익는 시기였다. 외국 유학생에기도 똑 같이 프랑스 학생에게 주는 혜택을 받고 있었다. 프랑스국기가 상징하는 자유, 박애, 형제애는 전 인류를 위한 슬로건이 담긴 말이다. 그들은 나폴레옹 공화국 때부터 그들의 슬로건을 잘 지키고 있다.

브장송의 익숙한 풍경 때문에 나는 즐겁다. 마치 내 나라에 온 것 같다. 불란서 여자들이 늙어서도 저녁 늦게 카페에서 신문, 책을 읽고 친구를 만나 이야기를 하는 풍경을 다시 보니 왜 그렇게 편안하고 즐거운 기분인지! 내 주위에 앉아 있는 할머니들은 혼자된 할머니들일까?

나의 조국이여, 제발 잘 되어다오. 오늘 르몽드(Le Monde) 신문은 24일 노태우 대통령이 대구에 갔을 때 폭탄이 터졌다고 썼다. 누구의 짓일까, 정말 난폭한 짓이다. 1년 후 귀국해서는 학생들에게 충실해야겠다. 상점에 메이드 인 코리아가 많다. 헬가도 한국에서 만든 피아노를 갖고 있다. 자랑스럽다. 정치가 잘 됐으면 좋겠다. 내가 70년대 초 이 나라에서 공부할 때도 한국은 부끄러움의 대상이었다. 한국의 독재만을 알리고 있었다. (1987년 10월 27일)

헬가는 띠리와 결혼해서 둘이서 열심히 살고 있다. 띠리는 부자 집 아들이지만 세내는 작은 아파트에서 자기들의 힘으로 살고 있다. 고등학교에서 미술을 가르치고 있다. 화실도 갖고 있고 열심히 그림만 그리고 있는 모습이 좋아 보인다. 헬가는 세 군데에서 일을 하고 있다. 헬가 아들은 엄마라고 부르지 않고 엄마의 이름을 부르고 있다. 이들은 아무렇지도 않게 생각하며 살고 있다.

파리에 예약된 방이 2주일이 있어야 들어갈 예정이어서 니스에 있는 친구를 만나러 가기로 했다. 헬가는 미니텔로 밤 침대차를 예약해 주었다. 그리고 밤에 역까지 나와 전송해 주었다. 우리는 파리에서 다시 만나기로 했다. 6 년 만에 다시 본 프랑스에서 눈에 띠게 새로운 것은 미니뗄의 등장이다. 미니뗄(Mini-tel)은 9인치 화면의 초경량급단말기다. 이 새로 생긴 미니뗄은 프랑스의 기업과 가정을 위한 배달부라고 한다. 헬가는 미니뗄로 나를 위해 니스로 가는 기차와 시간표를 알아보고 예약을 해 주었다. 70년 대 초 프랑스에 도착해서 현금 자동인출기를 처음 보고 놀랐는데 이번에는 미니 뗄에 놀라고 있다. 그런데 이 나라는 초등학교에서 컴퓨터를 배우는 것을 금하고 있다. 어린이들에게 창조성을 잃게 한다는 것이다. (1987년 11 4일)

니스는 정이 들지 않는 도시다. 짜임새 없이 헤벌려져 있고 여인들의 옷차림도 개성이 없다. 마티스의 유명한 <니스의 해변>은 어떨까? 가을인데도 해변에는 수영복 차림으로 일광욕을 하는 사람들이 많다. 알제리가 가까워서인지 알제리 사람들이 많다. 처량해 보인다. 불란서 사람들이 꺼려하는 업종에 종사하고 있는 노동자들이다. 브장송에 있을 때 안 알제리 애가 생각난다. 파트리시아가 아는 알제리 애는 친절했다. 노동자로 일하며 점심 저녁은 대학 식당에 와서 먹었다. 나도 몇 번 식당 표를 사줬다. 그래서 그는 늘 친절하게 집에 고장난 문 열쇠 장식이며 수도꼭지를 고쳐 주었다.

토요일 가족들과 나들이는 염두도 못 내고 동족들끼리 여기저기 무리지어 있다. 행인들을 물끄러미 바라보는 사람도 있다. 이들은 모국에 가족을 두고 나와 이곳에서 돈을 벌어 가족에게 보내야 하는 노동자들일 것이다. 불란서 식민지 때도 이들의 조상들은 이러했고 이들의 자손들도 이들과 다르지 않을 것이다. 이들은 문맹이고 하층민들이니 그대로 조상들의 삶을 이어갈 것이다.

거리에는 늙은이들로 가득 차있다. 파파 할머니들이 상점을 기웃거리고 있다. 주중에 손자들을 봐주고 토요일에 나와서 나들이를 하며 보상으로 무엇을 살까 윈도우 쇼핑을 하고 있는 것이다. 니스, 모나코, 마르세이유, 깐느 등 따뜻한 곳이라 은퇴 후 모여든 노인들이 많아 그야말로 닥터 떼브넷 말처럼 노인 도시다.

내일은 마르세유를 갈 예정이다. 우리는 마르세유를 거처 엑스로 가자고 했다. 74년 여름 엑스-마르세유 대학에서 연수를 받을 때 미라보 거리를 얼마나 사랑했던가. 4차선 넓은 길의 양옆에 있는 가로수는 하늘이 보이지 않게 지붕을 이루고 있었다. 그 거리 오픈 카페에 앉아 낭만을 마시고 있었다. 그리고 몽땅도 생각했다. 몽땅은 이탈리아 인이다. 공산주의자인 아버지가 파시스트에 쫓겨 마르세유로 왔을 때 초등학교 3학년 이였다고 한다. 그는 학교도 들어가지 못하고 일을 해야 했고 다행히 그가 흥얼거리는 노래를 듣고 한 음악가는 파리로 가게 했다, 초등학교도 마치지 못한 그는 독서와 하루에 10여 개의 신문을 독파하면서 지식을 쌓았다고 한다. 그는 공산주의자로 소련을 다녀온 후 반 공산주의자가 된다. 그리고 그는 공산주의 만행을 다룬 코스타 감독의 영화에 주인공으로 등장한다. 나는 몽땅의 디스크를 세장 샀다.

어제 앙띠브 여행은 좋았다. 항구지만 상선은 들어오지 못한다. 흰 요트로 가득 찼을 뿐이다. 스위스처럼 미관을 위한 시의 정책이다. 70년대 캐나다 친구는 찌그러진 차를 가지고 주네브까지 갔지만 들어오지 못하게 해서 돌아왔다고 하는 소리를 들었다. 링빠르도 좋았다. 피카소 뮤제는 늦어서 들어가지 못했다. 아쉬웠다. 바닷물은 파랗다 못해 연두 빛으로 빛났다. 그 위에 흰 배들이 무리지어 있고 하늘에는 흰 물새들이 아름다웠다. 나는 아름다움에 두고 온 사람들이 그리웠다. (1987년 11월 7일)

'앙뗀느 1'(프랑스TV방송)에서 10시에 에밀졸라의 <팜므 이노쎈트, 순진한 여인>를 상영했다. 영화의 끝 장면에서 주인공 배우의 마지막 촬영 장면을 그대로 관객에게 보여주고 주인공의 사생활까지 그려 보이는 것은 일반 관객에게는 기발하다고 하겠으나 60년대 누벨바그 영화에서 유행하던 것이다. 영화에 대한 전문적 지식이 있는 사람에게는 30년이 지난 유행을 계속하는 것은 식상하게 하는 것이다. 누벨바그의 영화에서는 전통을 파괴하기 위해 영화 장면에 촬영 스태프의 모습, 배우들의 사생활을 가미했던 것들이 있었다. 영화 밖에 주역의 생활을 영화에서 보여주는 것 자체도 우리의 인생의 일면이라는 동등한 의미를 나타내려고 한 것이다. 배우에 대한 이면의 성 자체를 직접적으로 드러내려고 하는 것은 예술도 에로티즘도 아니다. 그것은 섹쉬알리티다. 로브-그리에는 소설이나 영화에서 성을 표현하는 아름다운 차원을 보여주고 있다. 그는 성을 예술화하고 있다.

(1987년 11월 19일)

음악, 발레 시즌이 다 가기 전에 파리 오페라에 다시 가고 싶어서 파리 도착 후 미리 예매한 발레를 보기 위해 일찍 나섰다. 이왕 오페라가에 가는 길에 카페 산책도 할 겸 일직 나섰다. 학생 때는 싼 표를 구하기 위해서 줄을 서서 몇 시간을 기다리다 매진되어 표를 사지도 못하고 돌아선 때도 많았다. 싼 표는 주로 발코니 양쪽 구석 자리라서 자기 편 쪽은 볼 수 없고 반대 쪽 편과 중앙만 볼 수 있었다. 브장송에서의 관람은 1년 치를 9월 시즌이 되기 전에 예매를 해서 보는 편리함도 있었다. 오뗄 뒤 노르에서 일하고 있을 때는 이탈리아에서 온 스칼라극장 단원들을 무대에서뿐만 아니라 가까이에서 보며 말도 할 수 있었다. 그리고 오페라를 보러 갈 때면 한복을 입고 갔다. 호기심을 감추려는 프랑스인들도 한복에는 호기심을 감추지 못했다. 발레를 위해 연주하는 오케스트라 연주자들이 2층에 한복을 입고 있는 나에게 웅성거리며 시선을 보내고 있는 것을 느끼곤 했다. 또 브장송극장에서가 아니라 체육관에 무대를 설치하고 로미오와 줄리엣을 공연하는 러시아 발레를 전채린 교수와 같이 보러 갔었다. 그때도 한복을 입고 갔있다.

로미오로 나왔던 알렉산드르 구드노프는 공연이 끝나고 인사하러 나와서 앞에 한복을 입고 있는 나에게 시선을 보냈었다. 그는 뉴욕에서 공연이 끝나고 망명을 했다는 기사를 읽었다. 아내는 망명을 하지 못하고 모스크바로 돌아가고.

오페라를 보러오는 옷차림도 많이 달라졌다. 성장을 하고 오는 게 대부분이었는데 그렇지가 않다. 70년대 초 파리 오페라 극장 앞 계단에 앉아서 성장을 하고 즐거운 얼굴을 하며 들어가는 관람객들을 구경하는 것만도 즐거웠다.

셰익스피어의 <한 여름 밤의 꿈>은 영국 사람들이 하는 것과는 무대 그리고 의상이 아주 다르다. 그러나 다 빈틈없다는 것을 늘 느끼게 하고 있다. 오페라 후에는 다시 모여서 커피나 포도주를 한 잔 했었는데 오늘은 나 혼자여서 오페라의 기분을 다하지 못하는 아쉬움을 안은 채 숙소로 돌아왔다. (1987년 11월 26일)

밖에는 비가 내리고 있다. 정말 보들레르의 <파리의 우울> 같다. 오후 여섯 시 반에 생 슐피스 광장에 있는 책방, '오트르망 디(Autrement dit)에서 거행된 콩뻬랑스에 참가했다. 30여 명이 모였다. 강사는 리옹 대학 교수였다. 다행히 강사의 정확한 발음 덕분에 전부 알아들을 수 있었다. 그러나 별 깊이 있는 강의는 아니었다. 강사의 주관 즉 철학적인 관점에서 르 쏘(Le Seaux)를 보는 견해를 첨가했더라면 좋았을 것을 …

동양인들과는 달리 강의가 끝난 다음 토론은 부럽다. 서로 자신들의 의견을 발표하려고 여기저기서 손을 들고 있다. (1987년 11월 21일)

광애로부터 편지가 왔다. 영화 아카데미에서 공부하는 아들이 영화과 교수인 강월도 교수가 추천한 책, <영화사>를 사왔는데 내 책이었다고 했다. 그리고 책을 냈으면 책 한 권도 주지 않느냐고 했다. 소르본느 대학 바슐라르 강의실에서 열린 콩뻬랑스에 참석했다. 나이 지긋한 남녀 교수들이 많았다. 인식 욕에 대한 의욕은 나이에 제한이 없음을 알게 되었다. 부럽고 보기 좋은 현상이었다. 강의가 오후 여섯 시 이후라서 참가 학생도 교수들도 많이 참석할 수 있어 좋은 점이라고 생각되었다.

콩뻬랑스에서 민희식 교수님을 만났다. 벨지끄에 출판 일로 갔다가 파리에 들렀다고 한다. <발레의 역사>를 번역하고 싶다고 하니 민 교수는 끄세쥬(Que sais-je) 판이 자신의 책임 하에 번역되는 것이라고 번역하라고 한다. 나는 탐구당의 홍 사장한테 번역한다고 알리기로 했다. 강의실에서 나와 돌아오는 길에 너무 이야기에 팔려서 우리는 반대방향의 전철을 탔다. 우리는 노선을 찾아 킬킬대며 많이 걸었다.

(1987년 12월 2일)

달리(Dali)는 기인인데 그의 삶도 정말 기이하다. 그의 삶의 끝도 기이하게 끝나는 것 같다. 흰 가운을 몇 미터나 되게 길게 해서 홀 끝까지 닿게 튜브 형으로 깔아놓았다. 콧수염은 본래대로 여덟팔자 형으로 하고 풀을 먹이거나 스프레이로 빳빳하게 하고 있다. 지금 그는 불에 데어 고통을 받고 있다. 아마 친구 앙드레 브르통의 아내 갈라를 빼앗아서 하느님이 곱게 보시지 않는 것 같다. 갈라가 그보다 나이가 많았는데 그는 그녀를 깊이 사랑했었다. 그녀가 죽고 난 후 그는 무력증에 시달리고 있다고 한다. 마치 앙드레 지드가 사촌 누이이자 아내인 그녀가 죽은 다음 무력증에 시달렸듯이.

피카소, 달리 그들은 스페인 태생으로 파리에서 성공을 하고 세계를 놀라게 하고 있다. 언젠가 TV 인터뷰에서 누가 금세기에 가장 훌륭한 화가라고 생각하느냐는 질문에 달리는 태연하게 바로 자신이라고 대답하고 있었다. 피카소가 없으니 그럴만도 한 것일까?

(1987년 12월 31일)

볼테르로부터 <비평과 이데올로기>를 받다. 저녁 7시 프랑스 뀔뛰르(France Culture)에서는 '지금까지 알려지지 않은 한국, 올림픽 게임(La Corée, telle quelle Inconnue àl'heure, Les Jeux en Olympique)'이라는 제목으로 토론회가 있었다. 친한파인 게오르규 신부는 한국을 옹호하는 입장에서, 상대 기자는 비판적인 입장에서 대담을 하고 있었다. 기자는 물질적인 면에서 성공이지만 미국이 한국인의 정신을 파괴하고 있다고 비판했다. 그리고 한국 정부의 독재를 맹렬히 비판하고 있었다. 게오르규 신부는 독재를 지정학적으로 불행한 위치에 있어서라고 변호하고 있었다. 그리고 정부가 개혁에 나서고 있다고도 했다.

그 기자는 지난 31일에 일본을 소개하는 자리에서 비판 없이 그저 감탄하는 조로 일본을 소개했었다. 그는 일본의 제야의 풍경을 직접 소개하면서 객관적인 말은 하나도 없이 찬양만 해댔다. 이들은 냉정한 민족이지만 역시 힘 앞에서는 약한 것 같다. 한편 일본의 홍보가 과학적으로 이루어진 점에 영향을 받고 있는 점도 무시할 수 없다.

르몽드 신문에서 출간하는 르몽드 에뒤까시옹(Le Monde Education)엔 한국의 교육 상태를 낱낱이 창피할 정도로 소개하고 있다. 30여 년간의 일본 식민정책에서 남긴 외우는 공부가 아직까지 계속된다고도 했다. 시험을 위한 교육이라는 것이다. 맞는 말인데 어떻게 할 것인가… (1988년 1월 5일)

너무 감사하다고 생각할 때 가슴도 영혼도 몸도 떨린다. 나는 생각지도 않은 사람으로부터 나에게 귀중하고 필요한 책 선물을 받았다. 처음 보고 같이 몇 시간도 이야기 하지 않은 사람인데, 나와 나눈 이야기가 좋아서였을까? 자기 나라(폴란드)로 가는 길에 파리에 들렀다고 했다. 우연히 카페에서 같이 앉게 되었다. 자신은 미셸 뷔토르를 전공했다고 했다. 그는 가방에서 책을 꺼내 나에게 주고 갔다. 좀 더 오래전에 만났더라면 소통이 가능한 대화를 가질 수 있었을 터인데. 영화 속의 주인공 같은 날을 보냈다. (1988년 1월 28일)

뮈제돔므(Musée d'Homme)에서 삐에르 강즈의 <아빌리아의 떼레즈(Therese d'Avilia)>를 보다. 16세기 떼레즈 수녀의 행적과 그녀가 있던 아빌리아의 수녀원을 그린 것이다. 감독의 예술적인 감각을 높이 살만하다. 떼레즈의 기도와 글이 여배우의 낭송에 따라 떼레즈의 생활이 전개된다. 낭송을 듣는 동안 신을 믿는 나의 태도가 부끄러웠다. 떼레즈는 신과의 대화, 신에게로 다가가며 신과 소통하고 신에 의지한다. 떼레즈가 말하는 "내가 죽지 않기 때문에 죽는다. 이 말이 무슨 뜻인지 나는 이해할 수가 없다. 신을 믿는 자의 고통, 갈등을 받아들이고 인내하기 위해서는 죽은 자 같아야 하는데 그렇지 못해 죽은 자 같다는 것일까? 여배우가 기타를 치며 부르는 노래는 나의 혼을 흔들어 주었다. 삐에르 강즈 감독은 젊었는데 머리가 다 빠져 있었다. 그는 섬세한 예술 감각으로 떼레즈의 글을 영상화해 걸작을 만든 것이다. (1988년 2월 5일)

1월부터 4월까지 뽕삐두 센터에서 스페인 영화제가 열린다. 좋은 기회다. 나는 학생 때도 영화제를 얼마나 즐겼던가! 하루에 4편을 일주일 동안 보기 위해서는 잘 먹고 봐야했다. 프랑스 영화에 염증을 느낀 사람들을 위해 스페인 영화제는 좋은 기회일 것이다.

카를로스 사울(Carlos Saul)의 95mm 영화 <어머님은 백살입니다 Maman a cent ans>는 장면의 전이가 느리고 극적 기교가 넘치는 영화였다. 정말 영화나 소설은 꾸민이야기라는 것을 실감나게 하는 영화다. (1988년 2월 6일)

뽕삐두 센터에서 타이소(Taiso)를 보다. 타이소라는 시골 청년의 생활을 그린 영화다. 영화 기법은 극히 고전적이고 영화의 교과서답다. 타이소는 시골에서 숯을 굽는 일을 하며 도시를 그리워하고 있다. 숯가마의 영상 그리고 배경 음악이 자주 등장한다.

돌아오는 길 샤뜰레에서 지나친 한 노신사의 멋진 스웨터 차림이 인상 깊었다. 모자도 색동으로 된 것이고 여러 개의 기념 배지를 달고 있었다. 멋쟁이 노신사! 파리에서 개성 있는 옷차림의 사람들을 보는 것도 즐겁다. 여인의 옷차림은 관광의 요소라고 생각된다. 하나같이 파리지앙들은 자기만의 옷차림을 연출한다. 할아버지의 인상이 아마 오래 갈 것이다. (1988년 2월 10일)

<뚤라 아주머니 Latial Tula, 일명 Tante Tula>의 영상의 전이가 아주 느리지만 여주인공의 연기가 대단하다. 2주 전 뮈제 돔므(인간 박물관)에서 상영된 <아빌리아의 떼레즈>를 감독한 삐에르 강즈가 바로 내 앞에서 표를 사려고 서 있었다. 앞에 있는 남자가 르몽드를 들고 있어서 지식인이구나 하고만 생각했는데 그는 바로 토론에서 만난 감독이었다. 나는 말을 걸고 싶은 생각이 들어서 "당신이 아빌리아의 떼레즈를 감독했지요?"라고 물으니 그는 얼굴을 붉히면서 그렇다고 하며 그 영화를 보았느냐고 물었다. 나는 2주 전에 인간 박물관 영화관에서 봤다고 했다. 그러냐고 한다. 아름다운 영화라고 하니 고맙다고 한다. 그는 왜 얼굴을 붉혔을까? 가까이에서 보니 그는 젊은 감독이 아니었다. 말을 이어가려고 하는데 그의 아내와 딸이 도착했다. 부인은 머리를 길게 하고 앞머리를 자르고 머리에 리본을 달고 있었다. 핑크색 아노라크(스키복 형의 자켓)를 입고 있었다. 딸도 똑같은 머리를 하고 있었다. 알제리 태생같이 느껴졌다. 그들이 웃고 이야기하는 모습에서 행복한 사람들같이 느껴졌다. (1988년 2월 11일)

예술은 무엇일까? 무엇이 길래 모든 번민에서 벗어나 몰아지경으로 데려가는 것일까? 마음을 그렇게 순수하게 만들고 그 순간 원수도 사랑하게 만들고 용서의 기도를 드리게 할까? 아마도 예술은 인생이 무엇인지 추구하는 영원한 미해결의 문제와 함께 지구의 생명이 다할 때까지 영원한 우리의 문제이고 희망이다.

스페인 영화감독 카를로스 사우라의 <사랑의 마법 L'Amour Sorcier,

El Amor Brujo>을 보다. 1986년에 제작한 것이니 2년 전에 만든 것이다. 오페레타 식의 스페인의 고유한 플라맹고로 표현한 영화다. 시나리오도 좋고 소재도 좋다. 어제 조셉 마살고트의 <마테르 아마티즈마(Mater Amatisma)에서도 느꼈지만 예술은 소재를 어떻게 표현하는가에서 예술성이 나온다. 배경 음악도 노래도 대사도 모두 흠잡을 데 없는 영화다.

나는 몰아지경에서 예술을 감상할 수 있었다는 데서 오늘 살아 있다는 실존의 행복을 느꼈다. 영화관을 떠나면 주머니에 단돈 30프랑밖에 남지 않은 현실의 고민이 뒤따르지만…

20일 후면 월급이 오니 내일 다시 사우라의 <사촌 안젤리크 Cusine Angelique>를 보러 가야겠다.

몰아지경에서 무용과의 김신일 교수를 생각했다. 그도 무용을 하며 나와 같은 감정을 가질 수 있는 사람, 소통할 수 있는 사람일 것이라고 생각했다. 내일 영화 감상문을 보내야겠다.

샤뜰레의 긴 에스컬레이터를 걸어오는데 메트로 전체를 우렁차게 울리는 아코디온 소리가 들렸다. 나는 즐거웠다. 30프랑 밖에 남지 않은 돈에서 거리의 악사들의 모자에 2프랑을 넣었다.

(1988년 2월 12일)

먼저 가족들을 떠나 보내는

아픔은 가슴을 적시고

형부의 뒷모습 위 하늘에는 지연이의 선물상자들이 떠 있고

형부가 떠나가신 후 형부에 대한 꿈을 꾸었다. 마지막 활터로 가시던 실제의 모습은 꿈속에서는 초현실적인 환상으로 변해 있었다. 형부가 마지막 활터로 가시던 날, 가을 코스모스가 만발한 날이었다. 꿈속에서도 우리 앞에 넓은 지평선 위로 흰 뭉게구름이 떠 있었다. 형부는 코스모스 밭에서 회백색 머리에 핑크 셔츠를 입은 뒷모습이었다. 아주 건장한 모습을 하고 앞으로 걸어가고 있었다. 나는 형부가 살아있다는 것에 기쁨에 차 있었다. 하늘을 보니 여러 개의 상자들이 떠서 흘러가고 있어 나는 지연이 선물이라고 형부에게 말하고 상자들을 잡으러 뛰어가다 깼다.

나는 거실로 나와 허무한 마음에 사로잡혀 있었다. 하늘에 떠 흘러가던 상자들을 생각했다. 지연이 선물이라고 왜 내가 말을 했을까 하는 생각도 했다. 그리고 30년이나 지난 일이 떠올랐다. 지연이가 형부 61세 생신을 위해 언니들과 오빠의 선물까지 자기가 마련해 각자가 선물을 해드리는 것 같이 했다. 오빠와 언니들 모두가 학생이어서 돈이 없는 것을 알고 막내인 지연이가 선물을 준비한 것이었다. 지연이는 그때 고등학교 1학년이었다. 지연이는 초등학교 들어갈 때부터 거문고를 배워서 고 1때는 초보자를 가르치며 돈을 벌었다. 돈을 번다고 하지만 오빠, 언니들의 선물까지 준비해서 각자가 하는 것처럼 한 태도에 나는 무한이 감동했고 한편 애틋한 마음을 가졌었다.

왜 이런 모습의 환상이 내 머리에 각인된 것일까. 형부가 평소 핑크색 셔츠를 입었을 때의 멋진 모습이 내 머리에 각인된 이유가 아닐까. 그리고 지연이의 선물상자가 하늘에 떠 있는 초현실적인 광경은 어떻게 일어난 것일까. 이것 역시 지연이의 선물에 내 마음 속에 깊이 새겨져 있는 이유에서 온 것일 것이다. 지연이는 40여 년 전 내가 프랑스로 유학을 가는 것을 알고 초등학교 2학년 때 수유리에 살면서 명동에 있는 코스모스 백화점에 가서 나에게 줄 선물을 사왔다. 그때도 나는 어떻게 어린 것이 그런 생각을 했을까 하는 생각을 하게 되고 놀랐다. 그 때의 감격이 꿈에서까지 작용을 한 것이라고 생각하고 있다.

나는 마지막 쇠잔한 모습으로 활터로 가시던 모습이 늘 가슴깊이 슬프게 스며들 때면 그 모습을 지워버리려고 꿈에서 본 형부가 코스모스 밭에 핑크색 셔츠를 입고 계신 건장한 아름다운 모습으로 돌아오려고 애쓰고 있다.

돌아가시기 전 몇 해 동안 다리에 힘이 없어 지팡이를 의지하고 활터에 다니셨다. 점심을 하시고 활터로 가시는 것이 일과였다. 가끔 작은오빠께서 형부를 찾아오셔서 함께 이야기를 하시다가도 활터에 가야 한다고 작은오빠를 남긴 채 활터로 가셨다. 집으로 돌아오시는 작은오빠는 얼마나 가슴 저렸을까? 남이 부러워하는 처남 매형으로 친구 사이 같았다. 이제 판단이 흐려가는 한쪽의 모습을 바라보며 당신에 대한 불안마저 안고 집으로 돌아오시며 얼마나 고독했을까?

지팡이를 짚고 기차 길을 따라 갈 때는 늦은 가을 푸른 하늘에 흰 구름이 아름다웠던 날이다. 이날 형부께서는 핑크 쉬미즈에 회색 바지 차림이었다. 이날이 활터로 가는 마지막 날이 되었다.

살아계실 때 북쪽에 있는 가족들을 그리워하셨다. 어느 해인지 기억이 나지 않지만 어느 여름날 우리는 강원도 유원지에 갔다 오면서 고성에 내려서 북쪽을 바라보는 전망대에 들렀다. 여자들과 아이들은 대강 북쪽을 바라보고 내려와서 한참 동안 있어도 형부가 보이지 않아 전망대로 올라가니 형부는 북쪽을 넋을 놓고 한없이 바라보고 계셨다. 나는 형부를 방해하지 않으려고 안 보이게 뒤에서 기다리고 있었다. 북쪽의 가족들을 상상하고 계셨을 것이다. 지금은 용미리에서 태평양 너머에 있는 가족들을 그리워하실 것이다. 건용이가 유학을 떠나는 날 공항에서 형부께서는 언제 공부가 끝나지 하고 나에게 물었다. 지금도 형부는 건용이가 공부를 끝내고 돌아오기만을 기다리고 있을 것이다. 용미리로 형부를 찾아 갈 때마다 나는 형부가 외로울 것이라고 느끼는 감정을 떨쳐 버릴 수가 없다.

형부도 우리 집도 모두 이북에 가족과 친척이 있어 외로운 집안이다. 언니의 약혼식이 있는 날 나는 철없이 예식에 참석하지 않고 친구들과 놀러갔다. 마음에는 외로운 집안에 가족이 생긴다는 기쁨이 가득하면서도 참석하지 않았던 것을 꽤 오래전에 나의 잘못을 깨달으며 자책감을 갖고 있다.

용오와의 이별의 아픔

용오가 간암이라는 비보를 듣고 뛰어가 용오를 보았을 때는 앙상하게 뼈만 남아 있었다. 팔을 만저 보아도 살이 잡히지 않았다. 어떻게 이렇게 되도록 나는 무관심이었나 하는 죄책과 아픔이 엄습했다. 작은오빠, 작은언니 그리고 사촌들 앞에서 사경에 헤매면서도 억지로 앉아 있으려고 하는 모습이 가련했다. 가족들이 누우라고 거듭 말해 마지못해 누었다.

작은오빠께서는 "걱정 마라, 날 수 있으니, 매일 오마." 그런데 어쩐일 이었을까?

이미 회복이 불가능하다고 생각하시는 작은오빠는 80이 넘은 고령에 조카의 사경을 보는 것이 아픔이어서 피하고 싶으셨을 것이다. 작은오빠께서는 가족을 떠나보내는 슬픔을 혼자서 이미 많이 겪으셨다. 큰오빠와 형수를 보내시는 예식을 혼자서 책임을 지셔야 하셨고 정신적인 아픔도 많이 감당하셔야 했다. 사경에서 고통스러워 하는 조카를 볼 힘이 없으셨을 것이다. 동갑내기 사촌 대인이는 미국에서 인터넷으로 병원이며 약을 알아 보내왔었다. 멀리서 눈물도 많이 흘렸다고 했다.

제한된 생명을 살고 있는 용오는 말은 안 해도 마음까지 아팠으리라 생각했다. 형도 만나지 못하는 처지에서 외로운 병석에 있다 갔다. 어려서는 동갑내기 사촌들 셋이 한동네 한집에서 살았다. 두 기와집이 한 집으로 된 마치 유럽의 사각으로 된 안마당(이트리움)을 둘레로 건물이 지어진 것 같이 두 한옥이 그렇게 지어진 집에서 살며 같이 자랐다. 장손만 애지중지하는 할아버지 편애로 용오는 밀려나 있었다.

용오가 병석에 있을 때나 결혼 전에도, 후에도 원경 엄마의 힘은 컸고 사랑으로 시동생을 돌보았다. 직장에 있으면서도 형이 없는 자리를 넘치게 아픈 시동생을 도왔다. 자기들 식구만이 아니라 시집 모두에게 잘하고 있는 모습을 칭찬이라는 말을 넘어서 적당한말을 찾을 수가 없다. 병석에 계신 작은오빠도 말년 2년을 직장에 다니며 점심시간에 나와서 돌보았다. 딸 원경이도 어릴 때부터 언행을 하느님 말씀 안에서 하는 영혼이 아름답고 맑은 아이이다.

매일 용오를 보러 가며 할아버지를 원망했다. 할아버지가 아무 것도 아닌 것에 용오를 야단치시던 할아버지의 모습을 원망하며 장흥 고개를 넘었다. 아버지와 이미니를 고등학교 졸업 후 여이고 짝을 만나 결혼하고 두 아이를 얻었다.

직장생활을 그만두고 자영업을 하다 IMF를 만나게 되어 파산을 하고 빚을 지게 되고 새로 나 앉은 집은 가엽다 못해 애처로웠다. 빚을 안고 직장생활을 하며 고달픔과 빚쟁이들의 가진 수모 속에 다시 자리를 찾아 재기 중이었다. 말이 없는 성격은 온갖 고통과 슬픔을 혼자 새기어야 했을 것이다. 어찌 간이 성할 수 있었으랴. 몸의 이상을 참으며 일을 하다가 직장을 그만두고 1개월간 집에서 앓았다고 한다. 앉아 있을 기력도 없는 환자에게 미국에 있는 언니는 사정을 모르고 맑은 공기를 마시며 산책을 하라는 전화가 여러 번 왔다. 병세를 제대로 알리지 않아 그런 전화를 했던 것이다. 집이 높은 곳에 위치하고 있어 창문을 열면 맑은 공기와 서울 시내가 다 보여서 시원한 기분을 가질 수 있었지만 일어날 기력이 없어 누어서 고통과 싸워야 했다.

나는 공주의 계룡산과 그 앞에 펼쳐진 들을 그린 그림을 액자에 넣어서 누어 바라 볼 수 있게 발치에다 걸어 놓았다. 처음 며칠은 바라보고 있는 것 같았다. 효원 엄마가 가족사진을 앞에 놓아주었다. 저녁 효원 엄마는 직장에서 돌아와 환자를 돌보는 작은 모습이 애처롭고 미안하기만 했다. 나는 그저 옆에 앉아 있을 뿐이었다. 낮에는 방학이라 효원이가 아버지를 간호했다. 착하기만 한 효원이는 싫은 표정 없이 간호를 하고 있었다.

자신의 아픔과 힘겹게 싸우다가 갔다. 떠나기 며칠 전 낮에 나를 바라보며 "할아버지가 돌아가셨지?" 하고 물었다. 사람들이 세상을 떠나기 전 앞서 저 세상으로 떠난 사람들을 본다고 한다. 큰오빠께서도 돌아가시기 전 작은오빠께 사자들이 보여서 괴롭다고 하셨다고 했다. 벌써 40년 전에 떠나신 할아버지가 오신 것을 용오는 보았을까? 할아버지께서는 그 곳에서 편애를 저버리고 똑 같은 사랑의 가슴으로 용오를 안아주실 것이리라.

떠나보내는 이별의 예식은 참으로 간소하게 가족끼리 치렀다. 이러한 외로운 예식에 사직동에서 어려서부터 같이 자란 친구 동윤이가 많이 수고를 했다. 눈을 감기 전날 밤 문병을 해서 용오를 만나고 형님인 신동욱 목사님에게 부탁하여 떠나는 예식을 치렀다. 목사님 동생인 신장로님도 참가하시였다. 유해가 안치될 때까지 끝까지 예식을 거행 해주셨다. 우리 가족이 외로울 때 그리고 지상에서 짧게 살다 가는 용오에게 신목사님과 신목사님 가족들의 깊은 은혜와 사랑은 잊을 수가 없다. 신 장로님이 목사님과 함께 오시며 이별의 정을 보이신 화려한 꽃과 용오네 집 앞에 있는 교회 목사님께서 예식장에 오시며 가져오신 역시 아름다운 꽃은 떠나는 용오와 우리들에게 잊지 못할 위로였다. 미국에 있는 사촌들, 대인이 건용이가 보내온 화환들 역시 용오를 떠나보내는 이별의 슬픔과 우애의 마음이었다.

다행히 이 때만 해도 작은오빠와 작은언니는 건강들 하셨다. 조카를 보내는 아픔이 컸시만 잘 견디셨다. 차마 염을 하는 마지막 장면을 볼 수 없어 나와 오빠 그리고 언니는 밖에 있었다. 어린 상제인 효원이 준원이를 보는 마음은 깊은 아픔이었다.

이제 효원이는 대학을 졸업하고 직장에 나가고 준원이는 군복무가 곧 끝난다. 이 애들은 하느님이 주신 큰 은혜라고 생각된다. 일직 세상을 떠난 용오에게 아름다운 애들이 있다는 것이 얼마나 축복받은 일인가. 효원이의 선하고 성실함, 준원이의 아빠를 닮아 알차고 똑똑함은 우리가족의 위안이고 기쁨이다. 선하다든가 똑똑하다든가 하는 것이 문제가 아니라 아이들이 있다는 것만으로도 행복한 축복이다.

정말 이별의 예식은 가족들만의 예식이지만 조촐하고 아름다웠다. 영안실이 둘 밖에 없는 예식장이어서 가족의 분위기가 더 했다. 가족의 힘이라고 할 우애가 지고의 아름다움이라는 것을 떨리는 마음으로 새삼 귀중하게 느꼈다. 형제들과 사촌들, 윤노네, 혜온이네, 미국의 언니와 대인이, 건용이네, 작은오빠, 작은언니, 특히 사촌 윤노, 고종사촌들, 동기내외, 지연이 내외, 처가의 처형들의 내외분들의 물심양면으로 보이신 정성은 친가로서 고마움과 미안한 마음, 부끄러운 마음을 금할 길이 없었다.

외로운 용오의 소년 청년기는 여자들로부터 인기를 받고 살았다. 이화여자대학교 부속중학교, 고등학교에서 여학생으로부터 제일 인기 있는 남학생이었다. 동갑내기 사촌 대인이는 같은 학교에 있었기 때문에 잘 알고 있다. 재봉 시간에 만든 손수건은 여학생들이 용오의 책상에다 넣고 갔다고 한다. 졸업 후에도 직장에서 여자들로부터 인기는 여전했다.

초등학교를 들어가기 전이나 초등학교 1, 2학년 때 용오는 막내여서일까 형님들과 저녁에 손 씻기로 '누가, 누가 잘하나' 성적에서 늘 떨어져 있었다. 추운 겨울 애들이 저녁에 씻기 싫어해서 매일 씻는 것에 성적을 매겨 일주일에 한 번 빵집에 가서 빵을 사주는 것이었다. 용오가 제일 성적이 나빴다. 성적이 좋지 않다고 해서 용오를 떼어 놓지 않았다. 용오는 그것을 잘 알아 늘 성적에 관심이 없었다. 손은 몹시 터있었다. 한집에 다 같이 살고 있어 성적을 매기고 빵집에 데리고 가는 것은 내가 했다. 그러니까 애들 대장 노릇을 내가 한 것이다. 후원자는 큰언니와 작은언니가 번갈아 했다. 애들은 모이면 지금도 그때의 '누가, 누가 잘하나'를 회상하며 즐거워한다. 그리고 용오를 생각하며 킬킬거리고 있다. 용오는 자기처럼 막내 사촌이 한 사람이라도 있었으면 경쟁에도 힘겨워 하지 않았을 것이다. 자기 또래가 있어도 모두 장남 정녀여서 용오는 동갑내기라도 동생 같았다. 경쟁에 뒤떨어지는 것은 자연스러운 일이었다.

여름 방학 어느 날 내가 애들을 데리고 동대문야구장에 가는 날이었다. 용오가 어디에서 놀고 있는지 찾지 못해 우리끼리 전차를 타고 가는데 울며 뒤쫓아 뛰어 오며 전차를 따라 달리고 있었다. 애들이 차에서 소리치며 용오가 달려온다고 하니 마음 좋은 전차 차장님은 전차를 광화문 한가운데에 세웠다. 그리고 용오를 태웠다. 놀다 집에 들어와서 형들이 운동장에 갔다는 소식을 듣고 사직동에서 광화문까지 뛰어 왔던 것이다. 이 사건도 두고두고 어른이 된 애들은 지금도 이야기 하고 있다.

용오는 할 말 이외에 말을 많이 하는 것이 아니라는 것을 알고 있었다. 지금 용오가 프랑스로 보내온 편지들을 다시 봐도 아주 간략하게 할 말 몇 마디를 했을 뿐이다.

작은고모님!

추운날씨에 몸 건강히 잘 계시는지 궁금하군요.
이제야 소식 전하게 되어서 죄송해요.
2주일간 가스 때문에 병원에 있었어요.
이제 거의 다 나서 불편하지 않아요.
크리스마스다 연말이다 해서 서울에는
퍽 부산하고 축제 분위기예요.
고모 혹시 거기서 외롭거나 마음 아픈 일이나
없는지 걱정돼요.
집은 아무 탈 없으니까 걱정하지 마시고
하시는 공부 열심히 하시고 모든 일이
뜻대로 되기를 용오가 빌어드릴게요.
그럼 또 소식 전할게요. --- 용오 ---

나는 아프지 않을 때의 용오의 모습만을 기억하고 싶다. 그러나 병석에 눕기 전 가을 어느 날 내 집을 찾았을 때 초췌한 용오의 모습이 떠오른다. 이미 그때 병이 깊어 있었던 것일까?

낮에 동생을 대신해서 동생 남편의 아이들의 음식을 해주고 있던 작은 처형 댁 모습, 특히 떠나는 예식장에서 슬피 울고 계시던 모습을 보며 처가의 사랑을 많이 받고 있었다는 것에 고마움과 위안을 얻었다.

이제 큰 아들 효원이는 군복무를 마치고 대학을 졸업하고 직장에 근무한다. 살아 있다면 얼마나 기뻐했을까. 말 없는 용오는 자기애들 이야기만 하면 만면에 웃음을 짓고 열정으로 애들 이야기를 했다.

용오야! 너를 보내고 집에 돌아온 효원이는 "아빠가 계시던 방에서 잘래.” 했다고 한다. 그 말을 듣고 감동하지 않은 가족들은 없단다. 용오야!

용오야!

네가 가버린 후에도
사직동을 지나려면
지금도
흙투성이로
장난에 골몰한
너를 본다.

할머니가 대문 앞 계단에 앉으셔서
너를 지키고 계시는 모습도 본다.

용오야!
지금은
가슴으로만 보고 있는
평화당 빵집을 지나려면
소보로빵을 먹으며
즐거워하는
네 형과 사촌들 틈에
덤으로 껴있는 너를 본단다.
손 씻기의 ‘누가, 누가 잘하나’에서
너의 기둥은
왜 그렇게 짧았을까?
그러나
우리는 빠짐없이 다 갔었지.

맛있게 먹고 있는

때 묻어 터져 있는
너의 손을 본단다.
얼마나 시리고 아팠냐.

용오야!
네 형과 사촌형, 누나들과
동대문 야구장에
야구 구경 가는 전차 속에서
네가 울며 달려오는 것을 본 우리들은
놀랐다.
창밖을 보며 발을 굴렀단다.

마음 좋은 전차 차장님은
너를 위해
도중에 차를 세웠지.
너는 대단한 인물이었다.
우리들은 그 때의 사건을
늘 이야기 거리로 간직하고 영화 돌리듯
이야기하지.
네가 있는 곳에서도
그 때처럼 당돌한지?

작은오빠, 작은언니를 떠내 보내는 아픔

평화롭지 않은 오빠의 마지막 모습

작은오빠께서는 작은언니가 돌아가신 후
6개월 만에 돌아가셨다.
세상을 떠난 마지막 오빠의 모습은
평화로운 모습이 아니었다.
호흡 때문에 입을 닫지 못하시고 계시던
그 모습 그대로
눈을 감으신 모습은 처절했다.
가슴이 더 아팠다.
작은언니의 마지막 모습은
아주 평화스러웠다.
두 분이 세상에 시달리는 삶을 사신 것은
색깔은 다르지만 비중의 차이는 없었는데.

작은언니가 말년 요양원에 계실 때 찾아가면 여전히 예쁜 웃음을 보이시며 반가워했다. 미인인 언니의 모습은 요양원에서도 미인의 모습 그대로 간직하고 있었다. 뇌수술로 가끔 치매기를 보였다. 어느 날 언니는 "고모, 내가 좀 이상하지요?" 그래서 울음을 참고 아니라고 했다. 언니는 오빠가 보고 싶다고도 했다. 오빠가 언니를 한 번 방문하시고 몸이 쇠약해 지셔서 더 언니를 방문하시지 못하셨다.

언니와 나는 한 살 차이여서 서로 어려움이 없었다. 시누이와 올케 사이에서 오는 갈등도 있었지만 대단한 것은 아니고 아마 둘이 갈등을 갖게 되는 때도 나의 성격과 나의 결점에서 기인했다. 언니는 내가 식혜를 좋아한다고 큰 들통에 식혜를 해서 공주에 있는 나에게 고속버스로 보냈다. 일 년에 몇 번씩 그리고 김장은 물론이고 그런데 나는 언니 살아생전 아무 것도 해주지 못한 것을 생각하며 한을 갖고 있다. 언니는 공주에 자주 내려왔다. 나는 언니와 공주주변을 드라이브하면서 보낸 것이 유일한 언니와의 여행이었다. 그 흔한 패키지여행 한 번 같이 못한 것이 한이 되고 있다. 언니는 이 신발도 윤노가 사왔어요 이것도 윤노가 사왔어요. 이것은 용덕이가 사왔어요 하며 자랑을 늘 했다.

작은오빠는 평상상시 나에게 윤노는 취미도 모르고 오직 즐기는 것은 양어장에 가서 낚시하는 것이 유일한 취미이며 가족을 위해서 일만 한다고 안타까워 하셨다. 병상에서도 병문안을 온 사촌 오빠가 옹색한 환경에 놀라워하는 것을 보고 오빠는 변명으로 자존심을 가지려고 하셨다. 이 때만해도 오빠의 의식은 아무 지장이 없었고 방바닥에 꼿꼿하게 하루 종일 앉아 계셨다.

오빠를 병문하는 어느 날 안양천 둔치에 만발한 며느리밥풀 꽃을 보며 조씨 가문에 시집와서 의무와 법도를 다 하느라 고생한 며느리(큰언니, 작은언니)들을 생각했다. 큰언니, 작은언니, 원경엄마. 나는 그들의 덕을 기리는 내 마음을 <며느리밥풀 꽃>이라는 시로 표현했다. 큰언니, 작은언니, 큰오빠의 며느리의 모습은 차 창밖으로 보이는 화려한 며느리밥풀 꽃의 모습과는 거리가 멀었다.

생의 끝자락에 외로워 하셨던 오빠의 모습에 오나시스의 마지막 모습을 생각하며 스스로 위로하다

오빠는 작은언니가 가신 줄도 모르고 계셨다
외롭게, 고독하게.
언니가 가신 후 가정이 해체된 처지에서,
막내 용덕의 돌봄에,
외롭게, 고독하게,
마치 버려진 자처럼,
고독하고 처절하게.
그러나 침묵으로, 덕으로 당신을 지키고 계셨다.

내가 중학교 때
오빠는 겨울 풍경이 그려진
유화를 사서 벽에 걸어놓고
좋아하셨다.
그 풍경은 눈이 내린 쓸쓸한,
하늘도 보이지 않는 눈 위에 나무만 무성한 풍경이었다.

어린 나에게도 쓸쓸해만 보였다.
그러나 오빠는 그 그림을 좋아하셨다.
오빠는 왜 그렇게 쓸쓸한 풍경을 좋아하셨을까?
생의 마지막 자락, 몇 년.
가족을 그리워하면서도,
자존심으로 침묵하며 고독하게, 외롭게.
생의 마지막 자락을 보내셨다.

마치 오빠가 좋아하셨던,
인적 없는
쓸쓸한 눈이 쌓인 겨울 풍경처럼.

우리 아버지와 닮은 안토니 퀸이
오나시스로 분장한 영화에서
오나시스는 생의 마지막 장면에서
허물어진 몸으로,
알 수 없는 웃음을 머금은 채,
뒤를 돌아서 손을 흔들며 고개를 넘어가고 있었다.
그 웃음은 무엇일까?
세기의 부호가 한때 노욕으로,
세기의 마녀에게 마음을 팔고,
이용과, 착취, 배반을 당하고,
떠나는 허무의 웃음일까?

세상을 즐기고 가는 세기의 부호의 삶 끝자락에,
마녀의 배반이 없었다면,
오빠의 마지막 2년 여 동안의 처절한 고독이 없었다면,
떠나가는 사람들을 보는 사람도
처절한 마음을 떨칠 수가 있었고,
그들의 삶이 허무로 보이지 않았을 것이다.

오빠들이 즐겨 부르던 '아 으악새 슬피우는 가을인가요'의 가사처럼 오빠들의 모습은 내 가슴속에 아롱져 가슴을 울리고 있다

작은오빠와 큰오빠는 '아아 으악새 슬피우는 가을인가요'로 시작하는 노래를 즐겨 부르셨다. 어떻게 형제가 같은 노래를 즐겨 부를 수

있었을까. 아마도 그것은 친구와 같이 늘 친하게 보내서 그럴 것이다. 모두 오빠들의 사이를 형제가 아니라 친구 같다고 하며 부러워했다. 서울 운동장에 운동 경기를 보러 가는 것도 늘 둘이서 갔다. 형부가 가족이 되면서는 셋이서 운동경기를 함께 하고 주말에도 바쁜 큰오빠가 함께 못하는 낚시는 형부와 함께 했다. 그래서 큰오빠와 작은오빠 형부 사이를 일생을 친구처럼 보냈다. 오빠들은 노래를 즐겨 부르지만 형부가 노래를 부르는 것은 한 번도 보지 못했다. 형부는 어떻게 모임에서 돌아가며 부르게 되는 차례를 모면했을까. 노래를 부르지 못하는 식구는 또 있었다. 우리 아버지다.

'아아 으악새 슬피우는 가을인가요'는 한국의 모든 남성의 심금을 울리는 노래인 것 같다. 어느 대통령도 이 노래를 즐겨 부르며 눈물을 삼키는 장면이 있다는 기사를 읽었다. 오빠들도 즐겨 불렀고 작은오빠의 아들 윤노도 이 노래를 즐겨 부른다. 가을은 남자들의 감성을 자극해서 가을을 남자의 계절이라고 하는 연유와 이 노래가 가을의 우수를 나타내는 것과 맞아 들어가는 것이여서일까?

나에게 심금을 울리는 노래는 아니더라도 한편의 문학성이 있는 가사이다. 즉 완벽한 시의 형식을 갖춘 아름다운 시다. 두 오빠들은 이 노래를 부를 때 슬픈 표정으로 부르는 것이 아니라 늘 웃는 얼굴로 부르셨다.

이 노래의 가사의 구절, "여울에 아롱젖은 일그러진 조각달, 강물도 찰랑 찰랑 목이 메입니다." 처럼 영원히 사라지지 않는 오빠들의 웃으며 노래하는 모습이 내 가슴에 아롱져 가슴을 아프게 울리고 있다.

나에게 남은 삼형제 중 서울에 같이 계셨던 작은오빠마저 떠나보낸 나는 지구상에 홀로 있는 외로운 존재가 되었다. 이제 아무도 내 주위에 없다. 마치 섬에 홀로 남아 있는 기분이다.

고독의 섬

고독의 섬
홀로 고독을 밟고 있다.
70년 기나긴 여행길,
정착 역, 고독의 섬,
바람 불어 떨어진,
고독의 심.

홀로 고독을 밟고 있다.
휘몰아치는 바람에
부디 치어 내는
떨어진 마른 잎새 소리,
나를 위로한다.

나의 고독의 발밑에는
파란 잡풀 새싹이
어른 땅을 비집고
나를 쳐다본다.

저 너머
트럭, 버스, 자가용차 소리마저
그립다.
찢겨진 옷 안의
나의 육체가 그리워하는
소리 들려온다.
사람들이 거기에 있다.

(2011년 작은언니와 작은오빠를 떠나보내고 집 근처 논두렁을 걸으며)

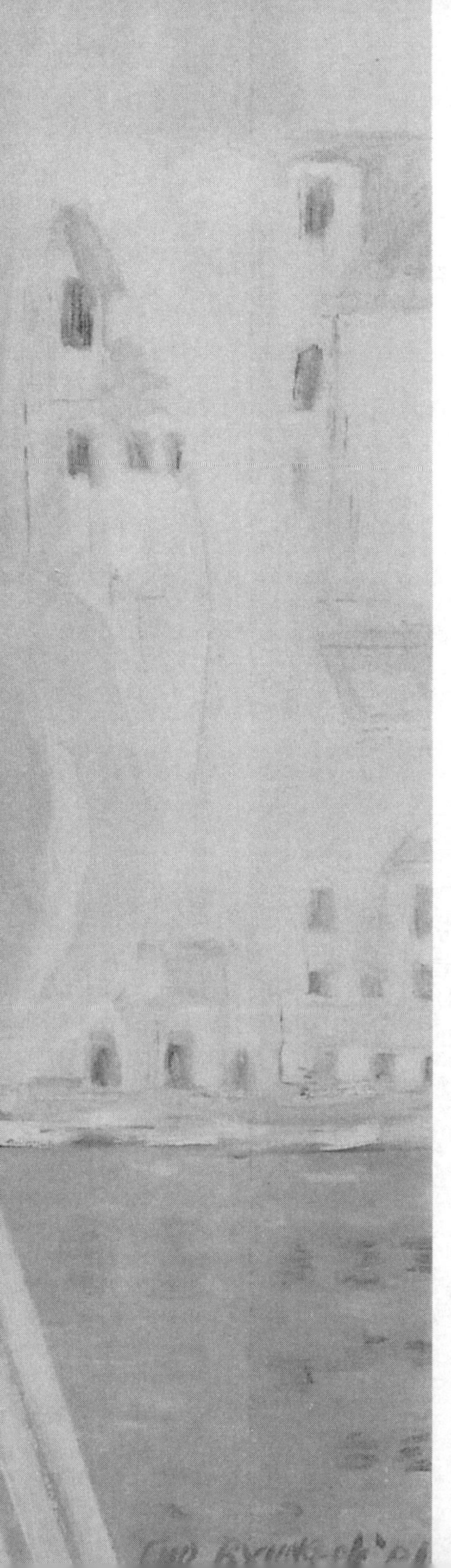

원점에 다시 서서

구름의 독백(1)

석양빛에
발코니의 아름다운 나의 꽃들은
언제나 나를 기쁘게 했다.
그러나 석양은
나를 아프게 하고 있었다.
그 아픔은 병이 되어
나를 오랫동안 괴롭혀 오고 있었다.

그리고 매일 정신도 몸도
낭떠러지로 내려가는지를
재봐야 했다.
타의에 의해 느껴봐야 하는 것이
슬펐다.

석양이 슬픔을 가져다주었지만
석양은 창작의 샘을
가져다주기도 했다.

슬픈 석양에
마치 마지막 남기고 가는 글처럼
죽음의 시들을 썼다.
그리고 떠밀리는 기분에서
긴 세월 동안 쌓여 떠도는
내 삶의 영상들을

실로 엮어봤다.
끝없는 고독의 방황을
그렇게도 오랫동안 감내한 것 같다.
그것은,
인간의 굴레,
나의 삶의 굴레였다는 것을,
지금 나는
원점에 서서
말하고 싶다.

원점에서
다시 출발해야 하는 것이
나의 삶의 굴레라는 고뇌에 있다.
나의 인간의 굴레가
언제 끝날 것인가는
비밀에 찬 자연의 섭리이기에
나는 고뇌하고 있다.

어린시절,
비온 뒤 솟은 무지개로
매번, 나는 달려가 보고 싶었다.
무엇이 그곳에 있다고 손짓하는 것 같았다.
다시 시작해야 하는 나의 굴레는,
무지개 넘어 환상 속으로 달려가는 것이다.

그곳에는,
그 옛날 깨진 꿈의 조각들이 있지나 않을까?
미지의 환상이
나의 굴레를 끌고 왔듯이
깨진 꿈의 조각들을 찾아 다시 길을 떠나야 한다.
미지의 환상이 나를 지탱해 줄 것이기 때문에.

(2011년 1월 27일)

구름의 독백 (2)

구름은
긴 여정의 짐을
하운방에 내려놓는다.

구름은
자유 그리고 갈망을
찾아 헤매던
긴 여정의 보따리를
하운방에 내려놓는다.

긴 여정의
보따리엔
절망과 고통이 낳은
철학의 보석을 찾을 수가 없다.

긴 여정의 보따리엔
아직도
철없는 심상만이
가득 차 있다.

철없는 심상을
25세의 영혼이라고
변명해 볼까!

철없는 심상을
푸르른 5월의 생명이라고
색칠해 볼까!

푸르른 5월의 생명을
캔버스 위에,
흰종이 위,
채색해 보자.

5월의 생명의 여정을
다시 떠나자.
떠나야 하는 여정은
인간조건의
나의 굴레이기 때문에.

(2014년 1월 9일)

나의 여정의 기록을
미리 읽어 주신 분들의 이야기

선생의 글을 제일 먼저 읽는다는 영광에서

(이창룡 박사 건국대학교 전 교수)

세계명작을 읽으라고 해도 늙고 게을러서 마다하는 노인인데 선생의 원고를 어떻게 완독(完讀)하였을까? 그것은 선생의 글을 맨 처음 읽었다는 영광 때문이다.

하운(夏雲: 선생의 雅號) 선생은 누구보다 적극적이며 정열적이었다. 지금도 강한 추진력으로 근면 성실한 삶을 살아오고 있다. 이와 같은 사실은 책속에 충분히 반영되어 있다.

이화대학에서 영문학을, 외국어대학 대학원에서 불문학을 전공하고, 프랑스에서 불문학 박사학위를 받았다. 귀국하여 공주사범대학에서 재직하면서 미술을 전공하고 불문학 외에 현대미술도 강의하였다. 시(詩)는 어머니가 스승이라고 말하고 있다. 이렇게 욕심 많고 부지런한 생활로 결국 박학다식(博學多識)한 '지식 창고'라는 호칭을 받게 되었다. 하운 선생은 소녀 시절에 가족과 함께 인민군이 지키고 있는 보초를 피해 야간을 이용한 극한 상황에서 38선을 넘어온 실향민이다. 낯설은 타향에서 가난에 시달리는 가정에서 성장했다.

<나는 혼자다>의 어머니의 목소리는 고통스러운 탄식에서 나온 절규이며 하소연이었다. 남편과 자식, 그리고 친척과 친정 등 주변에 있

는 많은 사람들 속에서 왜 그렇게 고통스러웠을까! '대중 속에서의 고독이 진정한 고독'이란 말이 있다.

형제자매를 북에 남기고 와서 그리움과 한을 품고 살아야 했다. 이러한 고통스러운 상황이 시의 주제가 되었고, 남다른 풍부한 상상력과 사회에 대한 명확한 판단을 그리고 있다. 자기 생활과 생각을 하나의 시로 만드는 노력으로 긴 시간을 거쳐 많은 시를 썼다. 구세대의 환경에서 살았지만 고통과 고독 속에서도 문학을 즐기고 낭만을 향해 나아간 보기 드문 현대적 정신을 가진 여성이다.

그 딸(하운 선생)도 고독한 생활의 연속이었다. 그러나 어머니의 심각한 고독과는 차별된다. 학문에 대한 열정과 스승으로서의 교단생활, 학창 시절에 사귄 동서양의 많은 친구 덕분에 고독은 어머니처럼 그렇게 처절하게 다가오지 않았을 것이다. 타국에서 어머니의 임종을 지키지 못한 딸은 지금도 가슴으로 흐느끼고 있다.

하운 선생은 어머니가 시를 쓰는 것을 보며 자신도 시를 쓰는 습관이 생활이 된 것 같다. 그래서 모녀는 자연스럽게 시인으로 탄생하게 된다.

하운 선생은 교단에서 학문에 대한 열정을 제자들에게 발산하였다. 학교 내에서 학과의 폐과를 위한 데모에 시달리기도 했다. 이것은 자세히 밝히지 않았지만 선생의 글로보아 정직하지 못한 큰 힘에 흔들린 일부 학생들의 선동인 것 같다. 그러나 제자들을 사랑하는 마음은 따뜻하였다.

영화와 예술에 대한 글은 선생의 학문에 있어서 완숙기(完熟期)를 보여주는 걸작이다. 그가 쓴 시들도 아름답다. 특히 결어(結語)의 시, <원점에 다시 서서>는 독자에게 많은 감동을 안겨줄 것이다.

(2011년 5월)

병옥, 너의 작열하는 열정에 박수를 보낸다

(안정순 이화여자대학교 영문과 동기)

때론 삶이 외롭고, 고달프고 힘겨워도
낡은 사진첩의 그리운 얼굴들처럼,
하나씩 꺼내 볼 수 있는
형형색색의 추억들이 있어
위안을 얻으며
아름다운 삶을 가꾸고 있나보다.

인생의 끝자락,
비록 몸은 쇠잔했어도
작열하는 태양처럼
너의 용솟음치는 뜨거운 열정에
박수를 보낸다.

어머니는 우리들 마음의 따뜻한 고향.
오늘 새삼 내 어머니가
많이 그립고 뵙고 싶다. (2012년 5월 11일)

마드므와젤 조! 호기심에서 단숨에 읽었지요

(김종협 씨네클럽 친구)

마드므와젤 조라고 부릅시다. 나에게는 옛날 씨네클럽 때 그대로의 기분을 갖고 있으니까.

마드므와젤 조에 대해서 많이 안다고 생각했지만 호기심에서 단숨에 읽었지요. 내가 모르는 것이 있을 거라고 생각했는데(호기심) 나오지 않네. 본인이 말한 대로 감정을 많이 뺏기며 걸어간 흔적을 남기면서도… 건축가에게는 뺏기지 않은 것 같아 유감… 건축가에게, 건축물에 대한 마드므와젤 조의 관심을 내가 잘 알고 있지 않습니까? 쌍트르에서 내가 먼저 말을 걸었던 것 기억나지요? 영화가 시작되기를 기다리는 동안 르 꼬르뷔지에를 읽고 있어 건축이 전공인줄 알고 건축을 하느냐고 말을 걸었던 것. 그때 대답은 건축에 흥미를 갖고 있다고 했지요.

자서전 제목이 멋있습니다. 언제나 구름처럼 자유를 누리겠다는 겁니까? '구름 잡는 격'이라는 말이 있는데 흘러가기만 하는 구름을 잡을 수 있는 사람이 이 세상 어디 있을까?

여정의 내용이 지나온 사건들을 시간적으로 나열해 놓은 것이 아니라 머리에서 자유롭게 떠오르는 영상들의 행적이군요? 그 영상들이 관계된 사건을 쫓아가는 과정의 구성이 좋습니다. 특별합니다. 특히 2장의 <하얀 땅, 하얀 하늘, 하얀 햇빛 아래 부는 바람 소리>는 내가 자란 고향 같고 마치 영화 필름이 펼쳐지는 장면 같군요. <파리의 연정>을 읽으면서 잊고 있던 파리의 메트로의 풍경을 생각해 보았습니다.

시가 하나같이 아름답습니다. 어떻게 죽음에 대한 시도 그림같이 아름답게 썼습니까? 어머님의 시도 상상이 안 될 정도로 놀랍습니다. '그 어머니에 그 딸'이군요. 마드므와젤 조의 시에 담긴 마음을 다 가져갑니다.

2011년 8월 29일

병옥아! 네 문장에 흡인력이 있다 자서전을 문학적 구성으로 썼다니

(홍순철 배화여자고등학교 동기)

네 문장에 흡인력이 있는 것 같아. 네 글 받는 즉시 주저앉아 98페이지를 읽었다. 마치 Hermanhesse의 '데미안' 또는 '향수(Peter Cmenzind)'를 대하는 느낌이었다. 신경 써서 정말 제본도 잘된 좋은 책이 되었으면 한다.

감성 담은 의식의 흐름을 자유 찾아 떠도는 구름으로 표현함이 아름답다. 자서전을 문학적 구성으로 했다니! 흩어져 없어질 모든 것, 두면 스러질 곱고, 서럽고, 외로운 모든 것 잡아 자유의 실체로 보여줄 수 있는 너의 저력과 의지에 감탄한다. 2013년 6월 20일

오래 동안 곁에서 지켜 본 작은고모님의 삶이 자랑스럽습니다

(조승노 조카)

세상을 살아가면서 종종 인생의 보람과 행복이 무엇인가 하는 질문을 스스로 할 때가 많았습니다. 그러나 답을 얻지 못하며 먼지 낀 세상에 매몰되어 이정표 없는 삶에 급급해 하며 떠밀릴 때가 많았습니다.

드물게 세상의 먼지가 덜 낀 분들을 만날 수 있는 것은 즐거움이라는 것을 알며 존경을 하게 되는 것도 금할 수가 없습니다. 그분들은 먼지 낀 우리 자신을 바라볼 수 있는 선명한 거울을 선물로 주십니다. 작은고모님도 그런 분들 중의 한 분입니다.

자신만을 위해 取하고 得을 보기에만 열중한 저희들 옆에서 돌아가신 조부모님을 비롯해서 아버님과 작은아버님, 어머님과 작은어머님 두 고모님들은 우리가정을 사랑하고 화합의 정신으로 가정의 전통을 지키는데 힘을 다하셨습니다.

작은고모님! 오래 동안의 여정을 곁에서나마 함께 함을 감사합니다. 고모님의 여정 속에 새겨진 가족들을 향한 사랑과 애틋한 그리움들을 고모님의 글로써 이제야 함께 하는 것이 너무나 죄송합니다.

가슴으로 그리신 고모님의 삶과 가족들의 흔적들이 이제 고모님의 글을 통해 우리 가족 모두의 삶의 흔적으로 기억될 수 있게 함을 감사드립니다. 2013년 9월

학문과 예술에 있어서 항상
나의 한계에 안간힘으로 노력했던
흔적을 부끄러운 마음으로 내 보인다

학문과 예술의 흔적

프랑스문화와 문화정책
러시아 소비에트의 문화와 문화정책
로브-그리에, 문학관과 작품해설
누보로망 작가, 로베르 뼁제
백남준의 예술은 모방정신과 무관한가?
Le Français
오페라를 위한 프로스페 메리메의 카르멘 해설
오페라를 위한 베르디의 라 트라비아타 해설
로브-그리에의 작품에 나타난 視覺性(박사학위 논문)
영화사(번역)
영화미학(번역)
발레의 역사(번역)
시, <아홉이 둘>(어머니(장남순)의 시와 공동발표)

구름은 바람에 날리고(개인전 2000년)
자유 그리고 갈망(개인전 2002년)
현대사생회전 출품(다수)
공주 풍경화작가 전시(다수)
뉴욕(한-뉴욕) 현대미술전 초청전시

레핀 아카데미(한-러) 초청전시
스리랑카(한-스리랑카) 초청전시
L. A. 현대 미술전 출품
한국문화예술회 공모전 입선(1997)
아세아국제전 출품
동경현대미술전 출품
중국청진대학 초청전시
국제미술문화 대상전 입선(1998)

미동초등학교
배화여자고등학교
이화여자대학교 영어영문학과(학사)
한국외국어대학 대학원 프랑스어과(문학 석사)
공주대학교 대학원 서양화 전공(석사)
프랑스 프랑쉬꽁떼 대학교, 대학원(문학 박사, 누보로망)
상명여자대학교에서 누보로망 가르침
충북대학교에서 누보로망 가르침
공주교육대학교에서 불어 가르침
공주사범대학 불어교육과, 공주대학교 인문대학 불문과에서 불문학 가르침
공주사범대학 미술과 개설 교양과목 : 현대 미술을 가르침

구름은 바람에 날리고

프랑스를 먹고 나의 성장은 25세에 머물다

초판 1쇄 발행 _ 2014년 3월 28일

저 자 • 조 병 옥
발 행 인 • 정 현 걸
발 행 • 신 아 사
인 쇄 • 예지인쇄
주 소 • 서울특별시 은평구 통일로 59길 4(122-826)
전 화 • (02) 382-6411 팩스 • (02) 382-6401
홈페이지 • www.shinasa.co.kr
E-mail • shinasa@daum.net
출판등록 • 1956년 1월 5일(제 9-52호)

ISBN: 978-89-8396-846-3(08810)

정가 13,000원